Schäfer  DIE WOLFSFRAU IM SCHAFSPELZ

MARTINA SCHÄFER

# DIE WOLFS-FRAU IM SCHAFSPELZ

Autoritäre Strukturen
in der Frauenbewegung

*Für Kalinka*

Die Deutsche Bibliothek CIP-Einheitsaufnahme
Schäfer, Martina
Die Wolfsfrau im Schafspelz : autoritäre Strukturen in der Frauenbewegung / Martina Schäfer. - Kreuzlingen ; München : Hugendubel 2001
(Sphinx)
ISBN 3-7205-2234-2

© Heinrich Hugendubel Verlag, Kreuzlingen/München 2001
Alle Rechte vorbehalten

Lektorat: Claudia Göbel
Umschlaggestaltung: Zembsch' Werkstatt, München
Produktion: Maximiliane Seidl
Satz: EDV-Fotosatz Huber/Verlagsservice G. Pfeifer, Germering
Druck und Bindung: GGP Media, Pößneck
Printed in Germany

ISBN 3-7205-2234-2

# Inhalt

**Einleitung** .................................................. 9

Wolfsfrauen im Mainstream ihrer Zeit .................. 9
Frauenbewegung und Selbstkritik ....................... 18

**Lesen lernen** ............................................... 25

Texte beim Wort nehmen .............................. 26
Settings beachten ..................................... 29
Das Matriarchat als rückwärts gewandte Utopie ......... 31
Ein Mord ist ein Mord ist ein Mord – das Werkzeug ...... 34
   *Vom autoritären Charakter* ....................... 34
   *Der »Erlöser« naht* .............................. 35
   *Das Faschismus-Syndrom* .......................... 37
   *Sektenkritische Ansätze* ......................... 38

**Gespenster der Vergangenheit** ......................... 41

Die Wissenschaft von der Rasse ....................... 41
   *Gobineau und die Verdünnung des Blutes* ........... 41
   *Chamberlain und der Schutz der edlen Minorität* ...... 46
Das Mutterrecht und die Indogermanen –
nationalsozialistische Vorgeschichtsideologien ........... 51
   *Waren die Indogermanen matriarchal?* ............... 53
   *Mutterrecht und Kindstötungen* .................... 56
   *Die Kannibalismustheorie* ........................ 58
   *Das lunar-symbolisch-matriarchale Hakenkreuz* ...... 59
   *Indogermanische Patriarchen und orientalisch-*
   *bandkeramische Matriarchate* ..................... 61
Mütter, Mond und Kontinuität ......................... 64
   *Die geistige Kontinuität innerhalb der Universitäten* ... 64
   *Der monotheistische Neandertaler* ................. 65
   *Wer hat bei wem abgeschrieben?* .................. 68

**Der Größenwahn der Mystagogen** .................. 71

Heros und Matriarchatsforschung – Joseph Campbell .... 71
   *Rasse, Mythos und Ideal* ......................... 73
   *Größenwahn* ..................................... 78
   *Utopia* .......................................... 81
   *Der Mythen-Import* .............................. 83


**Die Fehler der Mütter** ............................. 85

Der Mythos von der jungfräulichen Amöbe –
Bertha Eckstein-Diener (Sir Galahad) ................. 85
   *Parthenogenese und matriarchale Genies* ............. 86
   *Intuition statt Wissenschaft* ....................... 87
   *Rassen, Symbole und das lunare Weltbild* ............ 89
   *Magie und Manipulation* ........................... 90
   *Wo sind die Amazonen?* ............................ 91
   *Die zeitlose Frau* ................................. 92
Frauen als höhere Rasse – Josefine Schreier ............ 95
   *Die Ahnen und die Mythen* ........................ 95
   *Göttinnen* ....................................... 96
   *Vom Schädelbau der Frau* ......................... 97
   *Kannibalen und der »totale Krieg«* ................. 99
Mutation Mann – Elizabeth Gould-Davis ............. 101
   *Die Katastrophe der Gegenwart und die*
   *minderwertigen Männer* ......................... 102
   *Chaos-Chronologie* .............................. 103
   *Gene und Urkultur* .............................. 105


**Die Traditionen der Väter** ......................... 107

Die frauenbestimmte Altsteinzeit – Marie König ........ 107
   *In den Wirren der Forschung* ..................... 108
   *Mensch bleibt Mensch* ........................... 109

*Am Anfang war die Einheit* . . . . . . . . . . . . . . . . . . . . . . . 113
*Eurozentrismus* . . . . . . . . . . . . . . . . . . . . . . . . . . . . . . . . 115
*Die Schattenseiten des Autodidaktentums* . . . . . . . . . . . . . 115
A Star was born – Marija Gimbutas . . . . . . . . . . . . . . . . . . . . 119
*Ein »wechselvolles« Leben* . . . . . . . . . . . . . . . . . . . . . . . . 120
*Der Einfall der maskulinen Welt der Indoeuropäer* . . . . . 122
*Das matriarchale Alte Europa* . . . . . . . . . . . . . . . . . . . . . . 124
*Mythen, Symbole und Kontinuität* . . . . . . . . . . . . . . . . . . 128
*Methode von Zickzack zu Zickzack* . . . . . . . . . . . . . . . . . 131
*Die sieben heiligen Fragen* . . . . . . . . . . . . . . . . . . . . . . . . 133
*Das Setting* . . . . . . . . . . . . . . . . . . . . . . . . . . . . . . . . . . . . 135


**Die Sünden der Töchter** . . . . . . . . . . . . . . . . . . . . . . . . . . . 141

Vom Matriarchat zum Frauenprojekt –
Heide Göttner-Abendroth . . . . . . . . . . . . . . . . . . . . . . . . . . . 141
*Ökologie und Matriarchatsforschung* . . . . . . . . . . . . . . . . 141
*Kritik und Popularität* . . . . . . . . . . . . . . . . . . . . . . . . . . . 143
*Das Paradigma* . . . . . . . . . . . . . . . . . . . . . . . . . . . . . . . . . 145
*Die »anderen« I* . . . . . . . . . . . . . . . . . . . . . . . . . . . . . . . . 147
*Das Göttin-Heros-Muster* . . . . . . . . . . . . . . . . . . . . . . . . 149
*Das große Referat* . . . . . . . . . . . . . . . . . . . . . . . . . . . . . . 152
*Wissenschaftlicher Anspruch und profane Realität* . . . . . . 155
*Die »anderen« II* . . . . . . . . . . . . . . . . . . . . . . . . . . . . . . . 157
*Die Mythologie und der freiwillige Tod des Mannes* . . . . 160
*Magie und Manipulation* . . . . . . . . . . . . . . . . . . . . . . . . . 162
*Von der Theorie zur Praxis: Das Setting* . . . . . . . . . . . . . . 166
  Das Ritual-Setting . . . . . . . . . . . . . . . . . . . . . . . . . . . . . 166
  Das Sozial-Setting . . . . . . . . . . . . . . . . . . . . . . . . . . . . . 171
  Der Coven . . . . . . . . . . . . . . . . . . . . . . . . . . . . . . . . . . . 177
Folter, Beschneidung und das Matriarchat –
Carola Meier-Seethaler . . . . . . . . . . . . . . . . . . . . . . . . . . . . . 182
*Antworten schuldig bleiben* . . . . . . . . . . . . . . . . . . . . . . . 182
*Klitorisbeschneidung als matrizentrisches Ritual* . . . . . . . 183

*Folter an Männern als matrizentrisches Ritual* ......... 187
*Die Nähe des Mannes zum Tod* .................... 188

## Der Größenwahn der Enkelinnen .................. 193

Von der Überlegenheit der Frau – Christa Mulack ....... 193
   *Outgroup Nr. 1: Die Männer* ..................... 193
   *Outgroup Nr. 2: Bestimmte Frauen* ................. 194
   *Die weibliche Wahrheit* .......................... 195
   *Matriarchatsforschung und Frauensolidarität* ......... 196
   *Geschlechterdifferenz als Welterfahrung* ............. 198
   *Die Überlegenheit der Eizelle* ..................... 199
   *Hassen lernen* ................................. 200
   *Der Mythos von der friedfertigen Frau* .............. 202
   *Man ersetze das Wort »Mann« durch das Wort*
   *»Ausländer«* ................................... 204
Das große Wolfsgeheul – Clarissa Pinkola Estés
und andere Wölfinnen ............................... 206
   *Interpretation und Nabelschau* .................... 206
   *Prototypische Urfrau und feminine Wildnatur* ........ 209
   *Der innere Zoo* ................................ 213
   *Ethnische Mottenkisten und barmherzige*
   *Samariterinnen* ................................ 215
   *Weiße Flecken und allein gelassene Frauen* ........... 218

## Was bleibt? ......................................... 221

Danksagung ....................................... 223
Anmerkungen ..................................... 225
Literatur .......................................... 240
Glossar ........................................... 249
Register .......................................... 254

# Einleitung

> Schon immer habe ich mich für Wörter interessiert: Wie Wörter innere Bilder erzeugen, wie diese Bilder Emotionen wecken und weitere Ideen und Gefühle hervorrufen und wie Menschen Wörter benutzen, um sich zu unterhalten, sich zu bilden und einander zu beeinflussen.
>
> *Margaret T. Singer*

## Wolfsfrauen im Mainstream ihrer Zeit

Das Buch *Die Wolfsfrau. Die Kraft der weiblichen Urinstinkte* von Clarissa Pinkola Estés ist seit seinem Erscheinen 1993 eines der erfolgreichsten Bücher auf dem Esoterikmarkt geworden.[1] Was begeisterte die Leser – und vor allem die Leserinnen – so an diesem Buch? Was hatte es den Frauen Wichtiges mitzuteilen? Welche Sehnsüchte, Träume und Ziele versprach es zu erfüllen, die nicht schon an anderer Stelle aufgenommen worden waren? Was unterscheidet den Inhalt dieses Buches von den Inhalten und Forderungen der Frauenbewegung?

Es hat sich in unserer Gesellschaft einiges zum Positiven für Frauen verändert seit jener Tomate, die eine enttäuschte Genossin in den frühen siebziger Jahren einem der linken Studentenführer an den Kopf warf und damit die Neue Frauenbewegung einläutete. Doch nach wie vor besteht beim Großteil des weiblichen Geschlechts das Gefühl, zurückgesetzt zu sein und ungleich behandelt zu werden. Ein vages Unbehagen.

Oft ist es das Gefühl, über- oder unterfordert zu sein, zerrissen zwischen Haushalt, Beruf und eigenen Vorstellungen, wie man als Frau sein Leben heutzutage leben könnte. Oder aber auch gefangen zu sein im immer gleichen Trott: die ewige Wiederholung von Waschen-Einkaufen-Kinderpflege respektive Schreibtisch-Herd-Wohnzimmer. Draußen vor dem Fenster oder im Fernseher aber pulsiert das wahre, das wilde Leben: die Abenteuer langmähniger Blondinen, weise-fülliger Kommissarinnen oder allseits geforderter Managerinnen. Dabei fühlt sich frau doch selbst noch wild und noch gar nicht so alt.

Bei allen politischen und gesellschaftlichen Veränderungen bleiben Sehnsüchte und Hoffnungen weiter bestehen: Hoffnungen auf selbst bestimmte Lebensformen, Sehnsüchte nach der perfekten Beziehung oder der großen, das gesamte Leben umkrempelnden Liebe. Lust, selbst mehr Einfluss ausüben zu können, Lust, mehr zu erleben, mehr Aufregung, mehr Spannung, also irgendwie bedeutsamer sein zu können, wichtiger für das unmittelbare soziale Umfeld, aber auch in Bezug auf den Beruf oder noch darüber hinaus.

Viele Frauen haben das Gefühl, dass sie – ganz gleich ob sie Mutter und/oder Sekretärin, Lehrerin oder Verkäuferin sind – immer noch den Fußabstreifer für alle Welt abgeben müssen oder aber auf jeden Fall an allem schuld sein sollen. Ihr Wunsch nach Akzeptanz, nach Achtung ihrer Persönlichkeit und Würde wird sicher in weit geringerem Maße erfüllt, als das bei den meisten Männern der Fall ist.

Auch die Männer entsprechen selbst nach dreißig Jahren Frauenbewegung – noch nicht dem erträumten Ideal des familiär engagierten Rundumgenies zwischen Selbstständig-einkaufen-Können, Sonntagsmahl-für-sieben-Personen-Planen und -Realisieren und ewig rüstig-faszinierendem Bettgenossen.

Es sieht so aus, als habe *Die Wolfsfrau* für alle Aspekte dieses »Unbehagens« eine Lösung parat: Da erscheint das Wolfsrudel als egalitäre, höchst frauenfreundliche Erziehungsgemeinschaft. Die Leitwölfin sucht sich ihren Oberliebhaber und Kindszeuger aus einer Gruppe anderer Liebespartner aus – und alle anderen erhörten Rüden helfen bei der Aufzucht der Jungen mit. Ganz anders als bei uns Menschen, wo irgendwann das freie Flottieren zwischen den Liebhabern, zumindest für Familie »Normalo«, vorbei ist, was auch immer uns die Medien da suggerieren wollen.

Das wilde Wolfsrudel als Utopie, in der es vor allen Dingen den Frauen, den Wölfinnen, besser geht. Estés schreibt, diese

Utopie sei eben auch für die Menschenfrau möglich, wenn sie nur einen Ur-Instinkt wecke, der tief verborgen in ihr schlummere. Dieser Ur-Instinkt, diese weise Alte, sei eben die Wolfsfrau. Sie wieder zu entdecken bedeutet laut Estés, dass Frauen zurück finden zu Leidenschaft, Kreativität, Instinkt und Selbstbewusstsein. Und wer möchte nicht all diese Eigenschaften in sich wecken und weiterentwickeln?

Der Text liest sich auch sonst wie ein Geschenkkorb, alle weiblichen Sehnsüchte und Träume erfüllend: Als selbstbewusste Frau wusste ich doch schon längst, dass es mir nicht vom Schicksal bestimmt worden ist, mein »Dasein als kümmerliches, unauffälliges Nagetier zu führen, als dressiertes Mäuschen, das es nicht fertig bringt, einen mächtigen, wolfsartigen Satz nach vorn zu machen, sich auf die Jagd zu begeben und das Unbekannte zu erforschen«.[2]

Es ist tröstlich zu lesen, dass da eine solch mächtige Urfrau in uns lebt, schon immer da war und nur darauf wartet, aufgeweckt zu werden. Das tut gut, das macht Mut. Das gibt straffe Schultern und einen geraden, frechen Blick – auch gegenüber dem ekligen Chef, der gemeinen Vorgesetzten. Egal, wie die Welt draußen aussieht, in einer selbst als Frau lebt das Wilde, Ursprüngliche, das Ungebrochene, niemals Geschlagene oder um ein gerechtes Gehalt Betrogene. Tief drinnen gibt es doch eine, die sich nicht alles gefallen lässt.

Warum nur läuft es mir dennoch beim Lesen der *Wolfsfrau* und ähnlicher Bücher so unbehaglich den Rücken herunter? Warum fällt es mir schwer, trotz aller liebreizenden Suggerierung innerer Kräfte, Göttinnen und Fraueninstinkte, begeistert darauf einzusteigen? Weshalb ist mir »die Rückkehr zu den Quellen weiblicher Macht und Energie«, wie sie die österreichische Autorin Angelika Aliti in ihrem Buch *Die wilde Frau* ankündigt, höchst suspekt? Was habe ich dagegen, »steinreich« zu werden, »blaue Wunder« zu erleben, mich selbst heilen zu lernen oder gar zu zaubern, wie es die Bücher von Luisa Francia versprechen? Glaube ich etwa nicht, mit Hilfe dieser esoterischen Frauenbücher »die Welt zu verändern«, will ich nicht als

Frau »das Sagen haben«, wie es mir Angelika Aliti anbietet?[3] Scheinbar verkörpern all diese Bücher doch nichts anderes als die ursprünglichen Ziele der Frauenbewegung, die Wünsche der Frauen nach Selbstbehauptung, politischer Einflussnahme und Freiheit.

Man nennt diese Werke »Lebenshilfeliteratur« – zu welchem Leben aber verhelfen sie den Frauen? Ich meine: zu keinem besseren. Denn um die Ziele der Frauenbewegung zu erreichen, braucht es Strategien, Duchsetzungsvernögen und inhaltsbezogene Kompetenz. Nicht »Magie« verändert die Welt, wie es in einem Buchtitel von Angelika Aliti heißt, sondern Arbeit, nicht ein »wilder Blick«, wie es Luisa Francia vertritt, sondern Wissen, klares Durchschauen der Machenschaften anderer, Solidarität und gemeinsames Vorgehen.[4] Doch in all diesen hochgelobten, auflagenstarken »Bauchnabelbüchern« findet sich kein Gedanke, der den Frauen heute bei diesen längst nicht abgeschlossenen Kämpfen hilft.

Manche Bücher scheinen weniger dafür geschrieben worden zu sein, das Denken zu fördern, als es vielmehr zu verhindern. Sie führen teilweise direkt in reaktionäre, magisch-autoritäre Vorstellungen. *Die Wolfsfrau* ist in diesem Zusammenhang eine Art undefinierbare »Gefühlswolke«, die den dazu nötigen Boden bereiten kann – möglicherweise sogar ohne dass sich die Autorin dessen bewusst ist. Die spirituelle Frauenliteratur, von *Die Wolfsfrau* über weniger auflagenstarke Titel von Angelika Aliti oder Luisa Francia bis hin zu Jean Shinoda Bolens *Göttinnen in jeder Frau*, ist aus bestimmten Traditionen heraus entstanden. Selbst nicht immer als autoritär zu bezeichnen, ist sie doch in vielen Fällen Teil einer autoritären Tradition, die allgemeine Grundrechte, wie die Selbstbestimmung des Individuums, gleiche Rechte für alle Menschen und durchschaubare, demokratische Strukturen, auf vielen verschiedenen gesellschaftlichen Ebenen in Frage stellt oder gar negiert.

Die Unzufriedenheit von Frauen, aus der Wünsche, Träume und Sehnsüchte erwachsen, ist vollkommen legitim und begründet. Viele spirituelle Frauenbücher fördern mit ihren mythologischen Egotrips jedoch das, woran die meisten modernen Menschen bereits leiden: Einsamkeit, Isolation, Verlorenheitsgefühle angesichts unüberschaubarer Verhältnisse, eines rasanten Wertewandels und einer immer stärkeren Informationsüberflutung. Sie propagieren unverbunden nebeneinander her lebende Individuen, die das Heil im eigenen Bauchnabel suchen.

Die Geschichte solchermaßen missbrauchter Sehnsüchte ist lang. Auch wenn sie so tun, als seien sie gleich einer schaumgeborenen Venus aus dem ideologischen Nichts aufgetaucht – die Texte von Autorinnen wie Clarissa P. Estés, Angelika Aliti oder auch Zsuzsanna E. Budapest und anderen sind nur die Eisbergspitze einer langen Tradition, die etwa in der Mitte des 19. Jahrhunderts ihren Anfang nahm. Sie sind Ausdruck der modernen Industriegesellschaft und suggerieren in ähnlicher Weise Orientierungshilfe in deren Unüberschaubarkeit wie das damals aufkommende »Neuheidentum«, alternative Lebensentwürfe aller Art oder Zurück-zur-Natur-Bewegungen. Nicht alles daran war schlecht oder führte gar direkt in die Fänge des gewaltbereiten und rassistischen Nationalsozialismus.

Schon im 19. Jahrhundert versuchten rassistische Autoren, den Menschen ihre existenziellen Ängste auszureden. Etwa ein halbes Jahrhundert später begriffen die Nationalsozialisten, dass die Sehnsüchte und Ängste von Frauen einer anderen Behandlung, einer anderen Verführung bedürften als die der Männer, wollte man sie zu dem kruden, menschenverachtenden und antisemitischen Weltbild bekehren. Um auch die Frauen auf das »großdeutsche Wesen« einzuschwören, bauten die nationalsozialistischen Ideologen die mutterrechtlichen Theorien für die »germanische« Frau aus. Auch Bücher wie *Die Wolfsfrau* gehen in ihren Vorstellungen eines überzeitlichen, mythischen Wesenskerns letztlich auf solche Traditionen zurück.

Nach dem Zusammenbruch des nationalsozialistischen Regimes entwickelte sich eine seltsame Art geistiger Kontinuität: von Professoren der Ur- und Frühgeschichte, die sowohl einem diffus-allgemeinen als auch einem mondselig-frauenbezogenen »Wesen« der Dinge das Wort redeten, zu den »Wolfsfrauen«-

und Matriarchatsautorinnen, die in deren Tradition schrieben. Wahrscheinlich lag manchen Schreibenden das Wohl von Frauen wirklich am Herzen. Doch in ihren Texten stillten sie die Sehnsucht nach Einmaligkeit, heizten sie Überlegenheitsgefühle weiter und wieder neu an. Der Erfolg des Buches *Die Wolfsfrau* wiederum ist ohne die Vorarbeit der Matriarchatstheoretikerinnen aus den siebziger Jahren nicht zu verstehen. Clarissa P. Estés ist eine Epigonin, die sich einfach besser verkauft als die ideologischen Riesinnen, auf deren Schultern sie steht.

Die hier besprochenen Autorinnen scheren sämtliche Übel dieser Welt über einen Schuldzuweisungs-Kamm: Mal sind es »die Männer«, die an allem schuld sind, wie bei der »Ur-Autorin« der Matriarchatsforschung, Elizabeth Gould Davis, mal ist es die »Unterdrückung der Urinstinkte ... generell ... in allen Kulturen«, wie bei Estés.[5]

Doch Unterdrückung, Gewalt und Ausbeutung haben viele Ursachen. Sie alle aus einem Grund heraus erklären zu wollen ist Mystifizierung. Auf diese Art werden kritisches Nachfragen, aktives Handeln und Eingreifen – und vor allem gezieltes Nachdenken – unterbunden. Auch rechtsgerichtete Parteien und Einzelpersonen scheren alle Übel ihres Landes über einen Kamm. Da sind halt dann die »Ausländer« oder »Asylanten«, waren »die Juden« die Wurzel allen Übels, auf jeden Fall immer »die anderen«.

»Böse andere« finden sich – in unterschiedlicher Ausprägung – jedoch zuhauf in der Spiritualitäts- und Matriarchatsforschungs-Literatur wieder. Neben »den Männern« sind es oft »Linke« oder »linke Feministinnen«, wie bei der Theologin Christa Mulack. Clarissa P. Estés greift weniger auffallend zu solch ausgrenzenden Mustern, aber auch sie hat einige Feindbilder entwickelt. Dazu gehören auf jeden Fall all die Menschen, die zu viel nachdenken, die sich nicht über ihren »Bauch« oder gar über ihre »Urinstinkte« definieren lassen.

Autorinnen wie Heide Göttner-Abendroth, Elizabeth Gould Davis und Clarissa P. Estés schreiben uns buchstäblich in die Steinzeit zurück. Schlimmer noch: Sie schreiben uns auf eine vormenschlich-tierische Stufe herab, ohne Sinn und Verstand. Nicht von ungefähr taucht bei Clarissa P. Estés mehrfach das Bild der Bauchfrau ohne Kopf, der Baubo, auf.[6] Ganz Geschlechtsorgan und Verdauungstrakt. Mehr nicht.

Gab es bei den Nazis ein »Wesen« der Germanen, so bei Clarissa P. Estés, Angelika Aliti und anderen Autorinnen ein »Wesen« der Frau, eng verbunden mit den als ideal fantasierten »Zyklen der Natur«. Ein Instinktwesen, das wahrscheinlich nicht mal in der Lage wäre, einen Einkaufszettel zu lesen oder an der Kasse sein Wechselgeld nachzuzählen. Diese Urnatur folgt immer und überall ihren – meist weiblichen – Instinkten, und die wohnen bei Estés' Wolfsfrau oder Luisa Francias jahreszyklischen Ergüssen irgendwo zwischen Lungenspitze und Urinblase »in den Eingeweiden«[7], zwischen den Gedärmen.

Auch andere Intellektuelle der letzten zwei- bis dreitausend Jahre – Männer wie Frauen – sind nicht etwa qua erworbener Geistesfähigkeiten große Dichter, Philosophen oder Entdecker geworden. Auch in ihnen toben nur »Naturinstinkte«.[8] (Was für ein Wort übrigens: »Instinkte« sind schließlich immer Teil der Natur.) Nicht Köpfe inspirierten nach Clarissa P. Estés die Künste dieser Welt, brachten Wissenschaft, Philosophie, Malerei und Musik hervor, sondern »der Bauch«.

Im Grunde wäre es zum Lachen, wenn es nicht so gefährlich wäre: Hinter dem Instinktbegriff von Clarissa P. Estés und anderen steckt eine Naturvorstellung, die man auch als Biologismus bezeichnet. Sie besagt, dass alles menschliche Verhalten angeboren ist, vererbt und nicht veränderbar. Nach dieser Auffassung kann man nur bedingt Neues dazulernen und kaum über seinen genetischen Schatten springen. Die Biologisten behaupten in ihren Kernaussagen, dass Intelligenzunterschiede angeboren sind, die Denkfähigkeit an Gene gebunden und dass wirtschaftliche und wissenschaftliche Entwicklung durch Hautfarbe und ethnische Herkunft bestimmt würden. So dumm, in dieser Diskussion das in weiten Kreisen inzwischen diskreditierte Wort »Rasse« zu verwenden, ist heute kaum einer von ihnen mehr. Sie sehen das Menschsein nicht in seiner Auseinandersetzung mit der Umwelt und seinen Anlagen, sondern als vorherbestimmt durch ererbte Eigenschaften, ethnische Zugehörigkeiten und die genetische Ausstattung jedes Einzelnen.

Auch bei der Archetypenlehre des Psychologen C.G. Jung handelt es sich um dieses Prinzip, nur statt in biologistischer Argumentation in einer psychologistischen. Von seinen Kritikern wird C.G. Jung als einer der Autoren angesehen, die den geistigen Nährboden für den Nationalsozialismus in den dreißiger Jahren mit vorbereiten halfen.

Beinahe alle im Folgenden dargestellten Autorinnen und Autoren sind Anhänger von C.G. Jung. Joseph Campbell, der New-Age-Inspirator, übertrug C.G. Jungs Arbeiten ins Englische, Clarissa P. Estés ist Psychologin nach der Jungschen Methode, und auch viele andere New-Age-Autoren, Matriarchatsforscherinnen und Lebenshilfe-Schriftstellerinnen halten mystische, überzeitliche Qualität aus Kosmos oder Innenleben für wichtiger als die individuellen, konkreten Leiden und Freuden realer Menschen.

Bücher wie Elizabeth Gould Davis' *Am Anfang war die Frau* wurden von begeisterten Anhängerinnen oft als »Bibel« bezeichnet. Endlich eine Autorin, die formulierte, dass Frauen die ersten Menschen waren, vor allen Dingen die besseren. War das nicht notwendig? Vielleicht. Es war aber auch der erste Schritt zum Verrat an den feministischen Idealen.

Fragt man heute nach, was sich diese faszinierten Leserinnen außerdem von diesem Buch gemerkt hätten, schlagen sie verlegen die Augen nieder. Dass wir »überlegenen« Frauen bei Elizabeth Gould Davis vom anderen Stern kamen, ist ihnen nach der Lektüre genauso entfallen wie das Aussehen dieser edlen Damen: rotblond, schlank und hoch aufgeschossen. Auch dieses Bild hat seine braunen Wurzeln.

Bei meinen Recherchen befragte ich viele Frauen zur Matriarchatsforschung oder zur Lebenshilfeliteratur à la *Die Wolfsfrau*. Interessant war, wie viele Frauen nahezu »gestanden«, sie hätten »das alles« nie zu Ende gelesen, und die »Schuld« dafür gleich bei sich suchten: »Wahrscheinlich bin ich nicht belesen genug, um das alles zu verstehen.«

Schriftstellerinnen wie Estés, Gould-Davis oder der New-Age-Guru Campbell verunklaren. Sie schläfern die Aufmerksamkeit mit Hilfe ihrer mystifizierenden Redseligkeit ein. Sie sind wie der Fischer im Lied von der Forelle: Sie trüben das Wasser, damit das Fischlein besser gefangen werden kann.

## Frauenbewegung und Selbstkritik

Beinahe jede der gegenwärtigen politischen Parteien oder Bewegungen in Deutschland – aber auch anderen Ländern – hat sich im Laufe ihres Bestehens einmal mit der eigenen Stellung zu und möglicherweise sogar der Herkunft ihrer Ideen aus autoritärem und rassistischem Gedankengut früherer Zeiten auseinander setzen müssen. Dazu gehörte auch die Einstellung zu Gewalt und zur Legitimierung von Terror.

Die christlichen Großparteien verdankten es ihren führenden Köpfen, allen voran Kurt-Georg Kiesinger und Franz Josef Strauß, dass sie mit ihrer tatsächlichen braunschwarzen Dienstkontinuität nicht ungeschoren davon kamen. Auch die »roten Brüder und Schwestern« – sowohl in der BRD als auch in der DDR – teilten dieses unkommode und doch so wichtige Schicksal, gezwungen zu sein, die eigenen Verstrickungen mit der Vergangenheit zu hinterfragen. Die Kirchen müssten eigentlich heute noch schamvoll erröten, und auch die grüne Partei war eines Tages gezwungen, die braunen Flecken im eigenen Bio-Apfel zu erkennen. Auch die Anthroposophen, eher bekannt als Waldorfschul-Begründer und Erfinder einer akzeptierten Heilpädagogik, werden immer mal wieder gegen den Strich ihres frauenfeindlichen, rassistischen und antisemitischen Gedankengutes gebürstet. Die Liste derjenigen, die kritisch auf ihre eigene Geschichte schauen mussten, ließe sich noch endlos fortsetzen.

Einzig die Frauenbewegung scheint bis heute – zumindest was ihr Image in der Öffentlichkeit angeht – von diesen Vorwürfen verschont geblieben zu sein. Doch auch in der feministischen Bewegung gibt es »unangenehme«, aber von vielen Frauen bis heute ignorierte autoritäre, rassistische, antisemitische und chauvinistische Elemente.

So leitet sich ein großer Teil der Bilderwelten und Theorien, die mit dem Schlagwort »Matriarchatsforschung« umrissen werden, aus dem völkischen und Herrenmenschen-Gedankengut der Wende vom 19. zum 20. Jahrhundert ab. Einige Ansätze der Matriarchatsforschung haben Aspekte mit den ideologischen Schriften der Nationalsozialisten selbst gemein. Ihre praktische Umsetzung in Frauenritualen oder Lebenshilfe- und Erbauungsliteratur weist allzu oft eine große Nähe zu rechtslastiger mythischer Stümperei oder dilettantischer Geschichtsklitterung auf und frönt einer eitlen weiblichen Nabelschau.

Die Matriarchatsforschungs-Theorien kolportieren zwar zum Teil auch eine emanzipatorische – rückwärts gewandte – Frauenutopie. Gleichzeitig tragen sie aber den antiemanzipatorischen Ballast aller möglicher Ideologien des 19. und 20. Jahrhunderts mit sich. Sie verstecken Übermenschenansätze oder rassistische Vorstellungen in ihren bekanntesten Darstellungen weiblicher Überlegenheit, und sie zeigen ein erschreckendes Ausmaß von Antisemitismus in den Matriarchatstexten, die sich mit dem Alten Testament auseinander setzen. Letztlich vermitteln sie in ihren angeblich sogar wissenschaftlichen Ansprüchen standhaltenden neueren Ansätzen autoritäre und extrem menschenverachtende Bilder und Gedanken.

Bücher kann man verbrennen, ignorieren, nicht wieder auflegen, als Märchen abtun oder als unwissenschaftlich disqualifizieren. Doch Worte haben ihre Wirkung in der Praxis. Hinter den Büchern kommen nämlich Rituale zum Vorschein, Frauenprojekte auf der grünen Wiese oder in Altbausanierungsvierteln ostdeutscher Großstädte. Bücher werden gelesen, und die Frauen, die sie lesen, setzen ihre erträumten Utopien in die Wirklichkeit um, senken Hemmschwellen in spirituellen Festen, gleichen sich bestimmten Vorstellungen an, baden im göttinnenhaften Größenwahn oder delegieren ihre Spendenbeiträge um vom »Roten Kreuz« zur »Einpersonen-Frauenakademie«, vom »Kap Anamur« zum »Hexentreffen«. Sie verwechseln innerliches Wachstum mit äußerer Politik, meditative Passivität mit aktiver Verantwortung für andere und melodisches Summen von Göttinnenchants mit lautem Aufschrei vor Entsetzen oder Scham. Insofern ist Literatur eben durchaus wirksam, hat sie eine politische Kraft und Einflussnahme, sollte sie kritisch bedacht werden.

Es geht mir nicht darum, Spiritualität oder inneres Wachstum und aktives Eingreifen in politische Gegebenheiten gegeneinander auf- oder abzuwerten. Vielmehr liegt mir daran, die mangelnde Unterscheidungsfähigkeit und die Unsicherheit, wann welche Tätigkeit am geeigneten Platz ist, zu kritisieren. Die Entpolitisierung weiter Teile der Frauen- und auch der Alternativbewegungen ist nicht eine Folge von Verinnerlichung oder Spiritualität, sondern eine Folge der Verwechslung von Spiritualität und Politik. Solche Verwechslungen werden durch verwaschen formulierte und autoritäre Texte gefördert. Und Ungenauigkeiten verhindern, dass Täter oder Ursachen benannt werden können. Werden beispielsweise »Rasse«, »Klasse« und »Geschlecht« in einen Topf geworfen, entsteht genau jene Unschärfe, die einen guten Nährboden für autoritäres Denken und Verhalten abgibt. Die Nacktheit des Kaisers zu benennen ist der erste Schritt, um ihn abzusetzen. Sie zu beschönigen aber, wie man in Andersens Märchen nachlesen kann, verfestigt seine Macht.

Ist die Frauenbewegung an der »Frauenbewegung« spurlos vorübergegangen? Zumindest, was die Forderungen nach Eigenreflexion und kritischer Aufarbeitung der eigenen Standpunkte betrifft, könnte man in zahlreichen Punkten zu diesem Schluss kommen. Schließlich sind dies Ansprüche, die der Feminismus selbst an eine patriarchale Wissenschaft, Literatur und Lebensweise immer wieder gestellt hat. Wir Frauen haben übersehen, dass wir nicht von einem anderen Stern jungfräulich in diese verdorbene Welt gepurzelt sind, sondern dass wir selbst Teil und Inhalt des Systems sind. Wir sind Töchter – in jeder Hinsicht.

Die Texte der Matriarchatsforscherinnen hatten, zu ihrer Zeit, durchaus einen politischen Stellenwert. Sie gehören in den Bereich therapeutischer oder agitatorischer Politschreiberei. Die Matriarchatsforscherinnen trauten sich, nie Gedachtes anzudenken und gegen die Bastionen männlicher Definitionsmacht bei der Frage, was denn nun natürlich sei an den Geschlechtern, das erste Mal anzugehen. Sie begannen, ohne sich dessen bewusst zu sein, zu zerstören, mit der bedauernswerten Folge, dass sie aus den alten Bruchstücken neue Mythen konstruierten und neue Feindbilder bastelten.

Warum schrieben Frauen und Männer knapp eine Generation nach dem Ende des Nationalsozialismus unter der Überschrift »Matriarchatsforschung« rückwärts gewandte Utopien, die sowohl inhaltlich als auch strukturell zutiefst in diesen braunen Sümpfen verankert waren? In Zeiten einer linken Aufbruchsstimmung, vager, zaghafter Faschismuskritik und eines beginnenden Austausches von Worten wie »Rasse« gegen »Kultur« oder »Germanen« gegen »Europäer« war es sicher nicht opportun, eurozentrisches Überlegenheitsdenken, rassistische Arroganz und latente Gewaltbereitschaft wieder zu Papier zu bringen. Die braunen Söhne und Enkel überspringend, plumpste das »Matriarchat« scheinbar ohne Vorläufer und Herkunft in die feministische Debatte hinein. Und konnte sich deshalb auch alles leisten.

Linke wandten sich sehr rasch von Texten ab, die gerade dem intellektuellen und sozialkritischen, manchmal auch recht anspruchsvollen Diskurs ihr Credo einer intuitiven Wissenschaft, durchgeführt vom einsamen Genie entgegensetzten. Das mag manchem Hirn, zermürbt in den zahlreichen Uni- und Wohngemeinschafts-Debatten, erholsam angemutet haben. Und statt anstrengender Demos oder gar leichter Straßenkämpfe gab es da die Idee der Magie, mit der man leichthin sowohl die Natur als auch die Menschen manipulieren konnte. Ganz ohne Anstrengung und Pflastersteine und ohne sich die Finger schmutzig machen zu müssen – in jeglicher Hinsicht. Die Frauen blieben unschuldig, rein: das ewig friedliche Geschlecht. Tatsächlich?

Die wieder hervorgeholten Texte früher matriarchaler Theoretikerinnen bedienten auch eine gewisse Faulheit. Die Leserinnen konnten – dies lässt sich durch Josefine Schreiers Buch *Göttinnen* belegen – von sich selbst als eventuell gar nicht ihrem Ideal entsprechenden Wesen absehen. Da stand es schwarz auf weiß und auch nicht so kompliziert geschrieben wie bei all diesen links-feministischen Sozialanalysen: dass alles Übel dieser Welt vom angeblich »rassisch« minderbemittelten Mann ausgeht. Ohne ihn – so die Aussage – wären alle Frauen qua Geburt »Göttinnen«.

Die Lust daran, sich auf Kosten anderer Menschen selbst zu erhöhen und die geistige Trägheit – lange hätte man dies nicht so weitertreiben können, denn die Leserinnen begannen auf einmal zu fragen: Stimmt das alles überhaupt? Man brauchte allmählich wissenschaftlichere Werke.

Die 1988 verstorbene Vorgeschichtsforscherin Marie E.P. König wickelte ihren mythischen Eurozentrismus in ein Vorgeschichtskonzept, das sie direkt von der Wiener Schule der letzten Jahrhundertwende importiert hatte. Die Arbeiten der Archäologin und Ethnologin Marija Gimbutas machten endlich Schluss mit der schuldbeladenen Vergangenheit unserer Eltern: Aus Amerika bekamen wir die schuldlose Großmutter inklusive archäologisch fundiertem Neolithmatriarchat gleich mitgeliefert. Beide Autorinnen sind Beispiele dafür, dass ein wissenschaftlicher Anspruch allein noch längst nicht ein vorurteilsbehaftetes Schreiben verhindert.

Das gilt auch für die Arbeiten von Heide Göttner-Abendroth, die in diesem Genre noch einmal einen besonderen Fall darstellen. Ihr Werk steht für ein lückenloses, beinahe hermetisches System, das über intellektuelle Argumente, emotionale Bilder, ausagierte Rituale und eine Projektstruktur scheinbar wissenschaftlich abgesichert und historisch perfekt ist.

Es ist erstaunlich, mit welcher Behutsamkeit die Kritiker den verschiedenen Protagonistinnen einer Matriarchatstheorie entgegentraten. Das Äußerste an kritischer Beschreibung scheinen Bezeichnungen wie »Umsturzbewegung« gewesen zu sein, die Darstellung der Frauenbewegung als »ein durch überlegene Fremdkultur erschüttertes Gruppenselbstgefühl, das sich wiederherzustellen versucht«.[1] In Teilen war sie mehr als das: nämlich ein autoritärer Verbalradikalismus, den anscheinend niemand erkannt hatte.

So zum Beispiel die Texte von Carola Meier-Seethaler, die die Beschneidung von Frauen und das Foltern von Männern als matrizentrische Rituale verkauft.[2] Diese Gefühllosigkeit und mangelnde Empathie eint sie mit dem antisemitischen Mythologen Joseph Campbell, für den die individuellen Gefühle von

Menschen auch nur Hemmnisse auf dem wahren, kosmischen Entwicklungsweg des männlichen Helden darstellen.[3]

Das Erschrecken darüber, wie eine Autorin dergleichen schreiben kann, berührt auch die eigene Selbstreflexion: Warum haben wir frauenbewegten Frauen – und ich zähle ich mich explizit dazu – dies in all den Jahren nicht bemerkt? Es ist jene Frage, die man an totalitäre Systeme gleich welcher Art stellen muss: Merkt denn niemand, was hier los ist – rechtzeitig, so dass man etwas dagegen unternehmen kann?

Die Arbeiten der Matriarchatsforscherinnen bedienten die Sehnsucht nach einer heilen Welt, einer für Frauen heilen Welt. Wenn schon nicht in der Gegenwart, dann in der mythischen Vergangenheit. Solche rückwärts gewandten Utopien haben die meisten politischen Ideologien und Weltanschauungen entwickelt. Und die Sehnsucht nach einer »heilen Welt« ist eine berechtigte Sehnsucht, nämlich ein Traum in einer »unheilen Welt«. Es geht hier nicht darum, die Träume und Sehnsüchte von Frauen zu diskreditieren. Nicht dem Traum vom Schlaraffenland gehört der Boden entzogen, sondern dem Hunger, der dahinter steht. Denn Hunger und Ungenügen machen korrumpierbar.

Im Laufe meines Engagements in der Frauenbewegung konnte ich eine Reihe eindrücklicher Erfahrungen sammeln, die mich die Strukturen, Bilder und Gedankenwelten der Matriarchatsforschungs-Literatur und spiritueller Frauenbücher kritisch hinterfragen ließen. Deren Inhalte hatte schließlich auch ich einmal recht unkritisch »geglaubt« und weitervermittelt.

Ich entwickelte eine Art Leseseminar zu den Texten einiger Matriarchatsforscherinnen, das ich in verschiedenen Frauenzusammenhängen einige Jahre lang abhielt. Sein Inhalt bildete später die Grundlage für dieses Buch.

*Die Wolfsfrau im Schafspelz* soll dazu beitragen, dass sich bestimmte Teile der Frauenbewegung mehr an ihren eigenen Maßstäben messen – um so deren Zielen wieder ein Stück näher zu kommen.

# Lesen lernen

Inwiefern »Wolfsfrauenliteratur« die Sehnsüchte von Frauen nicht erfüllt, sondern missbraucht, lässt sich nur verstehen, wenn man sich die Geschichte dieser Literatur vor Augen führt. Ganz besonders die Geschichte der Matriarchatsforschungs-Literatur, auf der die feministische Esoterik aufbaut.

Diese Art Literatur hatte – im übertragenen Sinn gesprochen – ihre früheste Kindheit, ihre Babyphase, etwa in der Mitte des 19. Jahrhunderts. Die alles zerstörende, destruktive Kinderphase findet sich während des Nationalsozialismus, und die Bekehrung zur braven, alles fressenden, lesenden und wiederkäuenden Studentin dann in der restaurativen und konservativen so genannten Adenauer-Ära, die Zeit des Fleißes und der Anpassung. Die Flegeljahre der Wolfsfrau waren die Zeiten der Studentenrevolte in den USA und in Europa sowie die Anfangsjahre der europäischen Frauenbewegung.

Es bestehen Traditionen und Ableitungszusammenhänge zwischen den in diesem Buch bearbeiteten Texten: Sowohl Clarissa P. Estés als auch zum Beispiel Heide Göttner-Abendroth oder Christa Mulack gehen mit ihren Büchern auf Traditionen zurück, die sehr weit – nicht nur ins 20., sondern sogar ins 19. Jahrhundert zurückreichen. Das Verständnis dieser Traditionen oder Wurzeln ist wichtig, wenn man auf die Schwäche der Esoterik- oder Matriarchatsliteratur hinweisen will oder sogar nachweisen möchte, inwiefern sie kontraproduktiv für die Probleme und Wünsche von Frauen am Ende des 20. und Anfang des 21. Jahrhunderts sind.

Ziel dieses Buches ist es, der Leserin und dem Leser Kriterien an die Hand zu geben, wie sie selbst auch andere Bücher aus der Esoterik- oder Matriarchatsszene auf solche verborgenen rechtslastigen Fußangeln untersuchen können. Auch einige der in den letzten Jahren geschriebenen, mythenschwangeren Bücher zur »inneren Wandlung« des Mannes leben teilweise von solch unterhinterfragtem Gedankengut aus den letzten 150 Jahren.

## Texte beim Wort nehmen

Als Literaturwissenschaftlerin untersuche ich wissenschaftliche Texte auf autoritäre Strukturen. Dieses Verfahren geht auf die kritischen Ansätze der feministischen Literaturkritik und feministischer Wissenschaftstheorien aus den siebziger Jahren zurück sowie auf einige kritische Studien zum Nationalsozialismus, allen voran Theodor W. Adornos *Studien zum autoritären Charakter*.

In einem ersten Schritt analysiere ich aggressive, frauen- und fremdenfeindliche Textstellen, Bilder, stilistische Eigenheiten der Autorin oder des Autors aus dem Umfeld des nationalsozialistischen oder früheren Gedankenguts. Nach der Beschreibung solcher Elemente und Strukturen kann man sich Texten zuwenden, die nicht derart eindeutig aus einem totalitären Umfeld stammen, aber doch Irritationen wecken. Ich untersuche nun, ob auch dort aggressive Textstellen zu finden sind, ähnlich, wie man Obst auf faule Stellen untersucht. In gleicher Weise verfahre ich daraufhin mit den Texten der Autorinnen aus dem Umfeld der so genannten Matriarchatsforschung.

Die bisherigen Kritiken an der so genannten Matriarchatsforschung haben sich an ihrem wissenschaftlichen Wahrheitsgehalt abgearbeitet.[1] Es gibt Versuche, ihr mit psychologischen und strukturphilosophischen Analysen beizukommen[2], ebenso existieren Abhandlungen zu einem, wie dort dargestellt, »versteckten« Antisemitismus in den Arbeiten von Heide Göttner-Abendroth, Gerda Weiler u.a.[3] Antisemitismus »versteckt« sich beispielsweise direkt in den Werken anerkannter und berühmter Mythologen. So schreibt Joseph Campbell in *Der Flug der Wildgans* in Bezug auf alle drei großen monotheistischen Religionen des vorderen Orients, die für ihn eindeutig negativ besetzt sind: »Alle, wie man bemerken wird, Semiten!«[4] Die Matriarchatsforscherin Heide Göttner-Abendroth soll juristisch gegen eine Studentin vorgegangen sein, die den Antisemitismusvorwurf gegen sie und andere Matriarchatsforscherinnen auf einer ökumenischen Frauentagung erhob.

Aus den Reihen sozialistisch orientierter Feministinnen kam dezidierte Kritik an den restaurativen Inhalten der Matriarchatsliteratur bereits in der Mitte der siebziger Jahre auf. Sie fürchteten, dass konservative Vorstellungen von den Geschlechterrollen fröhliche Urständ feiern könnten und fragten pragmatisch nach dem politischen Nutzen solcher Theorien. Bei den »Vätern« der Matriarchatsforschung, wie Johann J. Bachofen konstatierten sie: »Die Moral des Bachofen'schen Mythos ist die Unüberwindbarkeit der männlichen Herrschaft.«[5]

Aber um es noch einmal zu wiederholen: In der vorliegenden Analyse geht es nicht um das »Stimmt's oder stimmt's nicht?« der Matriarchatsforschung, sondern um die darin vorkommenden autoritären und menschenverachtenden Elemente.

Das Analyseverfahren, dem ich die Texte dieser Studie unterziehe, ist in den allermeisten Fällen ein hermeneutisches, das heißt, es bezieht sich rein auf Bedeutungen der gebrauchten Wendungen und Textstrukturen. Mein Zurückgehen auf diese Methode verlangt, wieder einmal genauer hinzusehen, hinzulesen und – so weit dies überhaupt möglich ist, ohne Ideologien, Theorien und Vorstellungen im Kopf, die den Blick trüben könnten – Texte wörtlich zu nehmen. Die Stufen einer solchen Interpretation umfassen das hermeneutische Herangehen und die Suche nach direkten Aussagen. Ich führe keine Deutungen von Metaphern durch, interpretiere keine Bilder, mache keine biografischen oder psychologischen Interpretationen des Geschriebenen. Am Anfang steht allein die Bereitschaft, sich von bestimmten Textstellen irritieren zu lassen, so, wie einen beispielsweise bestimmte Rede- oder Verhaltensweisen irritieren, nachdenklich machen. Solche irritierenden Textpassagen nehme ich heraus, beschreibe und zitiere sie ausführlich, stelle ihren Kontext dar und deute sie in diesem Zusammenhang. Zu dieser Art Interpretation kommen Wortanalysen, Begriffsdefinitionen und die Darstellung der einzelnen Wortbedeutungen hinzu, wie zum Beispiel bei der Analyse des Wortes »Hass« im Abschnitt zu Christa Mulacks Buch *Natürlich weiblich*. Dabei darf man nicht übersehen, dass Worte im Laufe der Zeit ihre Bedeutung verändert haben. Diese Überlegung trifft insbesondere auf die Kapitel zu, die sich mit älteren Texten befassen.

Ich beginne im Kapitel »Die Fehler der Mütter« mit der Analyse von Matriarchatstheoretikerinnen aus den zwanziger und den fünfziger Jahren des vorigen Jahrhunderts. Danach betrachte ich in dem Kapitel »Die Traditionen der Väter« zwei Autorinnen, die sich nach den wissenschaftlichen Ansprüchen der Ur- und Frühgeschichte richteten. Dass auch wissenschaftliche Verfahrensweisen nicht vor eurozentrischem Überlegenheitsgefühl respektive der Rezeption völkischer Inhalte schützt, wird in den Abschnitten zu Marija Gimbutas und Marie König aufgezeigt.

Im Teil »Die Sünden der Töchter« wählte ich als Beispiele zwei der auffallendsten autoritären Texte aus. In diesem Zusammenhang interessierte mich auch die Rezeptionsgeschichte einiger Autorinnen, denn ein Guru kommt bekanntlich selten allein. Die Rolle seiner Anhänger in diesem Spiel ist mindestens ebenso wichtig.

Das Kapitel »Der Größenwahn der Enkelinnen« befasst sich dann mit zwei Autorinnen, die eher dem Umfeld spiritueller Lebenshilfe zuzurechnen sind.

Textkritisch wurden die Matriarchatstheorien bisher noch nicht untersucht. Lag es am Mythos von der »friedfertigen Frau«, dass man den Autorinnen, noch dazu feministischen, keine aggressiven Texte, totalitären Bilder und inhumanen Vorstellungen zutraute?

## Settings beachten

Neben der rein textkritischen Analyse soll das Augenmerk auf das »Setting« einer Situation gerichtet werden, in der Vortrag gehalten, ein Ritual veranstaltet wird. Dieses Setting wird in der Regel bewusst gestaltet, um kritische Fragen, klare Abgrenzungen und Widerstand gegen seltsame Formen eines Rituals zu verhindern.

Die Auswahl der Settings richtete sich nach ihrem Zusammenhang mit den hier besprochenen Texten. Texte und Settings ergänzen sich. Mal wurde ich durch ein bestimmtes Setting auf die Texte aufmerksam, mal aber auch umgekehrt. Als früher selbst »Matriarchatsbegeisterte« und Zeitgenossin einiger Matriarchatsautorinnen nahm ich über längere Zeiträume hin auch an ihren Ritualen teil, von denen einige im Kapitel »Die Sünden der Töchter« Erwähnung finden.

Es gibt bis heute keine statistischen Erhebungen oder gruppensoziologischen Untersuchungen zu Struktur, Aufbau und Verlauf abgehaltener Rituale und zu autoritären Strukturen, wie sie sich innerhalb eines solchen Ritualzusammenhanges manifestieren. Trotzdem schildern Menschen im Rückblick ihre Gefühle, ihre Ängste, ihre seelischen und körperlichen Abhängigkeiten im Rahmen solcher Abläufe. Die Darstellung von Ritualsettings kann als Vorwurf gegenüber den anleitenden Frauen verstanden werden. Hierbei darf die Rolle der »nur mitmachenden« Teilnehmerinnen jedoch nicht übersehen werden. Es ist mir bewusst, dass auch jede andere beteiligte Person – und dabei nehme ich mich nicht aus – dem Prinzip der Eigenverantwortlichkeit gemäß ihre Rolle bei der Unterstützung oder Billigung hier beschriebener Strukturen hinterfragen muss.

Das Ritualefeiern mündet in vielen Fällen in eine Form von Suchtverhalten. Man sollte froh sein, dergleichen überwunden zu haben. Die Aufnahme dieser durchaus brisanten Thematik in das vorliegende Buch ist als ein Beitrag zur Prävention gedacht, ein Versuch, Kriterien zu erstellen, die für Frauen in frauenbestimmten Ritualen hilfreich sein sollen, aber durchaus auch verallgemeinert, auf religiöse, sich psychotherapeutisch gerierende Gruppen oder anderweitig spirituelle Aktivitäten, auch in gemischtgeschlechtlichen Zusammenhängen, übertragbar sind.

## Das Matriarchat als rückwärts gewandte Utopie

Matriarchatstheorien sind Interpretationen archäologischer Funde aus der Vorgeschichte und archaischer Mythologietexte aus der Frühgeschichte. Insofern transportieren sie Werte und Menschenbilder, die Ausdruck der Gedanken und Obsessionen des 19. bis 20. Jahrhunderts im aufgeklärten Europa sind: allen voran das Bild der auf allen gesellschaftlichen Ebenen überlegenen Frau in Verbindung mit hierarchiefreien Gruppen- oder Gesellschaftsstrukturen, eingebettet in die pflegliche Kommunikation mit der Natur. Die Überlegenheit der Frau wurde spirituell oder – später – biologisch erklärt. Aus ihr resultierte sowohl der pflegliche Umgang mit anderen Menschen als auch mit der Natur.

Aus diesen Kernbehauptungen heraus entwickelten sich die verschiedensten matriarchatstheoretischen Strömungen, die sehr unterschiedliche Schwerpunkte hatten und haben. So liegt allen diesbezüglichen Texten, die im Rahmen der Neuen Frauenbewegung ab 1970 verfasst wurden, ein grundsätzlich positiv besetztes Frauenbild zugrunde.

Wie aber wird es interpretiert? Wie wird die Rolle von Frauen gesehen, wie ihr Wesen? Wie wird es bewertet? Was nur wenig bekannt ist: Sowohl während als auch vor der Zeit des Nationalsozialismus befassten sich einige Autoren ebenfalls mit diesem Thema. Und in ihren Texten finden sich andere Vorstellungen und Bewertungen zur Rolle der Frauen und ihrem genuinen Wesen. Außerdem gibt es eine Art Matriarchatsliteratur des ausgehenden 19. und des beginnenden 20. Jahrhunderts. Hier sind die Namen Johann J. Bachofen und Sir Galahad die geläufigsten. Bei ihnen findet sich abermals ein anderes Frauenbild.

Es geht hier um die tradierten autoritären und menschenverachtenden Textstrukturen und Inhalte, die auch in der modernen Matriarchatsliteratur auftauchen. Die Auseinandersetzung mit wissenschaftlicher, philosophischer und auch belletristischer Literatur des ausgehenden 19. und beginnenden 20. Jahrhunderts zeigt, in welch erschreckendem Ausmaß rechtslastige, völkische, antisemitische und imperialistische Gedanken Allgemeingut waren. Davon blieben die ersten Matriarchatstheorien ebenso wenig verschont wie beispielsweise die Ethnologie, die Mythen- und Volkskunde sowie die Ur- und Frühgeschichte.

Die Idee eines Matriarchats als Gesellungsform und weiblicher Überlegenheit als individueller Eigenschaft umfasst ein paar Grundgedanken, die sich im Laufe von etwa 150 Jahren herausbildeten. Man kann diese Aussagen, was Matriarchate sein sollen, in etwa prähistorischen Epochen zuordnen. Aus dieser Zuordnung ergeben sich dann verschiedene wissenschaftliche Methoden, mit denen man diese Aussagen auf ihren Wahrheitsgehalt hin prüfen kann. Im Folgenden werde ich diese Grundgedanken der Matriarchatstheorien überblicksmäßig darstellen, um während der Lektüre der weiteren Kapitel eine bessere Orientierung bezüglich der immer wieder erwähnten Inhalte der Matriarchatstheorien zu ermöglichen:[1]

1. Geschlechtsunterschiede
– Es gibt eine natürliche Überlegenheit der Frau.
– Frauen können/konnten sich durch Parthenogenese fortpflanzen.
Methoden der Überprüfung: Physiologie, Biologie, Primatologie, Anthropologie

2. Paläolithikum
– Schon in frühester Zeit hat es Matriarchate oder frauenzentrierte Zusammenhänge gegeben.
– Es gibt eine ungebrochene Kontinuität von Symbolen, sie gelten immer und zu allen Zeiten.
Überprüfung durch: Anthropologie, Paläontologie, Verhaltensforschung, Primatologie, Urgeschichte

3. Neolithikum
– Rituale waren ganzheitliche Erkenntniszusammenhänge und spiegelten die historische Gesellschaftsstruktur.

- Matriarchate waren stets egalitär und demokratisch organisiert.
- Matriarchate pflegten eine naturverbundene Lebensweise.

Überprüfung durch: Ur- und Frühgeschichte, Archäologie, Ethnopsychoanalyse, Agrarwissenschaften

4. Metallzeiten
- Es gab ein weltweites Matriarchat.
- Es gab Amazonen.

Überprüfung durch: Archäologie, Kunstgeschichte, Altphilologie, Ur- und Frühgeschichte, Montanwissenschaften

5. Frühgeschichte, Mittelalter
- Spuren vom Matriarchat finden sich in Sagen und Märchen wieder.

Überprüfung durch: Philologie, Mediävistik, Geschichte, Kunstgeschichte

7. Neuzeit und Gegenwart
- Mythen sind »Fernrohre« in die Vergangenheit.
- Es gab/gibt in verschiedenen Regionen der Welt matriarchale »Restethnien«.
- Frauen sind von Natur aus friedfertig, Männer kriegslüstern.
- Matriarchatsforschung ist per se »frauenfreundlich« und von Frauensolidarität gekennzeichnet.

Überprüfung durch: Philologie, Forschungsgeschichte, Ethnologie, Philosophiegeschichte, Soziologie, Politologie, Psychologie

## Ein Mord ist ein Mord ist ein Mord – das Werkzeug

### Vom autoritären Charakter

Eines der wichtigsten Bücher bei der Interpretation von Texten oder Reden ist immer noch *Studien zum autoritären Charakter* von Theodor W. Adorno. Es entstand in den vierziger Jahren, als in Europa der Faschismus und die Kriegstreiberei auf dem Höhepunkt waren. Ursprünglich als Sammelwerk von einem Forscherteam zusammengestellt, sind in Deutschland Adornos Kapitel daraus am bekanntesten geworden.

Das Team untersuchte die soziale und ökonomische Lage von Menschen, auf Grund derer sie zur Entwicklung von Vorurteilen verleitet werden, die Funktion der Redner und Agitatoren, die zwischen dem Individuum und seiner Umwelt im Sinne solcher Feindschaften gegen Minderheiten agitieren. Sie gingen der Frage nach, welche Charakterstrukturen einen Menschen für rassistische Vorurteile anfällig sein lassen, untersuchten, wie sich Vorurteile unter Druck, beispielsweise in einer Kriegssituation, aufbauen und zogen Vergleiche mit Patienten, die psychotherapeutisch behandelt wurden.

In seiner Analyse der Reden eines fundamental-christlichen Rundfunkredners gibt Adorno ein Beispiel für Aufbau, Struktur und Ziel autoritärer Texte, dessen Essenz man auch in anderem Zusammenhang als Analysewerkzeug verwenden kann. Deshalb sei es an dieser Stelle kurz referiert:

In beinahe geschwätziger Weise, so Adorno, überschüttet der autoritäre Redner seine Zuhörer. Er tut dies, um durch diese Subjektivität Vertrauen zu schaffen, sowie eine Überbewertung des Gefühlsmäßigen und Subjektiven gegenüber dem abgelehnten »Rationalen«. Er stellt sich gerne als »einsamen Wolf« dar, als für seine Thesen, seinen Glauben verfolgte Person, der genau das angetan wird, was er selbst dann anderen antut. Seine Verfolger stammen natürlich aus den Reihen jener, die ausgegrenzt und diskriminiert werden sollen. Da sie aber den Redner verfolgen, darf man sie ungestraft einschränken, aburteilen und vernichten. Hier arbeitet der autoritäre Redner mit ähnlichen Argumentationsstrukturen, die eine »militärische Aggression stets Verteidigung«[2] nennt, man projiziert Elemente der Verschwörung auf den politischen Gegner, die diskriminierte Gruppe, die Minderheit, nach dem Motto »Haltet den Dieb!«.

## Der »Erlöser« naht

Der Redner ist ein Sendbote, seine Jünger gewissermaßen die Söhne, und als solche verlieren sie ihre jeweils spezifische Individualität und Eigenart. In dieser beinahe religiösen Einheit liegt auch einer der Gründe für die Uniformität, die Gleichheit der Parteigänger des autoritären Charakters, die sich ja dann tatsächlich in gleichen Uniformen und Ritualen überdimensionaler Gleichförmigkeit darstellt.

Er selbst arbeitet, schreibt unermüdlich, opfert sich auf. Diese Unermüdlichkeit fordert er auch von seinen Söhnen. Wie der gütige König »tätschelt« der autoritäre Redner die kindlichen Köpfe seiner Zuhörer, beugt sich liebevoll zu den Alten oder Armen herab, hat insbesondere ein offenes Ohr für Frauen, deren spezifische Rolle im Zusammenhang mit dem deutschen Hitler-Wahn in verschiedenen Nachkriegsstudien besprochen wurde. Kurz gesagt, er hat ein Herz für die Unterdrückten und Ausgebeuteten, zu deren Retter er sich ja aufschwingen will und aus deren Zuwendung er seine Legitimation und seine Kraft zieht.

Er und sie wissen, dass früher alles besser war, dass es wahrscheinlich sogar einmal einen Idealzustand gab, zu dem zurückzukehren alle Nöte lösen würde, dass die angesprochene Gruppe ihre wahren Wurzeln irgendwo dort hinten in dieser mystisch-mythischen Vergangenheit hat und dass deren Reaktivierung die unterdrückte oder scheinbar unterdrückte und verfolgte Gruppe wieder zu neuem Glanz und neuer Würde führen würde.

Hierin besteht auch eine der engen Identifizierungen zwischen dem autoritären Redner und seinen Zuhörern: Beide werden sie schlussendlich verfolgt, ausgebeutet und unterdrückt. Indem der Redner sich gewissermaßen zum Sprecher und Vorreiter macht, der die Sorgen und Nöte am besten versteht sowie den Mut hat, die vermeintlichen Gegner und Verursacher anzugehen, stellt er jene so ungeheuer gefühlsbeladene *unio mystica* zwischen Verführer und Verführten her.

Religiöse Redner bauen hier noch ein »Erweckungsgefühl« ein, Erweckung als Selbstzweck, nicht als Ausweitung von individueller Erkenntnis, sondern als Angenommen-Sein des Gottes, der mystischen übernatürlichen Kraft, des Volkes, der Nation, Erweckung als Gemeinschaftsgefühl, als Basis dafür, sich besser und erhobener als andere Menschen zu fühlen, »reiner«, »erlöster« oder gar »auserwählter« im Gegensatz zu den anderen unerlösten oder degenerierten Zeitgenossen. Solche Erweckungen müssen sich übrigens nicht notwendigerweise nur im religiösen Bereich abspielen, auch der Faschismus im Hitler-Deutschland trug über weite Strecken solch quasi-religiöse Elemente in sich.

Die Texte und Reden des autoritären Charakters haben gewissermaßen eine eher emotionale Vorderseite und eine kühl geplante Rückseite, zwischen beiden changiert er hin und her. Die vordergründige Harmlosigkeit, die ja vor allen Dingen dazu dient, an neue Gelder, Mitglieder und Einflusssphären zu gelangen, verschleiert nur leicht eine gewalttätige und aggressive Haltung gegenüber den diskriminierten »anderen«. Der Redner bewegt sich möglichst im Rahmen einer anerkannten »Legalität«. Ein Merkmal, das auch besonders moderne Rechtspopulisten und ihre Gefolgsleute aus der rechtsnationalen Szene auszeichnet.

Das Übel, das von den »anderen«, dem Staat usw. ausgeht, die Katastrophe, stehen unmittelbar bevor, und nur er selbst sowie seine Organisation/Partei/Sekte können jene, die ihr beitreten, retten. Die Gegenwart schwankt am Abgrund, nur er und seine Gruppe bieten das Geländer vor dem endgültigen Sturz in die Vernichtung. Um dieses darzustellen, baden autoritäre Charaktere förmlich in der Ausmalung aller Schrecklichkeiten ihrer Gegenwart, der Scheußlichkeiten, die die »anderen« begehen, dem Verfall und der Dekadenz der Sitten.

Die mehr oder weniger latente eigene Lust an Gewalt und gewalttätigem Sprechen kann sich hier, in der Ausmalung der Schrecken, verursacht durch die »anderen«, so richtig »austoben«.

## Das Faschismus-Syndrom

Friedrich Hacker war der Gründer und erste Präsident der Sigmund-Freud-Gesellschaft in Wien sowie der Gründer eines Instituts für Konfliktforschung. Als Berater engagierte er sich für den friedlichen Ausgang von Entführungen und Geiselnahmen. Seine Kategorien des Faschismus-Syndroms liefern klare Kriterien für einen autoritären Text:

- Vermehrte Betonung und Herausstreichung der Ungleichheit zweier oder mehrerer Gruppen. Diese Ungleichheit bildet ein Wertgefälle im Sinne von besser-schlechter, überlegen-unterlegen, rein-unrein usw.
- Daraus folgt, dass die Besseren die Stärkeren sind, Macht, Gewalt und Einfluss ausüben sollen, können oder gar müssen.
- Ein Führerprinzip lebt sich in Texten und Reden als das Postulat von Allwissenheit, »Hinter-die-Kulissen-Sehen« oder Unhinterfragbarkeit aus.
- Rationale Argumente, wissenschaftliche Prinzipien werden als »kalt« abgelehnt, es herrscht ein Primat des Subjektiven und Emotionalen. Die Vernunft wird als Negativum einer wie auch immer gearteten »Ganzheitlichkeit« gegenübergestellt.
- Das, was die eigene Gruppe »besser« macht, die »Ganzheitlichkeit«, der utopische Moment sind in einer als ideal gedachten Vergangenheit zu finden. Ihren Wurzeln kann man sich aber auch emotional nähern, sie müssen nicht bewiesen werden im Sinne rationaler Wissenschaft.
Um dieses utopische Moment herzustellen, kann Gewalt ausgeübt werden. Die weniger »Guten« dürfen von den »Besseren« vernichtet werden. Besonders dann, wenn sie sich der Verwirklichung der Utopie entgegenstellen.

- Autor und Leser bilden eine organische Einheit. Diese Einheit ist eine gefühlsmäßige Angelegenheit, sie wird durch biologische Eigenheiten bestärkt und ausgedrückt. Beispiel: eine Rasse, ein Geschlecht, ein Volk.
- Daraus resultiert äußere Uniformität und Gleichheit. Der Text liefert die Vorbedingungen für die praktisch umgesetzte Uniformität: Fotografien, Bilder von feiernden, tanzenden, selig lächelnden Menschen, die Darstellungen von Ritualen und ihrer Durchführung.
- Das Symptom der Dauermobilisierung schlägt sich in einem Text, einer Rede als ständiges Beschwören der Katastrophe, der fürchterlichen gesellschaftlichen Zustände, als Darstellung der Gewalt, die von den weniger »Guten« ausgeht, nieder. Der autoritäre Text schürt Ängste und Sorgen, die aber wiederum durch die anderen Gefühlsmomente der Geborgenheit, der mythischen oder biologischen Ganzheit und Zugehörigkeit des Wir-Gefühls aufgehoben werden können.
- Der andauernde »Totaleinsatz«, wie Hacker es formuliert, taucht in der Aufforderung zum rückhaltlosen Engagement auf, nur die größte gemeinsame Anstrengung kann die Katastrophe noch abwenden, das mythische Utopia errichten und verteidigen. Werden Rituale beschrieben oder ausgeführt, geht es darum, zeitliche Grenzen zu negieren, Überschreitungen der eigenen Körpersignale zu legitimieren und Grenzverletzungen herabzuspielen.

## Sektenkritische Ansätze

Auch Ansätze aus der sektenkritischen Forschung können Kriterien für die Analyse von Texten auf die in ihnen vorhandenen autoritären Strukturen liefern. Im Prinzip nämlich liegt der Unterschied zwischen einer rechtsradikalen Partei und einer Sekte eher in ihrer Größe. Selbst dieser Unterschied ist relativ, wie Margaret T. Singer«[1] und andere Fachautoren schreiben, gibt es doch im Zeitalter der Globalität längst weltweit agierende Sekten mit Millionen Anhängern, ähneln sehr viele Gruppierungen aus dem extremen rechten, aber auch linken Milieu Sekten. Und so wie nicht jede konservative oder sozialistische Partei eine Sekte ist, ist es eben auch nicht jede religiöse oder weltanschauliche Gruppierung.

Sekten zeichnen sich durch ihre Orientierung auf eine zentrale Person aus, die auch zum Objekt der Anbetung werden kann. Sie rekrutieren sich ihre Anhänger bewusst. Hierbei kommt es zu zwangsweiser Überzeugung, Manipulation und Ausbeutung. Insbesondere der Überzeugungsprozess geschieht mit physischen und psychischen Mitteln, zum größten Teil mittels Sprache.

Es gibt eine Reihe von Textarten, in denen diese zentralistische Struktur genauso entdeckt werden kann wie die menschenverachtenden, aggressiven Tendenzen. So konnte man, um ein extremes Beispiel zu wählen, Hitlers Ziele in seinem Buch *Mein Kampf* bereits antizipiert vorfinden. Gerade die Veröffentlichungen der Zentralfiguren, der Gurus oder Parteiführer können, analysiert man sie nur mit genauem Blick, über die dahinter stehenden Motive Auskunft geben.

Der Manipulation durch den Guru stehen Idealismus, Suche nach einem befriedigenden Lebenssinn usw. bei den geworbenen Mitgliedern gegenüber. Es sind oft die engagiertesten Menschen, deren Ideale, Arbeitskraft und Energien sich die Sekte zunutze macht. Die meisten Menschen müssen immer wieder einmal durch verunsichernde Lebensphasen gehen. Mal stirbt ein naher Angehöriger, mal geht eine Beziehung in die Brüche, mal weiß ein junger Mensch nach einer abgeschlossenen Ausbildung nicht, was er denn nun konkret tun soll. In solchen Lebensphasen greifen Sekten mit ihren Methoden psychologischer und sozialer Beeinflussung ein. Jeder Mensch ist anfälliger für Schmeichelei, Täuschung und Verführung, wenn er einsam, traurig und bedürftig ist. Er kann sich in solchen Perioden vorübergehender Verletzlichkeit gegen gezielt angesetzte Manipulationen und Suggestionen wesentlich weniger wehren als sonst.[3]

Diese Manipulation äußert sich in bestimmten Umständen und Kriterien, die Singer und andere Autoren im Prinzip ähnlich folgendermaßen beschreiben:

- Persönlichkeitskult, autoritäre Struktur
- Ein in sich geschlossenes Glaubens-/Gedankensystem
- Täuschung der Anzuwerbenden über die eigentlichen Ziele der Sekte/Gruppe/Partei/Organisation
- Destabilisierung der Persönlichkeitsstruktur der/s Anzuwerbenden, Verunsicherung
- Manipulation durch psychologische und physiologische Methoden (zum Beispiel Trancen, Rhythmen, Rituale)
- Veränderung der Werte und der bisherigen Verhaltensweisen
- Gruppendruck, Wir/In-Gruppe contra Andere/Außen-Gruppe

Grundsätzlich sollte man – ob an Bücher oder an Referenten – im Zusammenhang mit historischen oder vorgeschichtlichen Themen diese sieben Fragen stellen: Wann, wo, was, wie, wozu, warum, wer? Ein Buch kann schlecht verbal antworten, ein Referent oder eine Referentin sehr wohl. Entweder gibt er – oder sie – eine konkrete Antwort oder tut sein teilweises oder gänzliches Unwissen bezüglich der Antwort kund. Art und Weise der Antwort sind ein wichtiges Qualifikationskriterium bezüglich der referierenden Person. Wer nicht bereit ist, auf Fragen Antworten zu geben – auch in Workshops, Seminaren und Ritualen –, sollte von vornherein den Mund halten.

# Gespenster der Vergangenheit

## Die Wissenschaft von der Rasse

## Gobineau und die Verdünnung des Blutes

Joseph Arthur Comte de Gobineau[1] (1816–1882) ist für eine Analyse zeitgenössischer Texte deshalb interessant, weil er sich in seiner Rassentheorie bemühte, seine Argumentationen auf dem Boden und mit den Methoden der damals bekannten Naturwissenschaften anzuwenden. In dieser Hinsicht befindet er sich sowohl in guter Nachbarschaft zu nationalsozialistischen Prähistorikern und Anthropologen, die sich ebenfalls auf dem Parkett ihrer zeitgenössischen Wissenschaft bewegten, als auch zu populärwissenschaftlichen Autoren, wie den Matriarchatsforscherinnen, die sich um einen wissenschaftlichen Nimbus bemühen und diesen manchmal sogar auch einlösen können. Außerdem haben bestimmte Aspekte der Matriarchatsforschung ihre Wurzeln u.a. in der Rassentheorie des 19. Jahrhunderts.

Im Gefolge der europäischen Aufklärung zogen Rationalität und logische Argumentationen in den philosophischen und naturwissenschaftlichen Diskurs ein. Man lehnte – heute würde man sagen: – ganzheitliches Denken als Mittel ab, um zu Aussagen über die Natur oder den menschlichen Körper zu kommen. Frage – Versuch – Ergebnis – These und daraus folgend neue Hypothesen, die zu weiteren Fragen führen, bildeten das anerkannte System, wissenschaftliche Aussagen machen zu können.

Zwar schrieb und veröffentlichte Gobineau seinen *Essai sur l'Inégalité des Races Humaines* (Versuch über die Ungleichheit der menschlichen Rassen) etwa sechs Jahre vor Charles Darwins epochemachendem Werk *Über die Entstehung der Arten nach natürlicher Zuchtwahl*, trotzdem war dieses Ideal naturwissenschaftlichen Schreibens und Denkens schon Allgemeingut europäischer Intellektueller. Es beinhaltete unter anderem eine sehr mechanistische Auffassung der Natur und des menschlichen Körpers, woraus folgte, dass auch die menschlichen Gemeinschaften gewissermaßen nach mechanistischen, also logischen und unausweichlichen Gesetzen funktionieren müssten.

Man glaubte an eine stete Höherentwicklung sowohl der Natur als auch der Gesellschaften und hoffte, sie fördern zu können, wenn man ihre Gesetzmäßigkeiten aufdeckte. Dass der Stärkere der Überlegene ist und damit auch sein Dasein rechtfertigt, war zu Gobineaus Zeiten allgemeines Gedankengut, das einige Jahre später mit Darwins Werk seine wissenschaftliche Weihe erhielt. Das Modell von Anpassung und Selektion, jenes *survival of the fittest* wäre ohne dieses Gedankengut für Darwin weder beobachtbar noch beschreibbar gewesen. Das Beispiel Joseph Arthur Comte de Gobineau zeigt sehr deutlich, inwiefern die Wirkung des autoritären Autors sich vor dem Hintergrund solcher allgemeiner Vorstellungen erst entfalten kann. Das Beispiel seines so scheinbar logisch argumentierenden, wissenschaftlichen Systems, das dennoch direkt in eine Um- und somit eben Abwertung anderer »Rassen« führte, macht ihn heute so interessant.[2]

Gobineau, der den bürgerlichen Revolutionen misstrauisch gegenüberstand, stellte eine allgemeine Degeneration der menschlichen Gesellschaften fest. Die Gründe und Gesetzmäßigkeiten für diese Degeneration wollte er aufspüren. Dezidiert antisemitisch war er nicht, seine Abwertung anderer Stämme, Völker und Nationen kann man noch nicht agitatorisch nennen. Er klassifiziert eher in der Art und mit dem Blick eines Insektenforschers bestehende Unterschiede, die er dann innerhalb der Logik seines Entwicklungssystems als unter- oder überlegen bewertet. Das wiederum ermöglichte ihm, Stämme, Völker und Staaten auf einer Entwicklungsskala einzuordnen. »Überlegenheit« war dann Vorbedingung von Expansion und Eroberung, diese wiederum führten zur Überlegenheit und bewiesen sie. Es war Gobineau nicht bewusst, dass das ein logischer Zirkelschluss war.

Gobineaus sehr klar strukturierter Text zum Untergang der Besten verläuft über einige wenige Argumentationsstufen. Noch werden Rationalität und klares Denken nicht abgelehnt, noch wird auch nicht an die verführbare Emotionalität appelliert. Mit seiner ersten Argumentationsstufe (»schlechte Regierung, Fanatismus und Mangel an Religiosität«) beschreibt er Krankheiten als Symptome für ein darunter liegendes, schlimmeres Übel, das sie letztlich verursacht hat, »schließlich [dürfe man] den untergeordneten Plagen keine unverhältnißmäßige Wichtigkeit beilegen ... die Ursachen von Leben und Tod der Völker« liegen tiefer.[3] Gobineau und andere Autoritäten, die er zitiert, konstatieren als zugrunde liegendes Zerstörungsprinzip eine allgemeine Degeneration.

Diese Argumentationsweise findet man im 20. Jahrhundert bei politischen Rednern wieder. Der Blick wird von gesellschaftlichen Missständen abgelenkt auf irgendein dahinter liegendes »Zerstörungsprinzip«. Dadurch wird das genaue Beschreiben und Analysieren der realen Missstände vermieden, das Benennen von Verantwortlichkeiten oder politischen Alternativen. Ganz gleichgültig, ob das eventuell einer herrschenden Elite zu ihrem Machterhalt dienlich ist oder nicht, wird diese Argumentationsform auch von Autorinnen wie Gould-Davis oder Estés benutzt. So werden Strategien zur Veränderung von Gesellschaftszuständen verhindert. Das hinter den Missständen liegende Prinzip bekommt damit den Nimbus eines Naturgesetzes.

Eine Nation leidet also nicht unter sozialen Missständen, weil sie degeneriert ist, und sie degeneriert auch nicht, weil sie unter sozialen Missständen leidet. Dementsprechend muss nach Ursachen für die Degeneration gesucht werden, die für Gobineau in der Vermischung des Blutes verschiedener Rassen liegt. Beim Beweis dieser These geht es ihm darum, seine Zeitgenossen zu entschuldigen. Gobineau sieht hier keine selbstverschuldeten Fehler, sondern Naturgesetzlichkeiten, an deren Veränderung überhaupt nicht zu denken ist. Schließlich fällt auch ein Stein immer von oben nach unten, wandern die Sterne nach festgelegtem Plan oder Mechanismus.

In den nächsten Schritten stellt Gobineau nun sein Entwicklungspanorama menschlicher Gemeinschaften – vom Stamm zum aufgeklärten Staat seiner Zeit – dar. Dabei lehnt er sich eng an biologische und physiologische Beobachtungen an: So wie ein Mensch sich über die Stufen Kind/Jüngling, /Mann/Greis entwickele, in sich zwar gleich bleibe aber dennoch so, dass der Greis nichts mehr mit dem ursprünglichen Kind gemein habe, so entwickelten sich auch menschliche Gemeinschaften in einer Weise, dass der Ursprungszustand im Endzustand nicht mehr zu erkennen sei.

Diese Idee wird später bei den Kulturkreistheoretikern der »Wiener Schule«, zum Beispiel Oswald Menghin und in ihrem Gefolge bei einigen Matriarchatstheoretikerinnen, wie Marie König, wieder auftauchen.

Im Unterschied zum menschlichen Körper jedoch, dessen Grundformen ja im Prinzip gleich bleiben, zerfällt bei menschlichen Gemeinschaften im Laufe der Zeit alles, so Gobineau weiter. Dies rührt daher, dass die Gemeinschaft, so sie dem »Instincte«[3] folgt, sich zu entwickeln, notwendigerweise mit anderen Gemeinschaften in Kollision gerät. Je nachdem, nimmt sie die andere Gemeinschaft kriegerisch in sich auf, verleibt sie sich ein, assimiliert sie und »kreuzt« sich mit ihr. Die Bereitschaft zur »Kreuzung« ist für Gobineau überhaupt die Voraussetzung, sich weiterzuentwickeln. Ohne sie blieben Gemeinschaften gewissermaßen auf einem embryonenhaften Zustand bestehen und lebten nebeneinander her, ohne sich zu beeinflussen. Die Entwicklung geht vom »rohen Stamm« bis zu Gruppen mit einer »zusammengesetzten Verfassung«[4], ein Entwicklungsgedanke, der ebenfalls, in abgewandelter Form, bei Marie König wieder auftaucht.

Ein unüberwindbarer Widerwille gegen eine Kreuzung mit anderen Gruppen kann der Grund dafür sein, dass sich eine Gruppe nicht weiterentwickelt und auf dem rohen Urzustand beharrt. Dieser Widerwille ist irreparabel, dieser »Theil der Menschheit« ist »in sich selbst mit dem Unvermögen geschlagen ... unfähig den natürlichen Widerwillen zu überwinden, den der

Mensch, wie die Thiere, gegen die Kreuzung empfindet«[5]. Die sich nicht weiterentwickelnden Gruppen, »diese ungeselligen Stämme«, interessieren Gobineau für sein Modell nicht weiter. Die kreuzungsbereiten Gemeinschaften aber können sich über mehrere Stufen zu Staaten hoch entwickeln. Da gibt es jene, die kriegerisch oder friedlich »ihre Nachbarn zum Eintritt in ihren Daseinskreis zwingen«. Diejenigen auf der folgenden Stufe sind so klug, nicht nur die Einwohner als Sklaven, sondern auch deren Land, »Grund und Boden«, in Besitz zu nehmen. Die solchermaßen Eroberten unterwerfen sich, verweigern anfängliche Kreuzung aus Groll und Stolz, wollen den neuen Herren gleich werden und streben, ihnen nachzueifern, was diese, so sie gütig sind, tunlichst fördern. Am Ende steht die Vermischung von Eroberern und Eroberten oder Besiegten.

In dieser Entwicklung kann es jedoch immer wieder zur Ablehnung der Kreuzung kommen. Selbst im modernen Staat zu Gobineaus Zeiten verhindern Clan- oder Stammesinteressen eine solche Durchmischung der in einer Nation geeinten Rassen. Die mehr oder minder rigide Einteilung oder innere Abgrenzung von Gesellschaften in Kasten, religiöse Gemeinschaften, Schichten und Stämme sind Ausdruck dieses alten Widerstreites zwischen Anziehung (Kreuzung) und Abstoßung (Widerwillen gegen Kreuzung). In dieser Weise haben die Unterlegenen Anteil an den Mächtigen, den Überlegenen, die ihre Überlegenheit durch ihre Eroberung oder in anderer Weise aktivere Rolle in diesem Vermischungsprozess bewiesen haben. Aber auch umgekehrt beginnt nun »eine merkliche Veränderung in der Zusammensetzung des Blutes der Herrschenden«[6], die infolgedessen immer mehr von ihrer Überlegenheit und Macht verlieren. Dazu kommt, dass es sich auf Dauer nicht nur um die Kreuzung zweier Gruppen handelt, sondern mehrerer, die sich im Laufe der Geschichte gewissermaßen übereinander lagern, mit dem Problem, dass die erobernden Überlegenen sich mehr und mehr mit den Unterlegenen mischen.

Diesem Dilemma versuchen strenge Kastenregeln, rigide religiöse Trennungsbräuche usw. zu begegnen. Aber im Prinzip gilt, je humaner, milder und duldsamer die Überlegen sind, ihre Trennungsregeln also nicht mit aller Gewalt durchsetzen und »Lücken« lassen, desto rascher verschwindet die »ursprünglich eroberungslustige, thätig civilisierende Nation ... in dem Blute aller der Zuflüsse, die sie zu sich hin abgeleitet hatte«[7]. Zwar bleibt in den Gesetzen, sozialen Einrichtungen, religiösen Riten, Mythen usw. immer eine Art innerster Wesenskern der ursprünglichen Rasse zurück, »die vorwärtstreibende Kraft, die ehedem den unterworfenen oder einverleibten Massen eingeprägt worden«, der Körper, so Gobineau, bleibt und vegetiert noch eine Weile gewissermaßen ohne Seele dahin, »ein wandelnder Leichnam«[8].

Eine Lösung dieses Problems – denn wenn die Kreuzung notwendige Voraussetzung für die Höherentwicklung ist, kann man sie ja nicht gut abschaffen – sieht Gobineau in Folgendem: Ab einem bestimmten Punkt der Entwicklung müssen die unterschiedlichen nationalen Bestandteile gleich bleiben, die Verdünnung des ursprünglichen Blutes darf gewissermaßen nicht zu dünn werden: »ein Volk niemals sterben würde, wenn es ewig aus denselben nationalen Bestandtheilen zusammengesetzt bliebe ... Solange das Blut dieses Volkes und seine Einrichtungen noch in genügendem Maaße das Gepräge der Race, die es in die Cultur eingeweiht hat, bewahren, lebt das Volk.«[9] Was bedeutet, dass diese Entwicklung aus stetiger Vereinnahmung und Kreuzung auf dem bestmöglichen Höhepunkt angehalten werden muss.

## Chamberlain und der Schutz der edlen Minorität

Der rhetorisch begabte Musikfan Houston Stewart Chamberlain (1855–1927) gehörte als Schwiegersohn Richard Wagners zum engsten Kreis von Bayreuth, wo alljährlich Wagners Mythosopern aufgeführt wurden. Wie unterschiedlich die Rolle der Bayreuther Festspiele in Bezug auf die Entwicklung des deutschen Nationalsozialismus auch gesehen werden mag – im Grunde genommen wurde dort ein einfaches Prinzip moderner

Medienpolitik das erste Mal praktiziert: nämlich dass Ideen, Ideologien, Gedanken, Thesen und Ideale keine Wirkung zeigen, wenn sie nicht in Bilder, Aktion und emotionsbeladene Musik verwandelt werden, in verführerische, künstlerisch bedeutsame Rituale und Aufführungen. Houston Stewart Chamberlain, dessen rhetorische Begabung gut in dieses Umfeld passte, wurde zur grauen Eminenz des europäischen Rassismus und des deutschen Nationalsozialismus.[10] 1923 pilgerte Adolf Hitler nach Bayreuth, um sich von diesem »Großvater« den »väterlichen Segen und die Bestätigung, er sei einer der vom Wagner-Kreis erwarteten zukünftigen Führer«[11], zu holen.

Chamberlains Texte durchzieht ein geschicktes rhetorisches Frage- und Antwortspiel, wobei der Leser die Antworten selbst gibt, sie sind vorausgesetzt, es kann auf jede Frage nur eine, die richtige Antwort geben. Ein Beispiel: »Ist Blutsgemeinschaft nichts? Kann Gemeinschaft der Erinnerung und des Glaubens durch abstrakte Ideale ersetzt werden?«[12]

In ähnlich raffinierter Manier verteilt Chamberlain auch das Aufbauen eines Wir-Gefühls, einer Ingroup über seine Texte. Zur Wir-Gruppe Chamberlains gehört selbstverständlich sein Leser, kann er doch die klar ersichtlichen Wahrheiten auch ohne wissenschaftliche Hilfestellung erkennen. Außerdem hebt er sich auch wohltuend von Wissenschaftlern ab, die vor dem Ideal einer rechtlichen Gleichheit aller Menschen »Bonzendienst« tun. Er ist nicht »gelehrt«, verfügt aber doch, als »ungelehrter« über einen »Instinkt« der ihn »den richtigen Weg« die »hohlen politischen Phrasen« zu durchschauen leitet.[13] Einen solchen Kotau vor dem Leser, einhergehend mit der Ablehnung wissenschaftlicher Autoritäten, kann man auch bei ganz anders gearteten Autoren des 20. Jahrhunderts, zum Beispiel bei Erich von Däniken, wiederfinden.

Wie andere autoritäre Schriftsteller urteilt Chamberlain die Gleichwertigkeit aller Menschen und die Gleichheit aller vor dem Gesetz als »hohle Phrasen« ab. Durch Abwertung anderer, hier insbesondere anerkannter Wissenschaftler wie Rudolf Virchow, dem bedeutendsten Anthropologen seiner Zeit, entsteht ein Gemeinsamkeitsgefühl. Mitglieder der Ingroup, die zwar ungelehrt, aber nicht dumm sind, zeichnen sich nach Chamberlain weiterhin dadurch aus, dass sie praktisch handelnde Männer sind. Und in dieser Bemerkung schließt Chamberlain den Leser durch den rhetorischen Gebrauch der ersten Person Plural dezidiert mit ein: »bei uns praktischen, handelnden, dem Leben angehörigen Männern«[14]. Die Entwicklung verläuft also von der Wissenschaftsrezeption zur Wissenschaftsfeindlichkeit. Spätestens seit Chamberlain sind Professoren und andere Wissenschaftler die liebste Feindgruppe der autoritären und rechtslastigen Autoren.

Die »anderen«, die Wissenschaftler, verbreiten demnach nur »Konfusion«, sie »versagen kläglich«. Alle Sprachforscher, Ethnologen, Anthropologen, Linguisten usw. können in dieser Hinsicht pauschal benannt und abgeurteilt werden – bis auf einen: Virchow, an dem Chamberlain nicht vorbeikommt. Auch seinen berühmtesten Vorläufer und Ideengeber Gobineau kann Chamberlain nicht unerwähnt lassen. Ihn aburteilend – »Wahnideen« –, argumentiert er in dessen Sinne doch sehr logisch, indem er feststellt, dass die Rassen nicht vom Himmel gefallen sein könnten, sondern sich entwickelt haben müssten.[15] Chamberlains Modell unterscheidet sich kaum von dem Gobineaus: Auch bei ihm gilt es, das dynamische Element der Kreuzungen zu beschränken. Beide Autoren unterscheiden sich zum einen durch ihre Bewertungen, welches Volk sie nun für rassisch hoch stehend halten, und durch ihre Einstellung zur Zukunft – Gobineau ist eher ein Kulturpessimist. Zum Zweiten ist ihr Argumentationsstil unterschiedlich: Gobineaus ist kühl und logisch, Chamberlains ist in hohem Maß rhetorisch und emotional.

Die Legitimation von Ideologie als »richtig«, da notwendig und angesichts bestehender gesellschaftlicher Missstände notwendig zu deren Veränderung, findet sich auch später immer wieder, zum Beispiel bei Heide Göttner-Abendroth oder Bertha Eckstein-Diener.

Die mütterliche Ingroup, der allwissende Schoß, aus dem alle »Söhne« gern geboren werden möchten, bildet die Rasse selbst und ihre Vergewisserung im Bewusstsein: »Wer einer ausgesprochenen, reinen Rasse angehört, empfindet es täglich.« Dieser »Mensch« hat die Sicherheit, kein »Individuum« aus einem »chaotischen Mischmasch« zu sein, kein »vereinzeltes«.[16]

»Rasse« ist für Chamberlain durch den Augenschein gegeben, sie muss nicht bewiesen werden, Ungleichheiten zwischen den Menschen sind für jedermann ersichtlich. Sich selbst zählt er selbstverständlich zur überlegenen Rasse. Eine solche rassistische Selbstgewissheit findet sich in ähnlicher Weise zum Beispiel in Karl F. Wolffs Matriarchatstheorien. Der Einzelne, sich »besonders« fühlende Mann, der zu einer elitären Gruppe gehört, findet dann seine mythologische Legitimation im Bild des »Heros«, wie Joseph Campbell es entwickelt und wie es neben anderen Heide Göttner-Abendroth aufgegriffen hat.

Wie Chamberlain den ungelehrten, praktischen, lebensnahen Mann gegen die kläglichen, bonzendienenden Wissenschaftler stellt, so grenzt er nun den »außerordentlichen«, rassebewussten Menschen gegen das Individuum ab. Rasse erscheint hier als Tatsache, der rassisch überlegene Mensch erkennt sich selbst ebenso einfach wie diese allgemeine Tatsache. Ähnlich erkennt der »Heros« bei Joseph Campbell sich und seine überzeitlich-mythische Aufgabe. Das Leben selber lehrt diese Erfahrung, es ist der rationalen Wissenschaft mit ihren abzuwertenden Vertretern immer überlegen: »Das Leben dagegen, rein als solches, ist ein anderes Wesen als das systematisierte Wissen, ein weit stabileres, fester gegründetes, umfassenderes; es ist eben der Inbegriff aller Wirklichkeit, während selbst die präziseste Wissenschaft schon das verdünnte, verallgemeinerte, nicht mehr unmittelbare Wirkliche darstellt.«[17]

Das Ablehnen der Wissenschaft und ihrer Ergebnisse zugunsten nicht rationaler, emotional getragener Erfahrungen ist ein häufig auftretendes Kennzeichen autoritären Schreibens.

Zur Untermauerung dieser Ansicht greift Chamberlain auf den Dichter Johann Wolfgang von Goethe zurück. Chamberlain verstreut herausgerissene Zitate dieser Autorität über den ganzen Text. Wie Detlev Claussen bemerkte, kamen seine Texte wohl auch deshalb so gut bei den verunsicherten und autoritätsfixierten Bildungsbürgern und Halbgebildeten an.[18] Um den Primat des »Lebens« vor der Wissenschaft« noch weiter zu verfestigen, benutzt Chamberlain ein eindrückliches Bild: Leben ist Natur, diese Natur ist »selbstwirkend«, heute würde man wohl sagen »selbstheilend«, und als solche gibt sie dem fragenden »Sohn« Antwort wie eine fürsorgliche »Mutter«: »nicht immer logisch untadelhaft, doch wesentlich richtig, verständlich und auf das Beste des Sohnes mit sicherem Instinkte gerichtet«[19].

Außerdem sucht Chamberlain seine Behauptungen durch eine Fülle von Beispielen aus den verschiedensten Bereichen abzusichern: Da gibt es wild durcheinander Juden, englische Vollblutpferde, Franzosen, Neufundländer, Engländer, Windhunde, Chrysanthemen, Spanier ... Und für alle gelten dieselben fünf Naturgesetze der Kreuzung durch Zuchtwahl ausnahmslos. In seinen Fußnoten liefert Chamberlain darüber hinaus Literaturhinweise, die zu noch vertieftem Studium anregen sollen und ebenfalls letztlich den Wahrheitsanspruch seiner Thesen untermauern.

Wie selbstverständlich legitimiert bei Chamberlain die rassische Überlegenheit eines Volkes auch ein gewalttätiges Vorgehen, um diese zu erhalten oder aufzubessern. Er spricht von der »Minorität, die in einem unaufhörlichen Kampf gegen die Majorität ... ihr die edlere Lebensauffassung mit Macht aufzwingen muß, das heißt mit der höchsten menschlichen Gewalt, der Macht der Persönlichkeit«[20]. Dieses an sich schon recht autoritäre Muster wird in einer Fußnote durch das Beispiel über den Umgang mit unehelichen Kindern ausgemalt und der Gewalttätigkeit einen Schritt näher gebracht. Da die uneheliche Mutter »gefehlt hat«, wird sie mitsamt ihrem Kind vom Stamm ausgestoßen, um sicherzustellen, »dass auch die blinde Liebe nicht fremdes Blut in den Stamm hineinbringe«, die Mutter und ihr Kind »gelten als gestorben«[21]. Auf der nächsten Seite folgt dann die Kulmination der Gewalt: »Die Kindheit großer Rassen sehen wir stets von Krieg umtobt.«[22] Letztlich nimmt Chamberlain hier auf knapp zwei Seiten das gesamte Elend des Nationalsozialismus vorweg.

## Das Mutterrecht und die Indogermanen – nationalsozialistische Vorgeschichtsideologien

Wie die Umsetzung der Gobineau'schen Methode – die Verzahnung von Wissenschaft und Ideologie – konkret für politische Zwecke umgesetzt wurde, lässt sich an verschiedenen Texten zum Thema Matriarchat aus der Zeit des Nationalsozialismus aufzeigen.

Früher benutzte man in der Vorgeschichtsforschung den Begriff »Volk« für Zusammenhänge, die in der Wissenschaft heute als »Gruppe«, »Inventar« oder »Kultur« bezeichnet werden. Dies hing mit der Rezeption der Thesen von Gustav Kossinna, dem »Vater« der deutschen Vorgeschichtsforschung, zusammen. Sein Lehrsatz lautete: »Scharf umgrenzte archäologische Kulturprovinzen decken sich zu allen Zeiten mit ganz bestimmten Völkern oder Völkerstämmen.«[1] 1895 erstmals auf einer Tagung in Kassel geäußert, öffnete er den ethnischen Interpretationen von Befunden und Funden Tür und Tor. Dies führte dazu, dass Völker, im Extremfall auch »Rassen«, mit archäologischen Kulturen gleichgesetzt wurden. Von einem schriftlich dokumentierten Zeithorizont aus chronologisch zurückgehend, bemühte man sich, die lückenlose Genealogie so weit wie möglich in die Vergangenheit zu verfolgen. Dazu gehörte auch die Erforschung von als historisch angenommenen Matriarchaten.

1909 gründete Kossinna mit rund zwanzig anderen Forschern die »Gesellschaft für deutsche Vorgeschichte«, die bereits ein Jahr später 350 Mitglieder zählte. »Mannus – Zeitschrift für Vorgeschichte« war ihr Publikationsorgan. Aus ihren Jahrgängen 1929, 1930 und 1938 stammen die hier besprochenen Aufsätze von Georg Wilke, Karl F. Wolff und Hermann F. Wirth. Nach der Gründung des »Kampfbundes für Deutsche Kultur« 1929 unter Alfred Rosenberg und nach dem Tod Gustav Kossinnas 1931, leitete Hans Reinerth für den »Reichsbund für Deutsche Vorgeschichte« die Herausgabe der Zeitschrift.

1933 übernahmen die Nationalsozialisten unter Adolf Hitler als Reichskanzler die Macht. Alfred Rosenberg wurde 1934 zum »Beauftragten des Führers für die Überwachung der gesamten geistigen und weltanschaulichen Schulung und Erziehung der NSDAP«, dem »Amt Rosenberg«.

Als eine Art Gegenbewegung mit höherem, wissenschaftlichem Anspruch wurde 1935 der SS-nahe Verein »Ahnenerbe« durch den Chef der Gestapo, Heinrich Himmler, den Reichsbauernführer Walther Darré und den Germanisten und Mythologen Hermann Wirth ins Leben gerufen. Letzterer sammelte auch nach dem Krieg noch eine rechtsgerichtete Anhängerschar um sich. Bei seinem Begräbnis 1981 soll ihm die neofaschistische »Wehrsportgruppe Hoffmann« die letzte Ehre gegeben haben.

Kurz nach Beginn der Zweiten Weltkrieges durch den deutschen Überfall auf Polen wurde Heinrich Himmler zum »Reichskommissar für die Festigung des deutschen Volkstums« ernannt.

Die Prähistorikerinnen Brigitte Röder, Juliane Hummel und Brigitta Kunz vertreten die Ansicht, die völkischen und darauf folgenden nationalsozialistischen Urgeschichtsforscher hätten das Matriarchat »nie ernsthaft diskutiert«[2]. Dafür seien sie mit der Aufgabe, das deutsche Nationalbewußtsein nach der Niederlage im Ersten Weltkrieg wieder aufzurichten, zu beschäftigt gewesen.

Doch die Frage nach dem ursprünglichen Wesen der germanischen Frau gehörte zum »Aufpäppeln« der deutschen Seele zwingend dazu. Schließlich hatten die Jahre von 1900 bis 1930 allerlei emanzipatorische Bestrebungen für Frauen hervorgebracht, und die Erste Frauenbewegung hatte allerlei erreicht. Frauen hatten sich das Wahlrecht erkämpft und hatten sich den Zugang zu den Universitäten und zur Berufswelt erstritten. Auch in der sozialistischen Bewegung und den Gewerkschaften machte man sich durchaus Gedanken über die Emanzipation der Frau. Dazu hatte sich in den Metropolen eine selbstbewusste Subkultur der lesbischen Frauen entwickelt.

Kossinna hatte bereits 1910 einen Vortrag mit dem Thema »Die Frau in der Vorgeschichte Mitteleuropas« gehalten.[3] Diese Rede gab den Anstoß für zahlreiche aufgeregte Diskussionen im nachfolgenden Jahrzehnt. Die Wissenschaftler lehnten sich eben nicht »erleichtert zurück«[4], sondern schienen sehr wohl begriffen zu haben, dass eine Aufwertung »der Deutschen« nicht ohne eine Diskussion zum möglichen urgeschichtlichen Wesen der einen Hälfte dieser Deutschen, der Frauen, geleistet werden konnte. Der Ursprung dieser Auseinandersetzung liegt in der Rezeption des »Urwerkes« zum Thema: Johann J. Bachofens *Das Mutterrecht*. Die Diskussion diente den restaurativen und völkisch-konservativen Kräften dazu, die emanzipatorischen Bestrebungen und Errungenschaften der Frauen wieder zurückzudrängen.

## Waren die Indogermanen matriarchal?

Das Thema »Matriarchat« oder »Mutterrecht« war für völkische und nationalistische Autoren von Beginn an eng mit der Frage nach Art und Herkunft der so genannten Indogermanen verknüpft. 1929 stellte Georg Wilke in der Zeitschrift »Mannus« fünf Positionen zu den Themen Mutterrecht und Herkunft der Indogermanen zusammen:

1. Die Indogermanen kamen aus Innerasien, waren vaterrechtlich organisiert und stülpten sich den mutterrechtlichen, alteuropäischen »Völkern« über, die alteuropäischen Reste schimmern im Fundgut durch.
2. Die Indoeuropäer kamen aus Südrussland und waren nicht mutterrechtlich organisiert, die mutterrechtlichen Spuren in Europa gehen auf jüngere Einflüsse zurück.
3. Es gab keinen Wechsel in den Familienformen, weder in der Steinzeit, vor den Germanen, noch bei den Germanen. Es gibt keine Hinweise auf das Mutterrecht in Europa.
4. Die bandkeramische Jungsteinzeit war mutterrechtlich organisiert, gehörte aber einer anderen »Rasse« an und beeinfluss-

te von einem südlicher gelegenen Randgebiet aus die nördlichen »germanischen Kerngebiete«.
5. Doppelbestattungen in den Metallzeiten sind Mutter-Kind-Bestattungen und deuten auf mutterrechtliche Strukturen. Sie finden sich überall, auch auf germanischen Gräberfeldern.[5]

Der Vorgeschichtler Karl F. Wolff lehnte 1930 in seinem Aufsatz »Die Frage nach der Urheimat der Indogermanen« die Auffassung, nach der die Urheimat der Indogermanen im Osten, in innerasiatischen Gebieten zu finden sei ab. Diese ging auf die »Kulturkreislehre« des Wiener Ethnologen und Paters Wilhelm Schmidt sowie auf Oswald Menghin zurück.[6] Das lief für Karl F. Wolff »unseren Anschauungen« zuwider, sodass er »ohne Verzug dagegen zur Abwehr schreiten« muss[7], denn hätte diese Theorie Recht, »so wäre unsere ganze, von Kossinna archäologisch in so großartiger Weise ausgebaute Indogermanenlehre in Gefahr unhaltbar zu werden«.[8]

Dass Herkunft und Lebensmittelpunkt der indogermanischen Pferdezüchter in Nordasien liegen sollten, ist für Wolff undenkbar. Wie andere Anhänger Kossinas versteht er »den Hirtennomadismus Innerasiens als einen Ableger, eine der Steppe angepaßte Verarmungsvariante der neolithischen Ackerbaukultur Europas«. Dadurch seien auch die Sitten des Pferdeopfers und des Monotheismus, gewissermaßen als letztes Geschenk Europas[9], dorthin gebracht worden. »Ich sehe also nicht den leisesten Grund, von der Auffassung abzugehen, daß schon seit den ältesten Zeiten Europa und seit der Entwicklung des Indogermanentums erst recht Europa und immer wieder Europa die leitende Kulturmacht war.«[10]

Dass diese These mehr ist als eine rein wissenschaftliche zeigt die emphatische Redeweise, in die Karl F. Wolff mitten in seinen kritischen Erörterungen verfällt: »Es kommt nicht darauf an, Millionen von Sklaven in Bewegung zu setzen und riesige Denkmäler zu errichten, wie es der menschenreiche Orient konnte, es kommt an auf den *Ideenreichtum* und auf den *starken Charakter*. Sie sind die Spendenden und Waltenden, sie verschenken ihre

Kräfte an fremdes Volkstum und bilden dort das treibende und führende Element, bis sie verzehrt und verbraucht sind.«[11]

Der Anteil in der Rassenmischung verbessert oder verschlechtert – frei nach Gobineau – jeweils die Fähigkeit eines Volkes, entweder anderen die eigene Sprache aufzuzwingen oder die der anderen anzunehmen. Wobei hier das »Aufzwingen« positiv besetzt ist. Die Wahrnehmung, wohin man nun gehört – zu den einen oder den anderen –, ist, auch das lasen wir bereits bei Chamberlain, reine Gefühlssache. Man fühlt sich »als Arier unter Ariern«[12].

Das Dilemma, ob die Indogermanen nun vom Osten oder Norden zugewandert sind, löst Herbert Kühn 1932 in seinem Vortrag »Herkunft und Heimat der Indogermanen«, indem er behauptet, dass die Indogermanen schon »immer« da waren – und zwar beinahe überall in Europa. Er beschreibt einen Siedlungsraum »vom Rhein im Westen, Skandinavien im Norden, Iran im Süden und etwa dem Dongebiet im Osten, dieser Raum ist der indogermanische Urraum und innerhalb dieses Gebietes werden die Ursitze gesucht«[13]. Auch der Zeitpunkt des ersten Auftretens der Indogermanen ist bei ihm von höchster, da nationalistischer Bedeutung: Das »Urvolk« muss nach Herbert Kühn ein einheitliches sein. »Denn das ist das Ergebnis jahrzehntelanger Forschung der Vorgeschichte: ... im Neolithikum ist Europa schon aufgeteilt, sind die Völker schon gespalten ... Es kann nur in der Zeit vorher, im Paläolithikum existiert haben, und in der Tat, nur in dieser Zeit hatte Europa noch ein einheitliches Gesicht, eine einheitliche Struktur; im Neolithikum ist das Volk schon geteilt ... das Magdalénien dagegen muß die Indogermanen darstellen.«[14] Die Verbreitungskarte des Magdalénien, die Herbert Kühn vorlag, deckte sich mit dem von ihm genannten Raum, und alle folgenden Kulturgruppen dieses Gebietes teilen sich ihm zufolge entweder in Abkömmlinge dieses einen Urvolkes, gewissermaßen Eingemeindete oder Eindringlinge auf. »So ergibt sich auch der Raum des Magdaléniens, vermehrt um das vom Eis freie Land des Nordens.«[15] »Wenn die erste eigentliche Völkerwanderung germanische Menschen über ganz Europa und Nordafrika ausschüttete, dann die zweite, seit 1500 n. Chr., über die ganze Welt.«[16]

Ein weiteres zentrales Problem bestand für die Prähistoriker in der Frage, wie es um das Wesen der zeitgenössischen, der realen »Indogermanen«, also ihrer »Ingroup«, bestellt war. Obwohl völkisch-nationale Autoren die Entstehung der »Indogermanen-Ingroup« zeitlich so weit wie möglich vorverlegt und ihre Herkunft räumlich so weit wie möglich ausgedehnt hatten, war es nun auch notwendig, den zur Ingroup Gehörenden die entsprechenden Werte zu vermitteln

Für die Nationalsozialisten war das Bachofen'sche Modell nicht interessant, denn sie brauchten apollinisch-patriarchale Werte, nicht dionysisch-matriarchale. Dabei spielte es keine Rolle, welches dieser Modelle nun wissenschaftlich verifizierbar war oder nicht und ob irgendeiner dieser Vorstellungen überhaupt ein Hauch von Wahrscheinlichkeit anhaftete.

Für die dem Nationalsozialismus nahe stehenden Vorgeschichtler war es außerdem von Bedeutung, ob und wie man denn nun diesen Indogermanen eine bedeutende Stellung der Frauen (gleich Matriarchat) zuordnen könne. Obwohl sich dies möglicherweise nur schwer mit dem Bild des hehren germanischen Heldentums vertragen würde. Welcher Art musste das Bild vom Matriarchat sein, um es für die nationalen Zwecke gebrauchen zu können? Oder war es doch besser, die Vorstellung eines Matriarchats »den anderen« zuzuordnen, es generell abzuwerten, statt es zu integrieren?

## Mutterrecht und Kindstötungen

Frühe Versuche, die letztgenannten Fragen zu bearbeiten, erstellten zwei Modelle des Matriarchats: Eines, das sich zur Integration eignete, und eines, dass eher suspekt erschien.

Georg Wilke, Militärarzt a.D. aus Rochlitz, vertrat in seinem 1929 erschienenen Aufsatz »Mutter und Kind. Ein Beitrag zur Frage des Mutterrechts« Positionen, die einerseits einen »Mutterkult« im Zusammenhang mit einer »astralmythischen« Mondverehrung sahen, »Mutterrecht« andererseits aber aus rein irdischen Erfahrungen und Beobachtungen, »daß nur die Mutter des Kindes sicher ist, während der Vater, zumal bei den in Promiskuität lebenden Völkern ... unsicher bleibt« herleiteten.[17]

Zum Beleg seiner Mutterrechtsthesen zog Wilke verschiedene Formen von Befunden heran, insbesondere Doppelbestattungen Erwachsener mit Kindern, während Figurinen oder Doppelidole, Depotfunde sowie Grabbeigaben, die eher auf einen weiblichen Lebenszusammenhang schließen ließen, seiner Meinung nach nur für die geachtete Stellung der Frauen sprachen, die auch da herrschen konnte, »wo Mutterrecht nicht oder nicht mehr besteht, wie umgekehrt gerade bei mutterrechtlichen Völkern die Frau oft in gedrücktester Stellung lebt«[18].

Nach seiner Diskussion der teilweise problematischen Befundsituationen neolithischer und metallzeitlicher »Mutter-Kind-Bestattungen« listet Wilke, von der Jungsteinzeit bis ins slawische Frühmittelalter hinein, eine lange Reihe solcher Doppelbestattungen auf, wobei er zu bedenken gibt: »Diese große Lückenhaftigkeit des Materials müssen wir uns also vor Augen halten, wenn wir darauf weitere Schlüsse bauen wollen.«[19] Seine Interpretation ist jedoch eindeutig: »Beide Teile sind gleichzeitig gestorben und gleichzeitig und gemeinsam in dem gleichen Grabe bestattet worden.«[20]

Da die erwachsene Person weiblich sei, müsse es sich um die Mutter des Kindes handeln. Er bringt dazu Beispiele für die Häufigkeit ritueller Kindstötungen oder Mutterbestattungen aus der Ethnologie. Sie belegen die »engen Beziehungen, die beide in den Augen der vorgeschichtlichen Bewohner Europas miteinander verbinden«[21]. Es handele sich stets um rituelle Kindstötungen, die nur »einen tieferen Grund haben« könnten, nämlich »alte mutterrechtliche Anschauungen«[22]. Dies gelte sowohl für jungsteinzeitliche als auch für bronzezeitliche und germanische Stämme.

Doppelbestattungen von Mutter und Kind gelten Georg Wilke als Anzeiger mutterrechtlicher Verhältnisse, die schon seit jeher bestanden hätten und nicht durch südliche Einflüsse eingeführt worden seien, da eben das Mutterrecht »im allgemeinen die Familienform primitiver Völker bildet, und das Vorkommen des konsequenten Mutterrechtes bei hochentwickelten Völkern ... wohl nur eine Ausnahmeerscheinung darstellt«[23].

In seiner Diskussion der Befunde sowie der Literatur zum Thema »Mutterrecht« bewegt sich Georg Wilke im Rahmen der seinerzeit herrschenden Anforderungen an wissenschaftliches Denken und Arbeiten. Zwar hat es ihm zufolge mutterrechtliche Strukturen immer gegeben, die archaischere Kult-Form, die »lunar-symbolische«, akzeptiert er aber weniger als jene Variante auf der Basis der rituellen Kindstötungen. Letztere schreibt die Rolle der Frau als Gebärerin und Mutter fest, legitimiert aber das Töten/Opfern des Kindes. Das dahinter stehende Frauenbild spiegelt das in den dreißiger Jahren von der breiten Masse anerkannte Bild der Frau als ausschließlich zur Mutterschaft bestimmt und in ihren Gefühlen und Bestrebungen auch nur darauf ausgerichtet. Wilkes Theorien besetzten also die Idee eines Matriarchats positiv, um die Rolle der Frau als Gebärerin und kriegsbereite Mutter von Heldenopfern zu bestärken. Zwar stellte er die archaischen, lunaren, dionysischen Formen des Matriarchats negativ dar, er musste sie aber trotzdem mit in die völkische Tradition integrieren.

## Die Kannibalismustheorie

Der These, dass Doppelbestattungen von Mutter und Kind als Anzeiger ritueller Kindstötungen ein Anzeichen für mutterrechtliche Verhältnisse seien, widersprach Karl F. Wolff in derselben »Mannus«-Ausgabe mit seinem Aufsatz »Zum Problem des Mutterrechts«. »Promiskuität« als Vorbedingung mutterrechtlicher Strukturen ist für Karl F. Wolff nicht ein ursprünglicher Menschheitszustand, sondern die Folge von »Kannibalismus«: »Kannibalen haben eine kleine Menschengruppe überfallen, die Männer erschlagen und aufgefressen, die Weiber jedoch als willkommene Beute behalten. Mit diesen Beutefrauen lebten nun die Sieger in Promiskuität.«[24]

Die promiskuitiven Kannibalensieger jedoch sind mutterrechtlich organisiert, da man »aus der Promiskuität auf mutterrechtliche Vorstellungen bei den Siegern schließen« kann, »denn hätten sie vaterrechtlich gedacht, so wären die Beutefrauen einfach aufgeteilt worden, wie es im homerischen Zeitalter die indogermanischen Eroberer taten«. Die promiskuitive Phase entsteht »logischerweise« aus einem Konflikt zwischen Mutterrecht und Begierde. Sie dauert aber nie lange an, möglicherweise nur eine Generation, bleibt jedoch als Erinnerung in den Riten und Bräuchen erhalten. »Wissen wir doch, dass es gerade Verbände mit Mutterfolge sind, bei denen es zur tiefsten Erniedrigung des Weibes kommt.«[25] »Zur Siegergewalt gehört als unentbehrliches Korrelat das *Vaterrecht*. Darum finden wir es auch stets bei den Indogermanen.« Darüber hinaus seien diese monogam. Der dionysische »Ursumpf« Bachofens konnte demnach auf keinen Fall zur national-völkischen Tradition gehören. Für Karl F. Wolff stellen die »Indogermanen« seit ihren steinzeitlichen »Urzeiten« »Verbreiter des Vaterrechts« dar.[26] Damit war die völkisch-heroische Weltsicht wieder zurechtgerückt.

## Das lunar-symbolisch-matriarchale Hakenkreuz

Herbert Kühn, der 1923 über »Die Kunst der Eiszeit« habilitierte, wurde 1928 Professor für Vorgeschichte an der Universität Köln und begründete dort 1930 das Institut für Vorgeschichte, das er bis zur Entziehung seiner Lehrbefugnis 1935 leitete. Die Entziehung geschah nach dem so genannten »Gesetz zur Wiederherstellung des Berufsbeamtentums«, das jüdischen Menschen sowie mit ihnen Verheirateten den Zugang zu öffentlichen Ämtern verbot. Nach dem Krieg wurde Herbert Kühn rehabilitiert und übernahm 1946 den Lehrstuhl in Mainz als ordentlicher Professor für Vorgeschichte.

Kühn sieht keinen Unterschied zwischen der Kunst des Paläolithikums und moderner, abstrakter Kunst des Kubismus oder Expressionismus, die für ihn Ausdruck dieses alogischen Weltverständnisses ist: »Nur rationalistisch-logischer Betrachtung wird diese Welt verschlossen bleiben müssen, weil eine andere Art des Denkens ihr zugrunde liegt, weil ihr die Analyse vor der Synthese steht, dem vorhistorischen Denken die Synthese aber das Primäre ist ... Es ruht in dem logisch nicht zusammengehörigen und doch in mythischem Sinn eng verbundenen Gedankengefüge, das bestimmt ist durch folgende Positionen: Mond, Wachsen – Abnehmen, Fruchtbarkeit, Wasser, Erde, Weib, Baum, Schlange ... die geistige Grundlage aber bleibt die gleiche, es ist einmal der Unismus, der Gedanke des Zusammenfallens logisch heterogener Elemente und zweitens der Gedanke des Symbols, des Gleichnisses, einer Ausdrucksform, die, uns verloren gegangen, in der Urzeit des Menschen die höchste Kraft besaß.«[27]

Mit seinem Begriff des »alogischen Denkens« verbindet er die paläolithische Kunst mit der modernen, das »lunare« Weltbild der Paläolithiker mit der Gegenwart. Neben dieser Parallelisierung paläolithischer und moderner Kunst stellt er auch das Zentralsymbol der Nationalsozialisten in diesen Zusammenhang: Die Zeichen für »Mond« und alle mit diesem Begriff mitschwingenden Bedeutungen – von »Weib« bis »Schlange«– sind der Kreis, die Spirale und jener Kreis, der durch ein rechtwinkliges Kreuz in vier gleich große Segmente aufgeteilt ist und als Vorform, dann auch als eigentliches Hakenkreuz auf neolithischen Figuren und Keramiken auftaucht. »So wird das Rad das Zeichen des Mondes, das Rad, das sich zum Hakenkreuz schon früh verändern kann.«[28]

»Alle Heilszeichen des Mittelalters und auch der Gegenwart, Pentagramm und Kreuz, Rad, Ring, Kleeblatt und Hufeisen nehmen hier ihren Ausgangspunkt. Sie sind das Ende einer unendlichen mythischen Reihe, die uns noch heute verbindet mit dem Denken unserer vorgeschichtlichen Vorfahren.«[29] Mit dieser Bemerkung löst Herbert Kühn ein Problem des Kossinna'schen Ansatzes: Wie sollte man die Kontinuität in die vorschriftlichen Kulturepochen zurückverfolgen? Geht man wie Kühn davon aus, dass Muster Bedeutungsträger sind und auf überzeitliche, allgemein gültige Deutungsmöglichkeiten hinweisen, so fällt dieser Brückenschlag leicht, ohne irgendeine Form von Sprache prähistorischer Menschen zu kennen: Wenn in historischen Texten die Gleichung: Mond = Frau = Erde = Fruchtbarkeit gilt, so gilt sie eben auch dann, wenn man auf das scheinbare Abbild des Mondes, einen Kreis oder auf die Welle für Wasser stößt.[30]

Herbert Kühn besetzte das archaisch-lunarsymbolische Bild vom Matriarchat positiv. Das promiskuitive, lunarsymbolische Weltbild war zu Beginn ihrer Kriegsvorbereitungen bei den Nationalsozialisten nicht mehr gefragt.

## Indogermanische Patriarchen und orientalisch-bandkeramische Matriarchate

Es ist interessant nachzuvollziehen, wie die völkisch-nationale Theorie die augenscheinlich vorhandenen archäologischen Spuren weiblich konnotierter Funde von Idolen, Grabbeigaben und Hortfunden einordnete. Hermann F. Wirth verteilt Indogermanen und Mutterrechtskulturen eindeutig auf die Himmelsrichtungen Norden und Süden bzw. Osten. Mutterrechtliche Strukturen als Substrat sind bei ihm nicht vorgesehen, und es gibt bei ihm auch nicht mehr die Trennung in zwei Arten Matriarchat, ein negativ besetztes archaisch-lunar-promiskuitives und ein eher positiv besetztes rechtlich-jüngeres.

In seinem Aufsatz »Der nordische Charakter des Griechentums« lässt Wirth 1938 keinen Zweifel an der für die europäische Kulturentwicklung wichtigen Position Griechenlands. Dadurch gibt es für ihn zwei Wurzeln der europäischen Kultur: Eine im Süden, also in Griechenland, und eine mit »rein nordisch-germanischem Charakter«[31]. Die Quellenlage für Griechenland ist für ihn eindeutig, denn es gibt dort »schon von der Jungsteinzeit an in fast lückenloser Reihe zahlreiche kunstvoll geschmückte Tongefäße ...«[32]

Die »kretisch-mykenische« Kultur datiert Wirth um etwa 1400 v.u.Z. Sie entspricht in etwa der »mykenischen« aus den Epen Homers. Nördlich von Griechenland findet sich, zeitgleich nach damaligem Forschungsstand, für diesen Zeitraum die jungsteinzeitliche Kultur der Bandkeramik, der Hermann F. Wirth starke Parallelen zum Orient meint nachweisen zu können, wie auch die »kretisch-minoische« für ihn in diesen Zusammenhang gehört: »Auf Beziehungen zum nahen Orient weist das massenhafte Vorkommen von weiblichen Idolen hin ... die ... von der Verehrung der auch im Orient heimischen Großen Göttin (Magna Mater) zeugen.«[33] Für Wirth stellen die bandkeramischen Kulturen den »äußersten Ausstrahlungsbereich der orientalischen mutterrechtlichen Kultur« dar.[34]

Ihm zufolge findet sich die »indogermanische Rasse« und ihre nordische Kultur zu dieser Zeit nördlich des Donauraumes. Sie zeichnet sich, im Gegensatz zur »orientalischen« Bandkeramik, durch ausschließlich geradlinige Ornamente aus. »Das völlige Fehlen der Idole zeigt weiterhin, daß hier ganz andere Gottes- und Jenseitsvorstellungen herrschen. Es ist das Gebiet vaterrechtlicher Kultur.«[35] Auf der Suche nach Land drängen diese Indogermanen nach Süden, aber »der Orient« befindet sich »in dem ewigen Kampf der Kulturen bei weitem im Vorteil ... Unaufhaltsam rückt die orientalische Idee nach Westen und Nordwesten vor. Griechenland scheint bereits für Europa endgültig verloren.« Ähnlich einem Reporter bei einem Fußballspiel hört man Wirth förmlich ausrufen: »Da geschieht ein unbegreifliches Wunder«: Der geradlinig-nordische Kunststil mit Tieren aus der mittel- und nordeuropäischen Fauna erhält die Überhand.[36] Doch die ohne Zweifel vorhandenen »orientalischen« Elemente in der indogermanischen Kunst sind lediglich eine Folge davon, dass diese mykenisch-matriarchalen Nichtindogermanen als »Ideengeber« fungierten.

»Kunststile« sind bei Wirth Ausdruck von »Rasseeigentümlichkeiten«[37]. Diese »Rassen« stehen sich »feindselig gegenüber: die Orientalisierung ... ist ... eine Gefahr, die sich, ... in den Perserkriegen und später beim Vordringen des Islam wiederholen sollte.«[38] Durch die Aneinanderreihung zeitlich so weit auseinander liegender historischer Ereignisse wie den Perserkriegen und der Islamisierung Südeuropas wird eine scheinbare Kontinuität dieses orientalischen Expansionsdranges unterstellt: von den Bandkeramikern über die Perser, Hunnen, Türken bis zu den Bolschewiki und selbstredend: den Juden.

Wirths Schriften zeigen beispielhaft, wie eine Theorie als Vorbedingung und Legitimation konkreter Politik umgesetzt werden kann. Gobineaus theoretische Entwürfe lesen sich bei ihm nämlich folgendermaßen: Die »indogermanischen Hellenen« behaupteten sich gegen die »orientalische Gesinnung« dadurch, dass sie »sich einer wohl kaum vermuteten entschiedenen und rücksichtslosen Rassenpolitik bedienten ... Kein Fremder konnte aufgenommen werden und Familien- und Erbrecht sorgten dafür, daß kein Außenstehender auf Schleichwegen, durch Mischehen oder sonst durch Erbgang eindringen konnte. Nur Sprößlinge aus Ehen zwischen Vollbürgern waren wieder Vollbürger und für den Erbgang zugelassen.«[39]

Eine »Vermischung« wird auch hier so lange wie möglich aufgeschoben – und zwar »rücksichtslos«. Dadurch »erreichten sie, dass die letzten Endes *unvermeidliche Vermischung* mit den fremdrassigen Urbewohnern auf ein erträgliches und unschädliches Maß beschränkt blieb und vor allem so lange hinausgeschoben wurde, bis die unterworfene Bevölkerung ... sich den hellenischen Anschauungen angepaßt hatte und darin aufgegangen war«[40]. Eine scheinbar wissenschaftliche Legitimation der vier Jahre später auf der »Wannseekonferenz« gefassten Beschlüsse, sowie des fünf Jahre zuvor erlassenen Gesetzes »Zur Wiederherstellung des Berufsbeamtentums«.

»Nur durch diesen dem Selbsterhaltungstrieb entspringenden Rassenschutz ist die Überwindung der verlockenden mykenisch-orientalischen Kultur und Kunst möglich gewesen.«[41] In dieser Weise widerstanden angeblich auch die wackeren nordisch-griechischen Helden all den Verlockungen des Orients, seiner Promiskuität, Sünd- und Weibhaftigkeit: »Der nordisch spröde Sinn der Hellenen ... sein Kern blieb dem orientalischen Wesen zutiefst abgeneigt wie am ersten Tag des Eintritts in Griechenland.«[42]

# Mütter, Mond und Kontinuität

## Die geistige Kontinuität innerhalb der Universitäten

Die Theorien der Matriarchatsforschung sind geprägt von langen personellen und geistigen Kontinuitäten innerhalb und außerhalb der Universitäten. Zu den Vertretern einer eher naturwissenschaftlich oder zumindest typologisch aufmerksam arbeitenden Vorgeschichtsforschung gehörte neben Carl Schuchardt auch der Prähistoriker Ernst Wahle, der 1920 an der Universität Heidelberg als erster in seinem Fach promovierte. 1923 stellte er seine wissenschaftlichen Auffassungen im *Reallexikon für die Deutsche Vorgeschichte* dar. Doch bereits zehn Jahre später griff er in einem Gutachten zu einer Habilitationsschrift[1] – die durchaus den wissenschaftlichen Anforderungen entsprach – ebendiese Anforderungen heftig an. 1939 postulierte Wahle seine endgültige Gegenposition zu naturwissenschaftlichen, also rationalistischeren Methoden durch die Beschwörung einer eher mystischen »Lebenskraft«[2].

Der 1889 geborene Wahle lehrte in Heidelberg als Professor. 1934 trat er dem von Alfred Rosenberg gegründeten »Kampfbund für deutsche Kultur« bei, dem Vorläufer des »Amtes Rosenberg«. Sein Aufsatz »Zur ethnischen Deutung frühgeschichtlicher Kulturprovinzen«, 1939 das erste Mal aufgelegt – ein Jahr, nachdem das »Indogermanenproblem« mitsamt der Mutterrechtsfrage gelöst worden war –, erschien in beinahe unveränderter Form in zweiter Auflage 1952 wieder. Darin schränkte Wahle sowohl Kossinnas theoretische Ansätze als auch die rein typologischen Methoden und die mit ihnen gewissermaßen verwandten, neu aufkommenden naturwissenschaftlichen Methoden in der Ur- und Frühgeschichte in ihrer Bedeutung ein. Sie leisteten einer »Entseelung des Fundstoffes«[3] Vorschub und seien nicht geeignet, das wahre Wesen der Menschen, ihre »Lebenskraft«[4], zu fassen. »Das Vorhandensein überindividualer Einheiten, nämlich der Menschenrassen, zwingt uns dazu, in dem skizzierten Rhythmus der geschichtlichen Entwicklung einen Kampf um das Dasein zu sehen, welcher der Autonomie der menschlichen Gemeinschaften, der Rassen, Völker und Kulturprovinzen entspringt.«[5] Ernst Wahle lehrte auch nach dem Krieg wieder in Heidelberg und emeritierte Mitte der fünfziger Jahre.

Herbert Kühns methodische Sympathien lagen in einer ähnlich mystifizierenden Vorgehensweise. In seinem bereits erwähnten Aufsatz von 1932 spricht er von der »außerlogische(n) innere(n) Aehnlichkeit ... in der Verbindung Frau und Erde«[6]. »Es ist das tertium comparationis der Furche und der Sameneinbettung, des Gebärens und des Früchtetragens, und es mag ein sicherer Beweis für diese gewiss alogische, doch mythisch fest begründete Synthese sein, dass altlateinisch das Wort spurium sowohl Ackerfurche wie weibliche Geschlechtsteile bedeutet und Spurii die Kinder, die Gesäten.«[7]

Das »alogische« Denken, für das Herbert Kühn auf den nächsten Seiten weitere Beispiele aufführt, ist nun auch die beste Voraussetzung, die Kunst der »Primitiven« zu verstehen: »Gerade unsere Zeit am Ende einer rationalistischen Epoche, sieht wie keine Zeit vorher die Grenzen der Erkenntnis, weil sie die Vergeblichkeit aller Bemühungen seit Descartes, die Wirklichkeit zu beweisen, erfahren hat ... Damit nähert sich die Weltanschauung unserer Zeit wieder der der Primitiven.«[8]

## Der monotheistische Neandertaler

Was wurde nach 1945 aus Herbert Kühns theoretischen Positionen? In den frühen fünfziger Jahren etablierte sich in der Bundesrepublik eine, heute restaurativ genannte, Politik. Wiederaufbau und christliche Werte standen nun im Vordergrund. So erstaunt es nicht, dass Herbert Kühn, seit 1946 ordentlicher Professor an der Universität Mainz und Mitglied der Akademie der Wissenschaften und der Literatur 1950 schreibt: »Eines der bedeutendsten Probleme der Vorgeschichtsforschung der Gegenwart ist die Frage nach der Entstehung des Gottesglaubens, ist die Frage des Urmonotheismus.«[9] Ein Thema, dem schon Hermann F. Wirth viele Textseiten gewidmet hatte. Auch für Karl F. Wolff waren die Ur-Indogermanen seinerzeit monotheistisch, was er mit Knochenopfern und paläolithischen Niederlegungen von Bärenschädeln aus dem Alpenraum belegte.[10]

Bei Herbert Kühn taucht diese Position, nur leicht variiert, wieder auf. In seinem Aufsatz »Das Problem des Urmonotheismus« schreibt er 1950: »Es gibt nur *eine* Urwurzel, *einen* Grundgedanken, von dem alle anderen Elemente ausgehen und in den alle wieder zurückkehren.« Die »alte Schule« ist noch gut nachzuvollziehen, schließt Herbert Kühn doch vom religiösen Mythos der Erschaffung Evas direkt auf die paläolithischen Frauenstatuetten des Jungpaläolithikums: Schuf nämlich Gott Eva aus einer Rippe, so findet Herbert Kühn hier den direkten Bezug zu den knochengeschnitzten Figuren der Altsteinzeit.[11] »Doch Gott selber war vor der Eva da. Er ist auch der Schöpfer der Eva, und so muss sich ein Urgottgedanke noch vor den weiblichen Statuetten erweisen lassen.«[12] Eine Logik, die an die Frage nach der früheren Entstehung von Henne oder Ei erinnert.

Doch wie sieht der Schnitzer der Frauenstatuetten aus? »Die Opfer der Bärenschädel in den Höhlen geben die Antwort: Wo Opfer ist, da muß auch jemand sein, dem geopfert wird, und diese Gottheit wieder offenbart sich für unseren Blick dadurch, daß sich Sitte und Brauch des Bärenopfers noch heute erhalten hat bei sibirischen Völkern. Und bei ihnen ist es der Eine Gott, dem das Opfer gebracht wird, und so sind wir zu schließen berechtigt, daß es auch in der Eiszeit der Eine Gott war, dem man das gleiche Opfer brachte.«[13] Kühn referiert als Beleg seiner These drei Ausgrabungen aus den ersten zwanzig Jahren des 20. Jahrhunderts: Die Höhle Wildkirchli nahe St. Gallen im Kanton Appenzell, das Drachenloch nahe Vättis, Kanton St. Gallen, und das Wildemannliloch in den Churfirsten.

Gelang Herbert Kühn in den dreißiger Jahren »nur« die Rückverfolgung der »Germanen« bis ins Junpaläolithikum, so bringen ihn nun die Funde in den Höhlen ein ganzes Stück weiter, nämlich bis ins Mittlere Paläolithikum, das Mousterien. »Die Lage der Kultplätze in den Höhlen in einem entlegenen Teile, da wo sie am verstecktesten sind, deutet auf den Kult, und so kamen die Ausgräber sogleich bei der Entdeckung auf den Gedanken, daß es sich um einen Opferkult handle ... um einen Uropferkult zu Ehren einer Jagdgottheit, der das Opfer dargebracht worden ist.«[14] Alle drei Höhlen wurden von den Neandertalern aufgesucht, abwechselnd mit Höhlenbären, deren Hinterlassenschaften dort ergraben wurden. »Der Neandertaler in der Epoche des Mousterien ... errichtete Opferaltäre ... Der Neandertaler, verbunden mit Religion, verbunden mit Opfer, verbunden mit Kult, das ist eine der größten Entdeckungen, die die Ausgrabungen der letzten Jahrzehnte überhaupt haben bringen können.«[15]

Kühn knüpft nahtlos an seine Vorkriegsthesen an. Damals konnte man das »Denken« der paläolithischen Menschen entschlüsseln, nun die »Religion«[16], denn etwas anderes als »Religion« sind die oben dargestellten, mythischen Inhalte um »Mond-Frau-Erde« für ihn nicht.

Selbst wenn man davon ausgeht, dass die Steinplatten in der geschilderten Weise bewusst von den Angehörigen der Mousterien-Kultur gesetzt wurden, wenn man Kühn darin folgt, dass Schädel nicht per Zufall unter Felsbrocken oder in Moore geraten, also auch mit Intention niedergelegt wurden, so folgt daraus noch lange nicht, dass es nur *eine* deutbare Intention dazu gegeben haben kann: die Niederlegung als »Opfer«. Einen Rentier- oder Bärenschädel auf eine Stange zu spießen kann viele Gründe haben.

Ein Satz aus Kühns Aufsatz von 1950 ist geradezu paradigmatisch für sein Denken und das vieler seiner Zeitgenossen: »Die Wirtschaftsform hat sich hier nicht geändert, das Denken hat sich nicht gewandelt, der Mensch ist innerlich der gleiche geblieben, wenn auch Jahrtausende, ja vielleicht Jahrhunderttausende zwischen den Menschen von damals und heute liegen.«[17]

## Wer hat bei wem abgeschrieben?

Ernst Wahle, Herbert Kühn und andere Vorgeschichtler stehen für eine geistige Kontinuität in ihrem Fach, deren Auswirkungen nicht auf den theoretischen Sektor beschränkt bleiben, sondern ihren Niederschlag auch in der praktischen Seite der Verwirklichung politischer Vorstellungen finden. Dies traf sicher nicht auf die gesamte ur- und frühgeschichtliche Forschung nach dem Zweiten Weltkrieg in Deutschland zu. Eine starke Fraktion befleißigte sich einer eminenten, beinahe an Fantasielosigkeit grenzenden Interpretationsaskese sowie wissenschaftlichen Purismus und förderte, wo immer es ging, die Einbeziehung naturwissenschaftlicher Methoden in das Fach.

Wenn feministische Matriarchatsforscherinnen wie Gerda Weiler, deren Biografin Gudrun Nositschka oder auch Heide Göttner-Abendroth dieser Wissenschaft eine Missachtung ihrer Themen vorwarfen, lagen sie falsch. Wie man sieht, war genau das Gegenteil der Fall. Die Rezeption völkischer und autoritärer Inhalte durch Matriarchatstheoretikerinnen sowie die entsprechenden Veröffentlichungen in den sechziger bis achtziger Jahren passen zu dem allgemeinen Bild der gesamten weiteren Tradierung völkisch-nationalistischer Theorien aus der ersten Hälfte des 20. Jahrhunderts.

Einige Autorinnen aus der Matriarchatsforschung behaupteten, bestimmte völkische Autoren hätten bei ihnen abgeschrieben und nicht umgekehrt, was eine Verdrehung der Tatsachen darstellt. Eher kann man sagen, dass sich beide »Parteien« – Matriarchatsforscherinnen und völkische Autoren – auf dieselben Quellen des 19. Jahrhunderts bezogen. Einige dieser Quellen, wie jene der Autoren James Frazer, Carl Schuchardt oder Johann J. Bachofen, sind nicht unbedingt als ideologisch oder gar autoritär gefärbt zu bezeichnen. Andere jedoch sehr wohl.

Doch die inhaltliche und vor allen Dingen strukturelle Ähnlichkeit der Texte einiger Matriarchatsautorinnen, zum Beispiel von Josefine Schreier oder Elizabeth Gould Davis, mit autoritären und rechtslastigen Texten rührt abgesehen von der Quellenlage auch von dem Anspruch her, eine politische Weltanschauung prähistorisch absichern zu wollen und somit den eigenen Auffassungen den Anschein der nicht zu hinterfragenden Wahrheit zu geben. Vom Leser wird ein Akt des Glaubens, also der bedingungslosen Annahme der Inhalte gefordert.

Die Autorinnen und Autoren der Matriarchatsforschung bedienten sich aus dem bunten und so widersprüchlichen Flickenteppich der völkischen und nationalsozialistischen Theorien: So findet man die Einteilung in frühere, archaischere und spätere Matriarchatsformen bei Heide Göttner-Abendroth wieder. Da gibt es die Kannibalismusthese von Karl F. Wolff, die uns in der Arbeit von Josefine Schreier wieder begegnet, das mutterrechtliche Neolithikum bei Marija Gimbutas und Jutta Voss oder die patriarchal-indogermanischen Südrussen bei den Epigoninnen von Marija Gimbutas. Eine interessante Kontinuität zwischen Herbert Kühn und Marie König werde ich weiter unten aufzeigen können, ebenso wie die Rezeption völkischer Inhalte durch Matriarchatsforscherinnen wie Josefine Schreier.

Wie im Teil zu den zeitgenössischen Matriarchatsforscherinnen und ihrer Rezeption der Thesen der litauisch-amerikanischen Archäologin Marija Gimbutas aufgezeigt werden wird, wurde dieses »Herkunftsspiel« um die »Indogermanen« auch noch einige Jahrzehnte später, allerdings unter anderen Vorzeichen weitergespielt. Christa Mulack und andere Autorinnen verfolgten die Idee der Bedeutungskontinuität von Symbolen über Jahrtausende, indem sie die Bilder des neolithischen Çatal Hüyük mit denselben Begriffen interpretierten wie jene auf türkischen Kelims der Neuzeit. Ein rasanter Kurzschluss über fast zehntausend Jahre! Bei Marie König, in gewisser Weise in den Arbeiten Gerda Weilers und im weiteren spirituellen Umfeld bzw. so genannter grauer Literatur findet man dann den guten, neandertaloiden Matriarchatswilden oder sogar, weil mittlerweile noch ältere Menschenformen entdeckt wurden, die Rekrutierung der drei Millionen Jahre alten »Australopithecinin« Lucy für die matriarchalen Lebensumstände von Primaten.

Eine Variante des Themas »rituelle Tötung des Kindes/Sohnes« als Kennzeichen matriarchaler Gesellschaftsstrukturen wird die zentrale These in Heide Göttner-Abendroths Arbeiten sein, die ihre wissenschaftliche Vorgehensweise für einwandfrei hält. Bei Hermann F. Wirth war kultureller Wandel an das Eindringen eines anderen Volkes, einer anderen Rasse geknüpft. Diese Argumentationsweise findet sich, mit umgekehrter Wertung, zum Beispiel bei Heide Göttner-Abendroth, Gerda Weiler und Marija Gimbutas wieder. Die dahinter liegende Denkstruktur aber ist die gleiche geblieben: Kulturelle Veränderungen werden nur in den Metaphern von Gewalt und Eroberung durch Überlegene begriffen.

# Der Größenwahn der Mystagogen

## Heros und Matriarchatsforschung – Joseph Campbell

Zusammen mit James G. Frazers *Der goldene Zweig*, Robert Briffaults *The Mothers* und *Die weiße Göttin* von Robert von Ranke-Graves bildet Joseph Campbells 1949 erstmals im Original, 1978 erstmals in deutscher Sprache erschienenes Buch *Der Heros in tausend Gestalten* das theoretische Quartett für die mythenanalythischen Theorien der neueren Matriarchatsforscherinnen.[1]

Campbell jedoch ist mehr: Er ist der *spiritus rector* sowohl der frauenbewegten Esoterikliteratur als auch jener, die die gemischtgeschlechtliche Szene des New Age bedient. Die Ziele, die Campbell und Clarissa P. Estés in ihren Büchern verfolgen, sind nahezu identisch. So auch ihre geistige Herkunft: Campbell verbreitete die Lehren von C.G. Jung in den USA, Estés ist Psychoanalytikerin nach der Jungschen Methode.

Beide gehen von der Bedeutungsgleichheit sämtlicher weltweit verstreuter Riten und Mythen für den modernen Menschen aus. Campbell und Estés halten Mythen und Rituale für Erkenntniswege, die nicht nur zu einem bestimmten Zeitraum und im Zusammenhang einer bestimmten Gesellschaftsform, sondern immer und zu allen Zeiten Gültigkeit besitzen, insbesondere aber für den modernen Menschen der westlichen Welt des 20. Jahrhunderts gelten.

Für Campbell stellen diese Mythen überindividuelle Erkenntniswege dar, Läuterungsmöglichkeiten des Helden zu einem beinahe göttlich-überhöhten Wesen. Dies macht sein Buch *Der Heros in tausend Gestalten* auch so unheimlich – aber auf eine geniale Art und Weise. Solch genial-grausige Höhen erreicht natürlich *Die Wolfsfrau* nicht. Kann sie auch nicht, denn Estés propagiert genau eine Form der Interpretation von Mythen, von der sich Campbell mehrmals empört distanziert: Für Estés dient die Beschäftigung mit den mythologisch-märchenhaften Bildern einem individuellen Entwicklungsweg, der narzisstischen Überhöhung einer Art Heilung und Wiedererweckung des verschütteten inneren Selbst. Im Vergleich zu Campbell schreibt sie verdünnte »Instantliteratur«.

Jean Shinoda Bolen versucht in ihrem Buch *Göttinnen in jeder Frau* wenigstens noch, diese Vorgehensweise mit den Jung'schen Kriterien zu vereinbaren und ihre Göttinnenarchetypen an die Begrifflichkeit von C.G. Jung anzugleichen. Dies läuft bei ihr und auch anderen feministischen Esoterikautorinnen parallel zu ihrer Angleichung an die Theorien der Matriarchatsforscherinnen. Campbell und nach ihm alle anderen Autoren und Autorinnen überschütten die Leser mit einer Flut von Mythen, Legenden, volkskundlichen Riten, die aus aller Welt stammen. Estés steht ihm da in nichts nach.

Während Heide Göttner-Abendroth noch direkt die Heros-Idee Campbells in ihr matriarchales Weltbild transportiert, so gelingt den Esoterikautorinnen wie Clarissa P. Estés der Schritt, diesem Heros endlich Frauengestalt zu geben. Angelika Aliti oder Jean Shinoda Bolen transformieren die Heroenidee aber noch in eine Art innere Selbsterfahrungsgruppe, während Estés Campbell wesentlich näher steht und uns eine innere Ur-Figur liefert, die innere Wölfin, Wolfsheldin als Abbild des modernen, kommunikationsgeschädigten Single-Daseins schlechthin. Als übersteigertes, narzisstisches Selbst, neben dem »andere Götter/Göttinnen« keinen Platz mehr haben.

Beider Utopien liegen im Inneren des Individuums, das sich herleitet aus mythischen, positiv besetzten Vorzeiten. Den femininen Lichtkräften steht eine unerlöste und daher zum Bösen neigende Kraft gegenüber. Campbell oder Estés wollen den Leserinnen und Lesern suggerieren, dass es solch losgelöste Boshaftigkeiten tatsächlich gibt: im Außen genauso wie in der eigenen Seele.

## Rasse, Mythos und Ideal

Der Mythenforscher Joseph Campbell wurde 1904 in New York geboren. Er studierte Literaturwissenschaften an amerikanischen und europäischen Universitäten, war ein anerkannter Hochschullehrer in den USA und gab die amerikanische Ausgabe von C.G. Jungs Werken heraus. Seine zahlreichen Werke errangen weit über die USA hinaus große Popularität. Er starb 1987.

Mit seinem Buch *Der Heros in tausend Gestalten* verfolgt Campbell das Ziel, unter Mythen verborgene Wahrheiten wieder aufzudecken. Zu diesem Zweck hat er »eine Vielzahl nicht zu schwieriger Beispiele zusammengebracht, aus denen dann der verschollene Sinn von selbst« hervortreten soll, das Verständnis der Symbole, für deren Deutung er die Methoden der Psychoanalyse heranziehen will.[2] Er vertraut darauf, dass die Analogien zwischen den Symbolen der verschiedenen Mythen von selbst zum Vorschein kommen. Man begegnet hier das erste Mal dem Wort »konstant«, das im Verständnis Campbells eine wichtige Rolle spielt: »Die Analogien werden unmittelbar zum Vorschein kommen und sich zu einer umfassenden und erstaunlich konstanten Feststellung der grundlegenden Wahrheiten entwickeln, mit denen der Mensch durch die Jahrtausende, seit er diesen Planeten bewohnt, gelebt hat.«[3]

Gleich zu Beginn des ersten Kapitels taucht das Wort abermals auf: »Immer wird es ein und dieselbe, bei allem Wechsel merkwürdig konstante Geschichte sein, auf die wir treffen ...«[4] Die Mythengestalten sind »nicht nur Symptome des Unbewußten ... sondern kontrollierte und bewußte Lehren von bestimmten geistigen Prinzipien, die durch die Menschengeschichte hindurch so konstant geblieben sind wie die Form der menschlichen Physis und ihr Nervensystem«[5]. Diese kosmische Konstante bezeichnet er auch als »Seinssubstrat«, in der Psychoanalyse Libido genannt, Energie in der Wissenschaft, Shakti bei den Hindus, Macht Gottes im Christentum und so fort. »Und ihre Manifestation im Kosmos ist die Struktur und der Strom des Universums selber.«[6]

Joseph Campbell will die Ähnlichkeiten zwischen den weltweit verstreuten Religionen und Mythensystemen in analoger Form dazu aufzeigen, wie ein anatomischer Atlas »die Unterschiede zwischen den Menschenrassen im Interesse eines grundlegenden allgemeinen Verständnisses der menschlichen Physis außer acht lässt«[7]. Durch das Stilmittel der Analogie vermitteln sowohl Mythos als auch Ritual das Verständnis von etwas Übergeordnetem: »Der Mythos ist noch nicht ganz das Endgültige; das Endgültige ist erst die Geöffnetheit, jener Abgrund oder jenes Sein jenseits der Kategorien.« Dieses schildert Campbell als »Rückkehr zum Überbewussten ... Auflösung der Welt ... kosmogonischer Zyklus«[8].

Ohne Zeit- und Ortsbeschränkung hat es Mythen immer gegeben. Sie sind bei Campbell ein »geheimer Zufluss ... durch den die unerschöpflichen Energien des Kosmos in die Erscheinungen der menschlichen Kultur einströmen«. Er ist der »magische Grundklang«, aus dem Religionen, Philosophien, Wissenschaften, Träume usw. emporgären.[9] Seine Bestandteile, die Symbole, sind weder erfunden noch in anderer Weise »gemacht«, sie können auch nicht unterdrückt werden. Es sind »zeitlose Visionen«, die sich aus den »Tiefen des Geistes« herleiten.[10] Dieses überzeitliche Einströmen aus dem Kosmos via Mythos oder Ritual, auch in der Gegenwart, geschieht völlig losgelöst von historischen, gesellschaftlichen und anderen zeitgeschichtlichen oder geografischen Voraussetzungen. Die Bilder solcher rituellen Prüfungen sowie die Bilder der Träume entsprechen sich. Sie sind Campbell zufolge der Ausdruck eines Ablösungsprozesses aus infantilen Bindungen hin zum Erwachsenwerden. An die Stelle des prähistorischen Schamanen tritt heute der Arzt oder Analytiker.

Als Beispiel aus der Ethnologie beschreibt Joseph Campbell, wie australische Jungen durch die Beschneidung ihrer Vorhaut aus der Pubertät in die Welt der erwachsenen Männer eingeführt werden sollen. Dieser Initiationsritus macht den Jugendlichen Angst, und sie flüchten sich zu weiblichen Verwandten. Mythologen und Psychoanalytiker mögen in der Flucht der Jungen eine »unbewältigte Fixierung« auf die Kindheit sehen. Doch drückt sie nicht viel eher die Angst vor Schmerzen aus, denen die Jugendlichen entgehen wollen? Dem negativ besetzten Begriff der »Infantilität« setzt Campbell den Begriff der »Reife« entgegen, unter der er sich den Eintritt in eine »neue Objektwelt vorstellt, die sie für den Verlust der Mutter entschädigt; zum Zentrum der Imagination *(axis mundi)* wird nun an Stelle der weiblichen Brust der männliche Phallus«[11].

Auch die Sehnsucht der modernen Frau nach erfüllter Liebe und Sexualität ist für Campbell lediglich das Suchen nach einer Liebe, »die sie nur von Kentauren, Silenen, Satyrn und anderen lüsternen Inkubi aus der Rotte des Pan noch zu erwarten haben ... in unseren öffentlichen, vanillefarbenen Tempeln der Liebesgöttin, unter dem Make-up der jüngsten Leinwandhelden«[12]. Reale Wünsche und Bedürfnisse oder auch Ängste werden in solchen Formulierungen herabgewürdigt.

Campbell bezieht sich zum größten Teil auf Thesen von C.G. Jung, der davon ausgeht, dass es in der Psyche menschlicher Individuen angeborene, archetypische Bilder gebe, die zeitlos immer wieder auftauchen und das Verhalten der Menschen bestimmen. So werden individuelle Probleme, Lösungsstrategien, Bedürfnisse und Entwicklungsschritte zu Abbildern dessen, was in den Mythen bereits vorgestellt wurde: »eine Reihe fast standardisierter Verwandlungen, wie sie Männer und Frauen in jedem Winkel der Erde, in allen geschichtlichen Jahrhunderten, unter der dünnen Verkleidung aller besonderen Kulturen durchgemacht haben«[13]. Individuelle, reale Träume sind für ihn »verzerrend«, während die mythischen Bilder für »die ganze Menschheit unmittelbar gültig« sind.[14] Eine solche Abwertung individueller Gefühle findet sich in einem ähnlichen Zusammenhang bei der Psychologin und Matriarchatstheoretikerin Carola Meier-Seethaler wieder.

Zentrale Figur des überzeitlichen Mythos ist für Campbell der Held, der Heros, der in seinem Gang durch eine bestimmte Abfolge von Prüfungen, Reisen oder anderen Heldentaten, gewissermaßen stellvertretend, die menschliche Entwicklung widerspiegelt. Zwar beeilt sich Campbell mitzuteilen, dass auch Frauen solche Heldengestalten sein könnten. Vor dem Hintergrund seines folgenden Zitats gibt diese Aussage jedoch zu denken: »Wenn das Kind dem friedlichen Dasein an der Mutterbrust entwächst und sich der Welt der spezialisierten Tätigkeiten der Erwachsenen zuwendet, gerät es geistig in die Sphäre des Vaters, der für den Sohn zum Inbegriff der künftigen Aufgabe, für die Tochter zu dem des künftigen Gatten wird.«[15]

Der Held ist im Unterschied zum Normalmenschen fähig, sich über persönliche oder historische Grenzen hinauszubewegen »zu den allgemein gültigen, eigentlich menschlichen Formen ... Sein Reden rührt von der unberührten Quelle, aus der die Gesellschaft wiedergeboren wird.«[16] Insofern haben die Heldenmythen immer die gleiche Struktur, gleichgültig, ob es sich um einen weisen Religionsstifter wie Gautama Buddha oder die wilde Sagengestalt des griechischen Helden Herakles handelt. Der erste Schritt des Helden spiegelt die Ablösung von seiner alten Welt, sei es als Bild des Aufbruchs zu einer Reise in die Welt, sei es als Innenschau, Isolation, Einsamkeit.

Im zweiten Schritt kehrt der Held, gewissermaßen wiedergeboren, in die Normalwelt zurück, »um die Lehre vom erneuerten Leben, die er gelernt hat, weiterzugeben«[17]. Die Geschichte seiner Reise ist auch ein Abbild menschlichen Lebens, das durch so genannte *rites de passage*, Übergangsriten, von der Geburt über Jugendinitiationen, Eheschließungen und Sterberituale begleitet wird. Ein Gedanke, der in Heide Göttner-Abendroths Konzeption matriarchaler Mysterienspiele eine zentrale Rolle spielt.

In seine Darstellung der verschiedenen Wege der großen Kulturheroen fließen – mal mehr, mal weniger offenkundig – Campbells Wertungen ein, die zusammengenommen ein ausgesprochen reaktionäres und frauenfeindliches Weltbild ergeben. Dass der Kulturheros in der Durchführung seiner menschheitsumfassenden Aufgabe »alles« darf, tritt sehr deutlich in der Art und Weise zutage, wie Joseph Campbell einzelne, diesbezügliche Mythen und Epen zitiert und bewertet. In seiner Vorstellung verläuft die Entwicklung des Seins vom infantilen, frauenbezogenen zum reifen, phallusbezogenen. Von dieser Sichtweise ausgehend lässt sich seine Einstellung insbesondere an Themen wie Vergewaltigung[18], der Achtung vor Frauen und der Achtung vor Kranken[19], der Rolle der Frau[20], der Eltern[21] sowie der daraus resultierenden Phallusfixierung als Erfüllung[22] und an einer pseudopsychologischen Legitimation von Krieg[23], Gewaltausübung[24] und Willkür[25] ausgezeichnet abhandeln:

So findet man in Campbells Referierung der Flucht der Nymphe Daphne, die durch einen Hilfeschrei zu ihrem göttlichen Vater in einen Lorbeer verwandelt und dadurch vor den Nachstellungen des potenziellen »Vergewaltigers«, des liebestollen Gottes Apoll, gerettet wird, seine Interpretation dieser mythischen Gewaltlösung: »Das ist wirklich ein leeres und unbefriedigendes Ende.«[26] Für Apoll, den Mann, sicher. Für Campbell ist Daphnes Angst und Weigerung nur eine »verstockte Fixierung« auf infantile Regressionen.[27]

Bei Campbell findet sich auch eines der seltenen Beispiele weiblichen Heroentums, das sich, in der machohaft verdrehten Fantasie des Autors, folgendermaßen liest: »Wenn es sich aber in diesem Zusammenhang nicht um einen Jüngling handelt, sondern um ein Mädchen, so ist sie die, die durch ihre Vorzüge, ihre Schönheit oder ihr Sehnen zur Geliebten eines Unsterblichen berufen ist. Dann steigt der himmlische Gemahl zu ihr hinab und führt sie auf sein Lager, ob es nun ihr Wille ist oder nicht. Wenn sie sich geweigert hat, fallen ihr dann die Schuppen von den Augen, wenn sie ihn aber gesucht hat, wird nun ihre Sehnsucht gestillt.«[28] Indem er einen solchen Vorgang als heroische Erfüllung eines Weges positiv besetzt, der dann auch noch paradigmatisch für die ganze Menschheit stehen soll, legitimiert Campbell gewissermaßen die Vergewaltigung von Frauen und Mädchen. Daran ändert auch sein Hinweis darauf nichts, dass es ihnen »nachher« wie Schuppen von den Augen fällt, ob sie denjenigen, der sie auf sein Lager nimmt, mögen oder nicht.

Auch Kranke haben kein Anrecht auf Ruhe, Pflege und Achtung, wenn ihre Aktivierung einem höheren Zweck dienen soll, wie man aus Campbells Darstellung der Geschichte des heiligen Petrus erfährt. Weil seine Tochter sehr schön ist, betet ihr Vater ein Fieber auf sie herab. Einem Jünger fällt auf, dass Petrus viele Menschen heilt, seine Tochter allerdings nicht. »Weil es ihr nützt«, ist Petrus' lakonische Antwort, doch damit seine Jünger nicht etwa glauben, er könne seine Tochter nicht heilen, hetzt er das Mädchen vom Krankenbett auf: »Stehe bald auf und diene uns zu Tische.«[29] Was das arme Mädchen auch tut, um sodann, fieberkrank, nach getaner Männerbedienung, wieder ins Bett gescheucht zu werden.

Immer wieder setzt Joseph Campbell den individuellen Sorgen, Ängsten, Leiden oder Bedürfnissen von sterblichen Menschen das darüber hinweggehende Element göttlicher Aktionen der Läuterung eines Helden entgegen. Seine Darstellung der Hiobsgeschichte[30] ist schlussendlich das Hohelied auf eine kosmisch, mythisch, göttlich, psychoanalytisch oder wie auch immer legitimierte Willkür, vor der ein Mensch nichts und irgendein mystisches Ziel alles ist: »Seine Aufgabe, wenn er zum Vater geht, ist es, seine Seele über alle Schrecken hinaus weit zu machen, damit er reif wird für das Wissen, wie die zermürbenden und unverständlichen Tragödien dieses großen und gleichgültigen Kosmos in der Majestät des Seins ihre völlige Begründung haben.«[31]

## Größenwahn

»Die Mehrheit der Männer und Frauen hat den weniger abenteuerlichen Weg über die vergleichsweise unbewußten bürgerlichen und Stammesbräuche gewählt. Aber auch diese Suchenden werden gerettet, vermöge der ererbten symbolischen Hilfen der Gesellschaft, der rites de passage, der gnadenspendenden Sakramente, die der Menschheit vor Zeiten von den Erlösern gebracht und durch die Jahrtausende weitergereicht worden sind.«[32] Joseph Campbell unterscheidet zwischen den normalsterblichen Individuen – der »Mehrheit der Männer und Frauen« –, die gewissermaßen auf einen Akt der Gnade angewiesen sind und ansonsten eher passiv ihren »weniger abenteuerlichen« Lebensweg gehen, vom Übermenschen, dem »Heros, der die Dynamik des Kulturprozesses verkörpert«[33].

Die »Vorsehung« ist die »Jungfrau«, das »Weib«, das »großmütige Wesen«, die »schützende Macht«, die den Kulturhelden auf seinem Weg begleitet.[34] Wobei es keine Rolle spielt, ob diese weiblich gedachte, schützende Macht innerhalb der Psyche oder irgendwo anders zu finden ist: »Wenn er auf seinen eigenen Ruf geantwortet hat und ihm unbeirrt ... gefolgt ist, findet der Held alle Mächte des Unbewußten auf seiner Seite. Als Mutter hilft die Natur selbst bei der gewaltigen Aufgabe. Und wenn die Tat des Helden sich trifft mit dem, wofür seine Gruppe bereit ist, scheint er vom großen Rhythmus des Geschichtsprozesses getragen zu werden.«[35]

In der Campbells Ansicht nach weniger wertvollen Ebene der Märchen kann diese schützende Kraft von Zwergen, Zauberern, Schmieden und ähnlichen Berufen ausgehen, in den »höheren Formen des Mythos übernehmen die Figuren des Führers, des Lehrers oder des Fährmanns« diese Beschützerfunktion.[36] Es verwundert, dass Campbell ausgerechnet an dieser Stelle als Beispiel für einen solchen Kulturheroen keinen fiktiven Sagenhelden aus mythischen Vergangenheiten zitiert, sondern den Imperator und Eroberer Napoleon. In einer Anmerkung verrät er auch den geistigen Hintergrund seiner Denkweise.

Das Napoleon-Zitat stammt nämlich aus dem Buch von Oswald Spengler *Der Untergang des Abendlandes* von 1920, dessen kulturpessimistisches Werk zu den anti-aufklärerischen Büchern der ersten Hälfte des 20. Jahrhunderts gehört, die das Denken des Nationalsozialismus vorbereiteten. Oswald Spengler wirft der europäischen Aufklärung, dem vernunftbegabten Denken und Handeln, aus dem unter anderem Demokratie und Parlamentarismus erwuchsen, vor, mit zum »Untergang des Abendlandes« beigetragen zu haben. Campbell deutet Spenglers Auffassung von Napoleons Schicksal so: »Der Held, der in diesem Sinne entpersönlicht ist, verkörpert die Dynamik des Kulturprozesses, solange die Periode seiner geschichtlichen Berufung währt.«[37]

Die erste Auflage des Buches *Der Heros in tausend Gestalten* erschien 1949, etwa fünf Jahre, nachdem Adolf Hitler das Wort »Vorsehung« in seiner Rundfunkrede zum Attentat der Gruppe um Graf Schenk von Stauffenberg am 20. Juli 1944 dreimal verwendet hatte: »Ich fasse das als eine Bestätigung des Auftrages der Vorsehung auf, mein Lebensziel weiter zu verfolgen ...«[38] Auch die Gegenüberstellung des Napoleon-Wortes, das Campbell nach Spengler zitiert mit dem entsprechenden Satz Adolf Hitlers aus seiner Rundfunkrede, zeigt deutlich, aus welchem »Urgrund« Campbell seine Auffassungen des Helden schöpft. Der Napoleon-Satz lautet: »Ich fühle mich gegen ein Ziel getrieben, das ich nicht kenne. Sobald ich es erreicht haben werde, sobald ich nicht mehr notwendig sein werde, wird ein Atom genügen, mich zu zerschmettern. Bis dahin aber werden alle menschlichen Kräfte nichts gegen mich vermögen.«[39] Hitler: »Ich selber danke der Vorsehung und meinem Schöpfer nicht deshalb, dass er mich erhalten hat. Mein Leben ist nur Sorge und ist nur Arbeit für mein Volk ...«[40]

Diese Entpersönlichung des Kulturheroen, des Diktators oder Imperators sieht für Campbell in einem weiteren Zitat Spenglers so aus: »Hier waltet nur ein Schicksal, und Zufall heißt lediglich das, was dem Einzelnen im Bilde auch seelisch nicht mehr verständlich ist. Von diesem letzten Standpunkt aus löst sich endlich beides in eine erhabene Einheit auf.«[41] Waren es nicht derlei Ansichten und Vorstellungen, die nicht nur Krieg, sondern auch den Holocaust erst möglich gemacht hatten? Sie führten letztlich zum wirklichen Untergang eines zivilisierten Europa, das – welch »erhabene Einheit« – durchaus gleich war in der Zerstörung seiner Städte und dem Tod von Millionen Menschen.

Dass Joseph Campbell sich selbst mit seiner Herosgestalt identifiziert, kommt in der beschwörenden Art zu Tage, wie er innerhalb von vier Sätzen sieben Mal das Wort »wir« wiederholt. Wenn »wir« einen solchen Weg der Verinnerlichung gingen, in den Bereich des infantilen Unbewussten oder des Schlafes eintauchen würden und dort Kräfte erneuern könnten, Energien freisetzen, so würde »unsere innere Statur riesenhaft. Und wenn wir etwas herausholen könnten, was nicht nur von uns selbst, sondern von unserer ganzen Generation oder Kultur vergessen ist, könnten wir in der Tat zum Heilbringer und Helden der heutigen Zivilisation werden, eine Person von nicht bloß örtlicher, sondern weltgeschichtlicher Bedeutung.«[42] Dieser gewissermaßen in den eigenen Seelentiefen schlafende Riese oder Übermensch muss nur geweckt werden, damit das Ziel einer solch umfassenden Bedeutung erreicht werden kann. Letztlich ist der Autor in seinem Größenwahn – das ritualisierte Wir – schon dieser Heilsbringer von weltgeschichtlicher Bedeutung. Eine ähnlich starke Identifikation mit der mythischen Herosfigur wird uns im Zusammenhang mit der Beschreibung des rituellen Settings bei Heide Göttner-Abendroth wieder begegnen.

## Utopia

Viele reaktionäre Autoren behaupten die historische Existenz einer Art mythischer Überwelt, einer Urzivilisation, von der alle anderen Kulturen herrühren sollen. Dies ist ein Lieblingsgedanke mythenbesessener Vorgeschichtstheoretiker, falls sie diese »Super-Urzivilisation« nicht lieber gleich auf einen anderen Stern verlegen, wie Elizabeth Gould-Davis oder Erich von Däniken.

Die Ausbreitung der Urzivilisation denkt man sich in Form einer Diffusion: wie eine Amöbe, ein einzelliges Lebewesen, sich langsam von da nach dort bewegt, hin und wieder Essbares oder Feindliches umfließt und auflöst und hin und wieder sogar durch feinmaschige Membranen oder andere Grenzen sickert. Daher nennt man diese Vorstellung von der Ausbreitung von Kulturen »Diffusionstheorie«.

Das mythische Ur-Utopia des Nationalsozialisten Herrmann F. Wirth war eher in Richtung Island oder Grönland zu finden, die Verfechter der Atlantis-Theorien suchen es in den Tiefen des

Atlantiks oder gar rund um das kleine Felseiland Helgoland. Doch gleich ob vom anderen Stern oder aus Helgoland: Das mythische Utopia war in den Augen dieser Autoren auf jeden Fall besser als alle anderen Kulturen, seine Darstellung schloss meistens die Abwertung anderer Orte und Kulturen mit ein. Abwertungen, die man leicht übersehen kann, wie zum Beispiel folgende Formulierung Joseph Campbells: »Es ist kein Zweifel, dass, wie unaufgeklärt die halbnackten australischen Wilden uns auch erscheinen mögen, in ihren Zeremonien ein uraltes System geistiger Unterweisung in unsere Zeit hineinragt ...«[43] Diese »weitverstreuten Zeugnisse«[44] hätten sich verbreitet, wobei es »noch ungewiss« sei, »auf welchen Wegen und zu welchen Zeiten das Mythen- und Kulturgut der verschiedenen archaischen Zivilisationen sich bis in die entferntesten Winkel der Erde ausgebreitet haben mag. Fest steht jedoch, dass nur wenige, wenn überhaupt welche, von den so genannten primitiven Kulturen, die unsere Ethnologen untersucht haben, autarke Bildungen darstellen. Vielmehr sind sie durch lokale *Anpassung*, provinzielle *Degeneration* und uralte *Versteinerung* von Sitten entstanden, die in ganz anderen Ländern oft unter viel komplizierteren Umständen und von ganz anderen Rassen entwickelt wurden.«[45]

Wo nun Campbells mythisches Ur-Utopia genau zu finden ist, lässt sich seinen Texten schwer entnehmen. Er neigt zur Diffusionstheorie des »Ex oriente lux«: Danach hätten sich Ackerbau und andere zivilisatorische Ereignisse kontinuierlich aus den Hochkulturen des Nahen Ostens in die weniger entwickelten Gebiete Europas oder Fernasiens ausgebreitet.[46] Auf jeden Fall ist seine Utopievorstellung eng mit dem Kosmosgedanken und gleichzeitig mit innerpsychischen Vorgängen und archetypischen Vorstellungen verknüpft, die als überzeitlich gelten. Sie sind »nicht nur in allen Ländern und Inseln zu finden ... sondern auch in den Überresten der archaischen Zentren unserer Art von Zivilisation. ... ein Vergleich der Gestalten des australischen Ritus mit denen, die uns aus höheren Kulturen vertraut sind, zeigt wohl, dass die großen Themen, die zeitlosen Archetypen und ihre Wirkung auf das Gemüt unverändert sind.«[47]

## Der Mythen-Import

Joseph Campbells Vorstellungen spielten und spielen in den modernen Spiritualitätsbewegungen eine große Rolle. Die vielfältigen Unterschiede der Ethnien, die historischen Entwicklungen, denen auch »primitive Stämme«[48] unterliegen, das rasant weite Spektrum menschlicher Gesellungsformen sind hierbei genauso unwichtig wie der unterschiedliche Gang der Geschichte in den Weltregionen selbst – alles lebt vom gleichen »Monomythos«. Geht man von der Gleichheit der Symbole, ihrer Kontinuität quer durch alle Zeiten und Räume aus, so spielt es keine Rolle, wann und wo ein Ritual stattfindet und auf wen es wirken soll. Um es noch deutlicher zu machen: Nach dieser Vorstellung könnte man einen Liebeszauber der Inuit genauso gut in Berlin am Wannsee wirken lassen wie im Himalaya. Wer immer Liebesprobleme hat, wird dadurch geheilt werden. Man kann rituell eine Schlange tanzen lassen, und jeder Betrachter des Schlangentanzes empfindet, archetypisch angeregt, das Gleiche: egal, ob er ein Indianer ist, ein mittelalterlicher Mönch oder eine irische Hausfrau.

Riten und Glaubensinhalte werden so transportabel. Man importiert indianische Rituale nach Essen und Bottrop, indische Erleuchtungen nach New York oder Chicago, schamanische Heilweisen nach Lanzarote. Wie einst imperialistische Reiche Sklaven, Wolle und Bernstein aus aller Herren Länder nach Rom oder Byzanz sogen, saugen heute insbesondere die modernen westlichen und reichen Gesellschaften Riten und Mythen aus aller Welt in ihre von Sinnkrisen gebeutelten Metropolen. Ein aktuelles Beispiel hierfür ist auch wieder Clarissa P. Estés' *Die Wolfsfrau*.

Individuelle Ängste und Wünsche, Bedürfnisse und die Träume von Menschen bedeuten angesichts der Macht mythischer Bilderwelten nichts. Ganz im Gegenteil: Der Mythos, der gewissermaßen aus einem überzeitlichen Kosmos hereinströmt, legitimiert sogar sexuelle Gewalt oder den rüden Umgang mit Kranken. Auch Kriege sind bei Joseph Campbell nur überzeitliche Auseinandersetzungen mit einer Vaterwelt.

Dass man auch anders über solch heikle Themen wie Mythen, Menschenopfer und Heldentaten schreiben kann, zeigt das Beispiel des Autors Hyam Maccoby, der in seinem Buch *Der heilige Henker* die Genese des Menschenopfers in ur- und frühgeschichtlichen Gesellschaften abhandelt. Hyam Maccoby beschreibt solche Opfer als Riten, um Unheil vom Stamm oder Volk abzuhalten. Solche Opfer schaffen jedoch Schuldgefühle, mit denen die Gemeinschaft dann umgehen muss. Die nachträgliche, gewissermaßen redaktionelle Bearbeitung des Rituals führt zu den seltsamsten Darstellungen in Sagen und religiösem Schrifttum. Da wird aus dem Menschenopfer ein Unfall, ein Brudermord im Affekt oder Ähnliches, der Henker zum Sündenbock oder eben zum Heiligen. Ganz eindeutig ist das Menschenopfer bei Hyam Maccoby eine alte Ritenform, die im Zuge der Emanzipation eines Stammes oder Volkes zurückgenommen wird, ausgetauscht gegen Tier- und Pflanzenopfer, bis hin zum geistigen Opfer der Gebete und Gesetze. Diesen Humanisierungsprozess stellt Hyam Maccoby am Beispiel der kleinasiatischen Mythen sowie der jüdischen Religionsgeschichte dar. Das gewissermaßen erneute Aufleben des Menschenopfers mit der Kreuzigung Jesu und dessen Vergöttlichung durch die christliche Religion ist ein Rückgriff auf ältere Formen. Seine Folgen waren für das jüdische Volk – das seitdem gewissermaßen als »Henker Jesu« beschimpft und verfolgt wurde – katastrophal.

Nirgendwo findet sich bei Hyam Maccoby eine ausgesprochene oder auch unbewusste Sympathie für dergleichen mörderische Riten oder für andere Gewalttaten wie Mord, Vergewaltigung, Kindstötung usw., die in den Mythen und religiösen Erzählungen vorkommen. Seine Art zu schreiben zeigt eindeutig die Distanzierung und Verurteilung der in den Mythen dargestellten gewalttätigen Riten und Gebräuche. Sein Buch ist, ganz im Gegensatz zu den Werken Joseph Campbells und verwandter Autoren, ein Beispiel dafür, wie man das Thema Mythologie mit Distanz bearbeiten kann, ohne moderne Werte wie Demokratie, Aufklärung, »Friedlichkeit« und Gewaltabstinenz aus den Augen zu verlieren.

# Die Fehler der Mütter

## Der Mythos von der jungfräulichen Amöbe – Bertha Eckstein-Diener (Sir Galahad)

Bertha Eckstein-Diener (1874–1948) alias Sir Galahad könnte man als »Tochter« Johann J. Bachofens bezeichnen. Sie war die erste Frau, die sich zu Beginn des 20. Jahrhunderts mit der Matriarchatsforschung auseinander setzte. Sie bewegte sich im Dunstkreis naturverbundener Adeliger, deren Denken mehr von ihrem elitären Selbstverständnis als von politischen Überlegungen zur Industriegesellschaft geprägt war.

Wann Eckstein-Dieners Buch *Mütter und Amazonen* zum ersten Mal erschien, ist in der Sekundärliteratur strittig. Die Angaben schwanken zwischen 1920, 1929 und 1932.[1] Neben dem Pseudonym Sir Galahad verwandte Bertha Eckstein-Diener auch den Namen Helen Diner.[2] Ihr Sprachstil und ihre Schreibweise, ihre sprachlichen Bilder und Vorstellungen weisen die Autorin Eckstein-Diener als Zeitgenossin der von Expressionismus und Jugendstil geprägten Wende vom 19. zum 20. Jahrhundert aus.

*Mütter und Amazonen* ist eine politische Streitschrift für die Rechte der Frauen. Das Buch leitet die Reihe der Matriarchatstexte ein, die bewusst oder unbewusst verfasste feministische Manifeste in Form rückwärts gewandter Utopien darstellen: »Frei über die eigene Person verfügen ist Grund- und Urrecht im Frauenstaat.«[3]

Etwas mehr als fünfzig Jahre später sollte Heide Göttner-Abendroth die Matriarchatsforschung explizit zu einem Begriff mit politischer Zielsetzung machen.[4] Eine solche politische Sinngebung war übrigens zu Beginn des 20. Jahrhunderts nicht nur das Kennzeichen der damaligen »Alternativbewegung«, sondern allgemein akzeptierter Bestandteil von Wissenschaftsauffassungen und ihren Aufgaben in der Vorgeschichtsforschung.

## Parthenogenese und matriarchale Genies

Bertha Eckstein-Diener beginnt ihr Buch mit dem paradigmatischen Satz »Am Anfang war die Frau«[5], der etwa ein halbes Jahrhundert später zum Titel der deutschen Übersetzung von Elizabeth Gould Davis' *Am Anfang war die Frau* werden sollte.

In Eckstein-Dieners Schrift taucht gleich zu Beginn eine weitere Lieblingsidee der Neuen Frauenbewegung der siebziger und achtziger Jahre auf: die Parthenogenese.[6] Diese Art »Ur-Sie« ist von Anfang an gegeben, sie ist der nicht zu hinterfragende »Urgrund«, wie er sich – unterschiedlich ausgeprägt – in jedem autoritären und ideologischen Text findet. »Somit hat die Frau den Mann geschaffen, nicht umgekehrt. *Sie* ist das Gegebene, *Er* das Gewordene, *Sie* die Ursache, *Er* die Wirkung.«[7]

Dieses »Ur-Sie« ist nicht zu hinterfragen, sondern schlicht anzuerkennen: »Urphänomene sind nicht da, um erklärt, sondern um eingesehen zu werden. Eingesehen und nachwirkend wiedererkannt.«[8] Ein solches Erkennen ist nur Auserwählten möglich: »Animismus und unbefleckte Empfängnis gehören offenbar zusammen, sie kommen in ungezählten Abarten bei den meisten Völkern vor; jene aber, die durch ihre Rassenbeschaffenheit über ihn hinaus zu Mythenschöpfung und Hochkultur gelangt sind, haben an ihren Ursprung vorwiegend die Parthenogenese gesetzt, am kühnsten die Indoarier.«[9] Wie auch an zahlreichen anderen Stellen findet sich hier der von Gobineau geprägte Rassebegriff des 19. Jahrhunderts in Eckstein-Dieners Arbeit. Das »Mutterrecht« ist aber in ihrer Auffassung nicht an eine bestimmte Rasse oder an eine Epoche gebunden, sein »symbolischer Lebensstil« kann für »beinahe jede Zeit gelten ... weil ›Mutterrecht‹ ... an eine bestimmte Seelenlage gebunden zu sein scheint«[10].

Medium der Erkenntnis dieses »Mutterrechts« ist die Intuition: Der Intuitive forscht, wie Eckstein-Diener es am Beispiel Johann J. Bachofens darstellt, in »monumentaler Geschlossenheit«[11]. Hier stimmt Bertha Eckstein-Diener das Hohelied auf den »genialen Außenseiter«[12] an und vertritt den klassischen Geniebegriff: Der geniale Solist hat Gegner, denn sie gehören zum Bild des einsam forschenden, von aller Welt negierten Genies dazu. Für Bertha Eckstein-Diener sind die »Gelehrten« die Gegner des »Tiefenforschers«, der »Seher« und »Denker« in einer Gestalt ist. Sie sind nicht fähig, seiner Intuition zu folgen und wenden sich »gereizt und beleidigt« ab.[13]

Milder als bei späteren Autorinnen und Autoren besteht bei Eckstein-Diener das Äußerste an Stilisierung der eigenen Person in der Identifikation mit dem Helden der Artussage Galahad und der Verwendung des Titels »Sir« in ihrem Pseudonym. An die Stelle der für eine Frau verbauten Selbstüberhöhung, die man jedoch in der zweiten Hälfte des 20. Jahrhunderts bei anderen Autorinnen finden kann, tritt die schwärmerische Beschreibung Johann J. Bachofens und seiner Methode: »Dieser weiche, korpulente Basler Patrizier mit dem wunderschön geschwungenen Kindermund, einem Dutzend Millionen Schweizer Franken, einer Professur für Römisches Recht, vielen Ehrenstellen und einer fast unbegreiflichen Wissenskraft ...«[14]

## Intuition statt Wissenschaft

Das Material der umfassenden, intuitiven Schau sind die Mythen. Große Archäologen wie Arthur Evans oder Heinrich Schliemann machten vor, dass das »Real-Nehmen« der alten Sagen durchaus zu Ergebnissen führen kann: »Wer Solides finden will, gräbt Mythenkerne aus.«[15]

Die Ablehnung von wissenschaftlichen, rationalen, kritischen Forschungsmethoden scheint so alt zu sein wie die Aufklärung selbst. »Damals, zwischen 1860 und 1890, waren die Leute durch die Aufklärung so verdummt, daß jeder Versuch, irrationale Daseinsformen an ihrer eignen irrationalen Quelle zu erfassen, für ›Fiebergesichte‹, ›höherer Blödsinn‹ galt. Als Diktator gebot jener fanatische Flachsinn, dem Erklärungen so leicht fallen, weil er gar nicht mehr dahin gelangt, wo die Probleme erst beginnen.«[16]

Durch ihre Disqualifizierung einer sicher auch möglichen Extremposition wissenschaftlichen Denkens verfällt Bertha Eckstein-Diener selbst automatisch in die andere Extremposition ihrer mythenanalytischen Methode. Diese äußert sich vor allem in ebenjener expressionistischen, beinahe atemlosen Sprache, die Kennzeichen des Expressionismus ist. Expressionistische Schriftsteller vertraten irrationale Ausdrucksformen und beklagten den allgemeinen Zerfall der Sprache, andere steigerten sich in höchst artifizielle Arbeitsweisen hinein und entwarfen ästhetisch stark stilisierte Bilder oder Texte.

Als Tochter ihrer Zeit blättert Bertha Eckstein-Diener beinahe alle Elemente vorrationaler Denkweisen und Erklärungsmuster vor uns auf, wie sie dann in der zweiten Hälfte des 20. Jahrhunderts wiederzufinden sind – sowohl bei den feministischen Matriarchatsforscherinnen als auch bei etablierten Ur- und Vorgeschichtsautoren. Eine davon ist die Wissenschafts- beziehungsweise Rationalitätsfeindlichkeit: »Wer in die Rätsel der Mutterreiche auch nur hineinahmen will, wird gut tun, alle verständlich banalen Denkketten draußen zu lassen.«[17]

Ihre anschließende, sehr kritische Auseinandersetzung mit dem Primat der »objektiven« Wissenschaft könnte, auch in ihrer Modernität, aus einer wissenschaftskritischen Abhandlung der Frauenbewegung der siebziger oder achtziger Jahre stammen: »Wo dieser Graue-Hirnrinden-Fanatismus aber nicht hinter dem Stacheldraht seiner Gleichungen bleibt, wirkt sich eine grandiose Einseitigkeit für die Sinngebung des Gesamtlebens notwendig tragisch aus, wie in der Astronomie mit ihrer Leere, Öde und Bezugslosigkeit zum übrigen Dasein.«[18]

Dass man das den prähistorischen Menschen unterstellte magische Bewusstsein in solch wissenschaftlich-pragmatischer Art und Weise »durch das Ablesen der Zahlen von Meßinstrumenten«[19] nicht nachvollziehen könne, war einer der Grundgedanken des Prähistorikers Herbert Kühn. Die Konstatierung einer solchen Unmöglichkeit prägte seine Auffassungen von wissenschaftlichem Arbeiten vor, während und nach der Zeit des Nationalsozialismus.

Der Prähistoriker Ernst Wahle, der kontinuierlich durch alle Wirren der ersten Hälfte des 20. Jahrhunderts hindurch einen Heidelberger Lehrstuhl besetzte, bezeichnete noch in den fünfziger Jahren systematisches Klassifizieren als »Entseelung« des Fundstoffes.

## Rassen, Symbole und das lunare Weltbild

»Geht eine Rasse von der einen zur anderen über, so schlägt der ganze Fächer symbolischen Lebensstils zugleich um; der Kosmos wechselt vom Sternenzelt bis zur kleinsten Handreichung. Dies gilt mit kleinen Abweichungen so recht für den größten Teil und beinahe für jede Zeit ...«[20] Diese umstürzlerischen Prozesse sind laut Eckstein-Diener an den »Symbolen«, die als »Schlüsselfiguren zum gesamten schöpferischen Weltbild« dienen, abzulesen. Symbole, beispielsweise ein Stab in der Hand eines Gottes, sind nicht nur Attribute, sondern der »Zauberkern, aus dem sie selber kommen«.

Alle Religionen, Kultur und Kunst, Mythen und Bräuche nennt Bertha Eckstein-Diener »freigewordene Energie der zerfallenden Ursymbole«, Götter und Musik stammen gleichermaßen aus dem urweiblichen Einen, selbst Mythen fassen nicht dieses weibliche Weltalter, das, ihrer Meinung nach, in vielen Kulturen durch das Bild des Eies symbolisiert wird.[21] Dieser Gedanke eines sich ausfaltenden Ur-Einen, dessen Ausdifferenzierung dann den Fortgang und die Entwicklung durch die Zeiten spiegelt, findet sich als Grundidee etwas später auch in den Arbeiten Marie Königs, wenn auch nicht mit dieser urweiblichen Konnotation. Bei Sir Galahad heißt die Methode »psychische Paläontologie«[22].

Auch Bertha Eckstein-Diener benutzt – wie viele Autorinnen und Autoren vor und nach ihr – jene rhetorische Floskel, die all diejenigen als ungebildet, uninformiert und nicht auf der Höhe der Zeit hinstellt, die sich nicht ihrer Lehrmeinung als Autorin anschließen: »So oder so gesehen: An der Existenz und grundlegenden Bedeutung des Matriarchats zweifelt wohl heute bei uns kein Einsichtiger mehr, und von je war es selbst unter streng vaterrechtlichen Rassen, wie etwa den Chinesen, wohlbekannt.«[23]

Ebenso rechtfertigt Eckstein-Diener bereits im Vorhinein den Mangel an Literaturnachweisen in ihrer Arbeit. Ein Gestus, der bei vielen Matriarchatsforscherinnen, die dann ab den siebziger Jahren wieder aufgelegt werden, ebenfalls weit verbreitet ist: »Auf ausführliche Anmerkungen und Bibliographie musste leider verzichtet werden. Die Aufzählung sämtlicher benützter Quellenwerke, Zeitschriften, Artikel, Papyri, Broschüren aus verschiedensten Gebieten, alle nötig, um diese weibliche Kulturgeschichte zu ergeben, hätte das Buch, bzw. den Preis ungebührlich aufgeschwellt.«[24] Wobei Eckstein-Diener im Anschluss daran immerhin Johann J. Bachofen und Robert Briffault als wichtigste Ideengeber benennt. Verifizieren lassen sich solchermaßen quellenlose Darstellungen trotzdem nicht.

Nach dem weiblichen Urgrund, der Parthenogenese und dem magischen Handeln findet man auch das Thema Mondsymbolik bei Bertha Eckstein-Diener wieder.[25] Der Mond ist der »Lieblingsbrocken« im Kosmos fast aller Matriarchatsforscher und -forscherinnen, von Herbert Kühn bis Marie König.

## Magie und Manipulation

Ein weiteres Motiv der nachfolgenden Matriarchatsforschung besteht im »magischen Handeln«: »Das Weltei ist durchpulst von einem seelennährenden Allfluid; jedes Wesen da drinnen wirkt auf das andre mit einer uns unvorstellbar ziehenden Kraft, wie sie vielleicht ungeborene Zwillinge aneinander spüren.«[26] Hier liefert Bertha Eckstein-Diener immerhin eine Erklärung dafür, warum Magie und Zauber funktionieren. Heide Göttner-Abendroth bleibt diese nämlich in ihrer Arbeit zur »matriarchalen Ästhetik« schuldig.[27] Ansonsten ähneln sich die beiden Beschreibungen des magischen Handelns, der Magie »als Erfahrungswissenschaft«[28], sehr. »Magie ist Besitzergreifung der

Umwelt nur mit anderen Mitteln«[29], so Eckstein-Diener. »Magie ist ein Eingriff in die Realität mithilfe von Symbolen ... versucht auf magische Weise die Natur zu beeinflussen und zu bewegen ...«[30], so Göttner-Abendroth. Im Unterschied dazu oder auch in fataler Weiterentwicklung dessen lässt Göttner-Abendroth aus einem solchen Magiebegriff, der letztlich menschliches Einwirken auf die Natur beschreibt, eine Art strategischen Magiebegriff erwachsen, dessen agitatorische Bedeutung nicht unterschätzt werden sollte. Göttner-Abendroth entwickelt ihre »moderne Magie« als klare Handlungsanweisung, auf sich selbst oder auch auf andere Frauen einzuwirken und eine Sozialstruktur aufzubauen, die man meiner Ansicht nach als autoritär beschreiben könnte. Das Hohelied auf die Magie ist immer auch das Hohelied auf nicht-rationale und damit unkontrollierbare Manipulationen von Natur oder Mensch.

## Wo sind die Amazonen?

Für Beurteilung eines Textes ist nicht nur interessant, was er anspricht, sondern auch, was *nicht* in ihm erwähnt wird, obwohl es vom Thema her eigentlich hineingehören würde: seine Auslassungen. So kommt das Thema Sexualität bei den Matriarchatstexten aus der ersten Hälfte des 20. Jahrhunderts meist nur verschleiert, marginal oder überhaupt nicht vor. Dies ist aus der Thematik heraus verständlich: Denn entweder hätten sich die Autorinnen und Autoren mit der Schlussfolgerung auseinander setzen müssen, dass in reinen Frauenreichen die lesbische Liebe die häufigste Form der sexuellen Beziehung hätte gewesen sein müssen. Oder sie sahen sich eben deshalb dieses heikle Thema vorerst gar nicht an. Außerdem hätte die Frauenliebe als verbreitetste Beziehungsform im Matriarchat auch eine gewisse Fortpflanzungsschwäche impliziert.

Das Matriarchale definiert sich aber eher über Mütter, Matronen und weibliche Fruchtbarkeit und die Fruchtbarkeit in der Natur allgemein, wie an folgendem Zitat Eckstein-Dieners deutlich wird: »Für eine magisch natursichtige Menschheit muss der priesterliche Wert der Frau hoch über dem Sexuellen stehen, beide bleiben an die Mutterimago in hohem Maß fixiert. Wer am längsten Weib ist, im Weibswesen aus Blut und Mondmagie, am erfahrensten, der herrscht. Also herrscht die *Matrone*.«[31]

Diesem Frauenbild widersprach selbstverständlich das Thema der Amazonen, das auch seit ihren Anfängen durch die Matriarchatsliteratur geistert. Es bereitete allen Autoren und Autorinnen – von Johann J. Bachofen über Bertha Eckstein-Diener und Elizabeth Gould-Davis bis hin zu Josefine Schreier – sichtliche Mühe, ihr hehres, religiös definiertes Frauen-Mutter-Bild mit der Idee weiblicher und relativ selbstbestimmter, kriegführender, eventuell gar lesbisch lebender Reiterinnenvölker, wie sie in lateinischen und griechischen Quellen erwähnt werden, in Einklang zu bringen. Die modernen Lebenshilfebücher für Frauen, wie *Die Wolfsfrau*, machen ebenfalls einen großen Bogen um dieses unangenehme Thema. Auch Matriarchatstheoretikerinnen wie Carola Meier-Seethaler ist diese Frage in ihrer »dissidenten Kulturkritik« *Ursprünge und Befreiungen* kein einziges Wort wert.

Das Bild der Amazonen widersprach schließlich auch sehr dem Frauenbild der Jahrhundertwende und auch noch dem der fünfziger Jahre. Für Bertha Eckstein-Diener annullierte das Amazonentum das ursprünglich abgespaltene männliche Prinzip wieder, indem es dessen Eigenschaften in sich aufnahm. Folgt man dieser Logik konsequent, hätte es diese Amazonen auch schon beim ur-einen Weltei geben müssen.

## Die zeitlose Frau

In ihrem Abschlusskapitel »Die zeitlose Menschheit« beschreibt Bertha Eckstein-Diener ihr utopisches Frauenbild, das nahtlos an ihren Anfangssatz »Am Anfang war die Frau« anschließt. Sie vertritt einen anti-evolutionistischen Standpunkt und will nicht »von fadenförmiger Vorwärtserei einer hypothetischen ›Menschheit‹ reden, nur damit jeder Spätere sich automatisch als der Überlegene fühlen dürfe ...«[32] Gegen eine solche Ablehnung wertenden Verhaltens, das sich selbst zum Maßstab aller Dinge macht, ist zunächst nichts einzuwenden. Auch die nachfolgenden Bemerkungen klingen liberal und modern-aufgeklärt: »jeder Versuch, die eine wertend über die andre herauszuheben zwecks Konstruktion eines ›Aufstiegs‹, fällt somit dahin«[33].

Vor dem Hintergrund der postulierten Ur-Weiblichkeit jedoch, ist dies nur die Haltung der sich überlegen Heraushaltenden. Weder das »Faustische« noch das »Proletarisch-Technische« führen für Bertha Eckstein-Diener die Menschheit weiter[34], auch »männliche Revolution oder männliche Gegenrevolution, männlicher Kommunismus wie männlicher Faschismus«[35] führen zu keiner wirklichen Veränderung in der Welt, nur zu mehr Macht für Männer. Selbst das Modell der Kulturkreislehre, die davon ausgeht, dass Kulturen Lebenszyklen wie individuelle Menschen durchlaufen, bildet nur die Schale um einen innersten, über allem stehenden Kern:

»Durch alle Schichten des Organischen, so lange es noch ein solches gibt, aber wirkt schicksalhaft die primordiale Weibsubstanz hindurch, denn, wie es am Anfang dieses Buches hieß: Von den beiden geheimnisvollen Grundformen, in denen das Lebendige, bald hadernd, bald verschlungen, bald sehnsuchtsvoll entzweit durch die Zeit stürzend, sich aneinander entfaltet, ist das Weibliche älter, mächtiger, urtümlicher. In magischer Weltzeit als Mutter das Tiefenerlebnis des Mannes, ragend aus Urwelträumen bis hoch in die persönliche Schicht jedes Einzeldaseins hinein, hat die richtige Ablösung von ihr das Schicksal ganzer Rassen bestimmt. Doch Allgestalterin, bleibt sie auch selber immer neuer Ausdrucksformen fähig, erschien in heroischem Äon als amazonischer ›Tochtertyp‹, weil alles Lebende den Zeitcharakter an sich tragen muss.«[36]

(Ich habe hier so ausführlich zitiert, um einmal ein vollständiges Beispiel von Bertha Eckstein-Dieners Schreibweise zu geben. Der Anthroposoph Rudolf Steiner, Sir Galahads Zeitgenosse, hätte es nicht schöner ausdrücken können.)

So kann für Bertha Eckstein-Diener auch nicht mehr die matriarchale Matrone Leitfigur einer neuen Zeit sein. Für sie ist die »zeitlose Frau« die Repräsentantin des Ur-Einen, Weiblichen: »Zeitlose Frauen sind Wesen im Abschnitt jener Jahrzehnte, die das sprunghaft verlängerte Leben jetzt jenseits der Jugend seinen Erwählten fast ungebeten zumißt«[37] (zu Deutsch wohl: die Jahre nach dem Klimakterium). Die »zeitlose Frau« hat eine tief sitzende Abneigung gegen Büros, »eine ›Bürophobie‹«, die zu den »wertvollsten weiblichen Instinkten« gehört.[38] Die hiermit implizierte Ablehnung auch der politischen Entscheidungssphären hat Sir Galahad und damit ihre »zeitlose Frau« mit ihrer etwa siebzig Jahre jüngeren Ur-Urenkelin, der »Wolfsfrau« Estés, gemeinsam.

Bertha Eckstein-Diener hatte in den zwanziger Jahren zum Thema Matriarchat bereits alles gesagt. Sie nahm auch sämtliche Formen der rhetorisch-politisch-matriarchalen Rechthaberei genial vorweg: »Die Elite dieser ›*zeitlosen* Menschen‹ aber hat zu überbrücken, was jetzt droht: die ›*menschenlose* Zeit‹.«[39] Warum wurden dann mehr als ein halbes Jahrhundert später trotzdem so viele Matriarchatsbücher geschrieben?

## Frauen als höhere Rasse – Josefine Schreier

Die Österreicherin Josefine Schreier (1899–1962) war Fotografin und Assistentin an der Graphischen Lehr- und Versuchsanstalt in Wien. Sie lebte bis 1938 mit ihrer Familie in dieser Stadt und emigrierte über die Schweiz in die USA, nachdem sie ihren Mann im Dezember 1938 gerade noch aus dem Konzentrationslager Buchenwald freibekommen hatte. Angeregt insbesondere durch die Arbeiten von Johann J. Bachofen und Bertha Eckstein-Diener begann sie in den USA an ihrem Buch *Göttinnen* zu arbeiten. 1965 mit einer Auflage von 500 Exemplaren erstmals erschienen, wurde es 1977 wieder aufgelegt.

### Die Ahnen und die Mythen

Im ersten Teil ihrer Arbeit legt Josefine Schreier ihre Methodik dar, die insbesondere darin besteht, aus Mythen urgeschichtliche Verhältnisse zu rekonstruieren. Als Kriterien dafür, welche Mythen denn nun in welcher Art diese Urgeschichte widerspiegeln, verwendet sie psychologische Theorien, »um zu entscheiden, was sich wirklich abgespielt hat«. Schreier fasst die Mythen als »Tatsachenberichte über das Schicksal und das Handeln unserer Urahnen«[1] auf, womit sie sich in der Tradition klassischer Archäologen der Jahrhundertwende, allen voran Heinrich Schliemann, sieht, außerdem selbstverständlich in derjenigen von Autoren wie Robert von Ranke-Graves oder Joseph Campbell. Mit der Annahme, psychologische Theorien könnten Aufschlüsse auch über mythische Texte geben, steht Schreier in den späten fünfziger und frühen sechziger Jahren nicht allein da.

In der Wendung »unsere Urahnen« findet sich ein Gestus, der typisch für das autoritäre Überzeugungsschreiben ist: Man will die Rezipienten der Abhandlung, der Rede, des Vortrags mit auf seine Seite ziehen. Die erste Person Plural, das umfassende Wir, suggeriert unterschwellig die Gemeinsamkeit von Autor und Rezipient.

Die Inhalte und Ergebnisse der Prähistorie, insbesondere der Urgeschichte des Älteren Paläolithikums, der Altsteinzeit, waren Mitte der fünfziger Jahre sicher nicht auf dem gleichen inhaltlichen Niveau wie heute. Dennoch gab es eine Menge fachwissenschaftliche Literatur in Europa und den USA, die wesentliche Informationen zur Ur- und Frühgeschichte der Menschen darstellten. Seit etwa der Mitte des 19. Jahrhunderts machte man sich durch Ausgrabungen, das Ordnen bestehender Sammlungen sowie die Ausarbeitung relativer und absoluter Chronologien ein Bild von den Lebensweisen der Menschen, beginnend mit ihren ersten aufrechten Schritten im Altpaläolithikum (älteste Altsteinzeit), über die Wildbeuterzustände im Jungpaläolithikum (jüngere Altsteinzeit) bis hin zu den Ackerbaugemeinschaften des Neolithikums (Jungsteinzeit) und den Metallzeiten.

Insofern stellt der Absatz, mit dem Josefine Schreier den Abschnitt »Mythen« beginnt, ein recht beeindruckendes Zeugnis für eine Unwissenheit dar, die nicht mal durch die ansonsten innerhalb feministischer Texte beliebte Ablehnung von Rationalität oder Wissenschaftlichkeit legitimiert ist: »Wenn wir wissen wollen, wie einst unsere Ahnen ihr tierisches Wesen ablegten und zivilisierte Menschen wurden, können wir dies nur aus den Mythen über diese Vergangenheit erfahren. Die Mythen sind das wichtigste Material, aus dem wir die Rückschlüsse über die Urzeit ziehen.«

## Göttinnen

Im Folgenden beschreibt Josephine Schreier anhand von ägyptischen, sumerischen und griechischen Mythen die Göttinnen als vor Göttern und Menschen zuerst da gewesen, als intellektuell überlegene Erfinderinnen und politisch mächtige Zentralfiguren. Dynamik kommt in dieses Modell durch den Streit zwischen Göttinnen und Göttern, versuchen Letztere doch, wie griechische Mythen und ethnologische Berichte aussagen, ihre eigene Nachkommenschaft zu vernichten.

Nach James Frazer, Johann J. Bachofen, Bertha Eckstein-Diener, James Harrison und Wilhelm Schmidt spiegeln die Mythen das »Matriarchat« als soziale Organisation wider[2]: »Es wird heute ganz allgemein angenommen, daß die Verehrung der Göttinnen der Verehrung von Göttern vorausging, und wenn wir das heute auch anerkannte Prinzip der ›Widerspiegelung‹ der herrschenden sozialen Ordnung in der Mythologie annehmen und anwenden, so müssen wir zu dem Schluss kommen, dass es die Frauen waren, die in der Urzeit auch die politische Macht besaßen.«[3]

Wendungen wie »es wird heute ganz allgemein angenommen« oder »das heute anerkannte Prinzip« suggerieren der Leserin bzw. dem Leser einen allgemeinen Konsens als eine unsichtbare, nicht zu hinterfragende Autorität. Wer darüber nicht Bescheid weiß, hat eine wissenschaftliche Entwicklung verpasst und ist somit aus diesem allgemeinen Wissenskonsens ausgeschlossen. Und wer ist schon gern ausgeschlossen? Dass es hier um Ausschluss versus Zugehörigkeit geht, signalisiert das erneute Wir einige Zeilen weiter unten, die erneute Vereinnahmung der Rezipienten. Ein solcher Bezug auf eine nicht benannte, vage Gemeinsamkeit, einen allgemeinen Wissenskonsens, an dem der Leser teilhat oder nicht, ist ein häufig verwendetes Element autoritärer »Überzeugungstexte«.

Die von Schreier aufgeführten Referenzautorinnen und -autoren gehören, bis auf den Ethnologen und Missionar Wilhelm Schmidt, in das Umfeld jener Schreiber, die sich in ihren Analysen vor- und frühgeschichtlicher Gesellschaften auf Mythen oder andere Texte (Bachofen: Gesetzestexte) beziehen.

## Vom Schädelbau der Frau

Wie kommt es nun zu dieser Überlegenheit der Frauen, zur ihrer Herrschaft »am Anfange der Zivilisation«[4]? Bei der Beantwortung dieser Frage greift Josefine Schreier in den Fundus der Anthropologie. Ein »Fachmann« übersendet ihr Schädelzeichnungen von jungpaläolithischen Ausgrabungen im tschechischen Predmost und schreibt dazu: »Unter den typischen Frauen der Predmost-Rasse (in Mähren) sprang die Stirne weniger zurück als unter den Männern und die Überaugenwülste waren schwach entwickelt ...«[5] Schreier führt, in gewohnter Weise unhinterfragbaren Autoritäten hinterherschreibend, weiter aus: »Die Anthropologen sprechen mit Recht von einer inferioren und superioren Rasse, je nachdem der Schädelbau mehr oder weniger dem eines Tieres als eines Menschen ähnlich ist.«[6]

Ein Griff in die Ethnologie bringt einen weiteren Beweis dafür, dass Frauen anscheinend von einem »höheren Typus« sind als Männer. Dazu bietet die widerspiegelnde sumerische Mythologie selbst Hinweise auf »tierähnliche Menschen«[7]. Schreier verschwendet keinen Gedanken daran, dass Mythos auch die Geschichtsschreibung von Siegreichen und Herrschenden sein kann, oder daran, dass Besiegte oder Beherrschte in der Geschichte oftmals zu »Tieren« erklärt wurden, um sie ihrer menschlichen Rechte zu berauben.

Die Autorität der »allgemeinen Meinung« unterliege Schwankungen. Vermutete diese »vor nicht allzu langer Zeit« eine Entwicklung vom »Affenmenschen« zum »gegenwärtigen Menschen«, so »ist man heute mehr geneigt anzunehmen«, dass Affenmenschen und Menschen gleichzeitig lebten.[8] Dies belegt Schreier mit dem Zitat eines Zitates aus einem Artikel der »New York Times«, der über altsteinzeitliche Befunde in Israel und im Irak berichtet. Nach damaliger Terminologie deuteten die Skelettbefunde darauf hin, dass sowohl Menschen des modernen Typus (Homo sapiens sapiens) als auch Menschen älteren Typus (Homo sapiens neandertaliensis) zeitgleich die dortigen Höhlenfundplätze besucht hatten.[9] Schier atemberaubend ist der Schluss, den Josefine Schreier, damit in der Tradition der ersten Hälfte des 20. Jahrhunderts stehend, aus diesem Bericht zieht: »So dürfen wir schließen, dass überlegene, herrschende Frauen einer anderen Rasse angehörten als die Männer, die ihnen untertan waren.«[10]

Es gibt, wie man sieht, tatsächlich eine Tradition rassistischen Schreibens, die sich bis in unsere Gegenwart mit ihren biologistischen Konzepten hineinzieht. Das Buch *Göttinnen* von Josefine Schreier lässt sich mit gutem Grund als rassistisch bezeichnen, auch nach den Maßstäben der siebziger Jahre.

## Kannibalen und der »totale Krieg«

Anhand der Amazonenmythen sowie der in verschiedenen Regionen auftretenden unterschiedlichen Sprachen von Frauen und Männern gibt Schreier weitere Beispiele der Macht und Stärke von Frauen. Mythen über Kinder verschlingende Götter oder Berichte wie jener über den Kindermord zu Bethlehem verwendet sie, um eine Art »›totalen‹ Krieg« zwischen diesen unterschiedlichen Stämmen anzunehmen. In dessen Verlauf schlachtet der siegreiche (Männer-)Stamm die Männer und Jungen des unterlegenen (Frauen-)Stammes ab und führt jene in die Gefangenschaft. »Die Frauen blieben allein zurück und bildeten Frauengemeinschaften oder sie wurden in den siegreichen Stamm aufgenommen und gewannen dank überlegener Intelligenz, wenn sie einer höheren Rasse angehörten, die Herrschaft.«[11]

Die Vernichtung der Männer im »Frauenstamm« und die daraus folgende »Erziehung« der Sieger durch die eroberten, aber überlegenen Frauen führt, laut Schreier, zu drei verschiedenen Kulturformen: der »Gynaikokratie«, die in etwa dem vorher beschriebenen Matriarchat entspricht, den »Amazonen«, die für Schreier nur eine vorübergehende Erscheinung sind[12] und der »Frauenkultur«, in der Frauen Männer erziehen und die Herrschaft mit ihnen teilen.[13]

Aus diesen gesellschaftlichen Zuständen folgt zuerst die Erhöhung der Männer und dann die Entstehung des Patriarchats. Zur Darlegung der Mechanismen dieser Entwicklung verwendet Schreier die zu ihrer Zeit aktuellen psychologischen Theorien, allen voran Sigmund Freuds Identifikationstheorie.

Man hört hier die Anklänge an Joseph A. Comte de Gobineau heraus, eine geistesgeschichtliche Traditionslinie, die Schreier möglicherweise sogar bewusst gewesen ist. Diese lässt sich allerdings genauso wenig sicher rekonstruieren wie die auffallende Parallelität zur bereits referierten »Kannibalentheorie« von Karl F. Wolff.

Eine andere, genauso beängstigende Traditionslinie entsteht durch ihre Verwendung des Begriffs »›totaler‹ Krieg«. Zwar setzt sie »total« in Anführungsstriche und signalisiert dadurch das Wort wohl als Zitat, trotzdem scheint sie nicht zu wissen, welchen Ausdruck der Nationalsozialisten sie da gebraucht. Seit seiner Verwendung durch Joseph Goebbels in seiner Sportpalastrede bedeutete er die Mobilmachung der gesamten Zivilbevölkerung für einen Krieg und nicht, wie bei Schreier, die Totalvernichtung einer gegnerischen Gruppe, ihr zufolge »gewiss eine häufige Erscheinung in der Urzeit«[14]. Josefine Schreier erweckt den Eindruck, dass es das Phänomen der Totalvernichtung einer gegnerischen Gruppe schon immer gegeben habe, was einer nachträglichen Verharmlosung gleichkommt.

## Mutation Mann – Elizabeth Gould-Davis

Das 1977 erstmals in deutscher Sprache erschienene Buch *Am Anfang war die Frau* von Elizabeth Gould Davis (1910–1974) gilt als eine Art Bibel der Neuen Frauenbewegung und des in ihr verorteten Matriarchatdiskurses. Sonja Distler, Brigitte Röder und andere Kritikerinnen betonen fast ein wenig erstaunt und mit akademisch hochgezogenen Augenbrauen seinen besonderen Stellenwert und seine Wirkungsgeschichte innerhalb der amerikanischen und der europäischen Frauenbewegung.

Worin sich Brigitte Röder und Sonja Distler sogar mit Kolleginnen von Elizabeth Gould Davis, wie Heide Göttner-Abendroth, einig sind, ist die Beobachtung, dass wohl keine andere feministisch-matriarchale Autorin in Vorgehensweise und Stil so nahe an »Kosmosautoren« à la Erich von Däniken herangekommen ist wie sie. Elizabeth Gould Davis hat einen ausgesprochenen Hang zu Katastrophenszenarien und »Sie-kamen-von-den-Sternen-Autoren«, aus deren Werken sie ohne Berührungsängste zitiert.[1] Aber selbst die Rezeption solcher Autoren hat der Wirkung ihres Werkes keinen Abbruch getan.

Elizabeth Gould Davis' rassistische Ausrutscher erschöpfen sich jedoch nicht allein in ihrer Glorifizierung eines blauäugig-blonden Herrinnengeschlechtes am Anfang aller Kulturen, Seefahrerinnen vom anderen Ende der Welt und sogar vom anderen Stern. Auch nicht in ihrem dramatisch negativen Männerbild. Letzteres ist Teil der Katastrophendiktion und gehört, wie man bei Autorinnen wie Gerda Weiler oder Christa Mulack sieht, zum »guten Ton« vieler feministischer Theoretikerinnen aus diesem Umfeld.

Viel gefährlicher jedoch als diese endlosen Schimpftiraden sind bei Elizabeth Gould Davis unauffällige, mal hier, mal da, scheinbar en passant verstreute Begriffe und Bemerkungen, wie: »die sonst amoralischen Primitiven«[2] oder: »Sicher konnte kein kinnloser, in Häute gekleideter Wilder mit vorspringenden Backenknochen dies erdacht oder geschaffen haben!«[3] Jenseits aller Männerfeindlichkeit lassen solche Einschübe auf eine tiefere, grundsätzliche Menschenverachtung oder -feindlichkeit, kurz Rassismus genannt, schließen.

## Die Katastrophe der Gegenwart und die minderwertigen Männer

Elizabeth Gould Davis' Ausgangspunkt ist, wie oft bei autoritären Schriftstellern, die Beschreibung der Katastrophe der Gegenwart, hier des Patriarchats. Wie bei vielen dieser Anklagen der gegenwärtigen gesellschaftlichen Missstände steckt auch in Gould Davis' Ausführungen oft sogar mehr als ein Körnchen Wahrheit, so dass die Leserin bei der Lektüre häufig nur bestätigend nicken kann. Auf diese Weise erweckt die Autorin den Eindruck, dass wohl auch ihre anderen Aussagen »wahr« sein werden, ja, dass das Glauben dieser Aussagen der erste Schritt aus der Gegenwartskatastrophe sei.

Über den gesamten Text verteilt und geballt im Schlusskapitel »Die Frau im Zeitalter des Wassermannes« findet sich die Darstellung von »Gewalt, Elend, Verwirrung und eine so ausgesprochen ideologische Einteilung der Gesellschaft in Schichten, wie sie in der Geschichte noch nie vorgekommen ist«[4].

Während kritische Gesellschaftstheorien, soziologische Untersuchungen usw. hierfür ein Geflecht von vielen Ursachen verantwortlich machen, benennt die autoritäre Theoretikerin nur *eine* Ursache für Elend und Verwirrung. Der Grund für all diese Missstände liegt nämlich darin, dass die Welt von Minderwertigen regiert wird: den Männern. Und es gibt auch nur *eine* Möglichkeit, dies zu verändern: »Das einzige Gegenmittel ist die Rückkehr zu den Werten des Matriarchates und die Wiederentdeckung des immateriellen Kosmos ...«[5]

Die Beschreibung der Minderwertigkeit von Männern durch Elizabeth Gould Davis würde jede moderne Geschlechtsdekonstruktivistin aufschreien lassen, so tief ist ihr Griff in den Fundus der Stereotypen von Frau und Mann: »Der Mann ist ein Feind der Natur: das Töten, das Roden, das Einebnen, die Verunreinigung und die Zerstörung sind seine instinktiven Reaktionen auf die ursprünglichen Erscheinungen der Natur, die er im Grunde fürchtet und denen er misstraut. Die Frau dagegen ist eine Verbündete der Natur, ihre Instinkte umfassen das Umsorgen, das Nähren, die Unterstützung gesunden Wachstums und die Einhaltung des ökologischen Gleichgewichts.«[6]

Dies ist übrigens nicht nur ein altes Klischee, sondern findet sich auch ganz aktuell, wie ich zeigen werde, in den Lebenshilfe- und Esoterikbüchern der Gegenwart, wie Clarissa P. Estés' *Die Wolfsfrau*, wieder. »Der Mann ist von Natur aus ein pragmatischer Materialist, ein Mechaniker, ein Liebhaber von Apparaten und Apparatismen ... Die Frau dagegen ist eine praktische Idealistin, eine Menschenfreundin mit einem stark ausgeprägten Sinn für ›noblesse oblige‹, eher eine Altruistin als eine Kapitalistin.«[7]

Da könnte man fast meinen, dass der Mann von einem anderen Stern auf diese unbekannte Erde gefallen ist. Diese statische Festschreibung geschlechtlicher Eigenschaften betont den Unterschied zwischen Frauen und Männern, vertieft Gegensätze und spricht jeglichen psychologischen oder pädagogischen Entwicklungstheorien zum Individuum Hohn.

Die Eigenschaften der Männer sind eindeutig negativ konnotiert, und so erstaunt die Charakterisierung ihres Wunderwesens Frau durch Gould-Davis nicht: »Sie hat die natürliche Begabung, die Führung der Gesellschaft und der Kultur innezuhaben, und dass der Mann sich ihre ureigene Autorität angeeignet hat, ist die Ursache für das außer Kontrolle geratene Chaos, das die Menschheit unaufhaltsam in die Barbarei zurück führt.«[8] In das gleiche Horn stoßen matriarchatsnahe Autorinnen auch Ende der achtziger und in den neunziger Jahren, zum Beispiel Christa Mulack und Angelika Aliti.

## Chaos-Chronologie

Die Frau ist dem Mann also ohne Zweifel überlegen. Was dann mit dieser Überlegenheit im Laufe der Menschheitsgeschichte geschah, bis man den gegenwärtigen patriarchal-desaströsen Zustand erreichte, breitet Elizabeth Gould Davis in einer Orgie aus Mythen, Biologie, Ausgrabungsberichten u.v.m. aus.

## 104 Die Fehler der Mütter

Entweder rezipiert sie dabei zeitgenössische Wissenschaften überhaupt nicht, wie man an ihrem statischen Geschlechtsrollenbild sehen kann, oder aber sehr ungenau. Auch wenn gerade die Chronologie im Rahmen der Entwicklung der Ur- und Frühgeschichte immer wieder starken Korrekturen unterlag: Zahlen wie die nachfolgend zitierten waren auch in den sechziger und siebziger Jahren keine wissenschaftlich anerkannten Daten mehr: »früheren Kultur vor Zehntausenden oder sogar Hunderttausenden von Jahren«[9], Geschichte Ägyptens 17000 oder 20000 Jahre vor Darwin«[10], »Venus aus dem Wildenmannlisloch vor siebzigtausend Jahren«[11], paläolithische Frauenstatuetten »vor fünfzigtausend Jahren«[12] und »vor 52000 Jahren die große Königin Basilea«[13], die Ordnung in der Welt schafft. Wie man ihren Anmerkungen entnehmen kann, nutzte Gould Davis durchaus damals aktuelle Ausgrabungsberichte und populärwissenschaftliche Darstellungen zur Vorgeschichte, in denen sie sicher gemäß dem Forschungsstand ihrer Zeit korrekte Chronologiesysteme gefunden hätte.[14] Es sieht aber so aus, als hätte sie diese nur verwendet, wenn das Ergebnis in ihr System passte.[15]

In der Einleitung zu *Am Anfang war die Frau* erfahren wir die drei Axiome ihrer Theorie:

1. Es gab vor allen anderen Kulturen eine älteste und diesen überlegene Kultur.
2. Frauen waren in dieser Kultur die treibende Kraft.[16]
3. Angst und Unbehagen des Mannes führten dazu, dass er »die Gesellschaft nach seinem eigenen Muster der Verwirrung und Zerstrittenheit neu formte«[17].

Elizabeth Gould Davis' Vorgehensweise, diese Axiome zu belegen, zeichnet sich vor allen Dingen durch eine fatale Gleichbewertung so unterschiedlicher Ansätze, Wissenschaften und Themengebiete wie der Anthropologie, der Ur- und Frühgeschichte, den diversen Atlantismythen, den »Kosmostheorien« usw. aus. Allerlei unerklärliche Phänomene der menschlichen Vorgeschichte werden in einen Topf geworfen, um die *eine*, alles erklärende Antwort zu finden. Das ist im Grunde genommen ein ähnliches Verfahren wie die Darstellung der Katastrophenszenarien der Gegenwart: Wer hält schon so viele Katastrophen und Geheimnisse aus? Ein Hoch auf den Autor, der uns die einfachste Lösung für all diese bewegenden Fragen anbietet![18]

Zwischen der »großen weltweiten Kultur«[19] und den weniger grandiosen Zuständen der Welt verläuft die Geschichte in Form einer Pendelbewegung, die exakt 1500 Jahre umfasst. Dies ist ein statisches und nicht evolutionäres Geschichtsverständnis, das man auch bei den Matriarchatsautoren aus den dreißiger Jahren, den Geschwistern Mathilde und Mathias Vaerting findet.[20] geografisch liegt diese Urkultur in der heutigen Antarktis. In diesem Punkt unterscheidet sich Elizabeth Gould Davis' Theorie nun doch von den Ansätzen des nationalsozialistischen Ideologen Hermann Wirth, für den das indogermanische Vergangenheitsutopia in Richtung Nordpol zu finden war.

Wie für viele Autoren des 19. Jahrhunderts, unter anderem auch für ihre Kolleginnen Josefine Schreier, Bertha Eckstein-Diener oder den Basler Juristen Johann J. Bachofen, sind auch für Elizabeth Gould Davis Mythen bare Geschichtsschreibung, man kann sie in diesem Sinn ein zu eins referieren.

Die Minderwertigkeit des Mannes und die Überlegenheit der Frau ist in ihnen ebenso festgeschrieben wie in der Genetik: »Die ersten Männer waren Mutanten, Missgeburten, hervorgerufen durch einen Genschaden, der vielleicht durch eine Krankheit oder ein Strahlenbombardement von der Sonne verursacht wurde.«[21]

## Gene und Urkultur

Zur »Urkultur« (Frauenurkultur!), die »weltweit«[22] ist, gehört die gemeinsame »Ursprache«. »An dieser Originalsprache ist unter anderem interessant, daß sie im Subarktischen entstanden zu sein scheint«[23], alles bedingt durch die »Urrasse«, »eine rote Menschenrasse«[24], die aber von Gould Davis, wohl um einen Schein politischer Korrektheit zu wahren, in ein Mythenzitat verpackt wird.[25]

Eine solche Verschleierung rassistischen Schreibens findet sich in den ersten beiden Jahrzehnten nach 1945 auch sonst sehr häufig in Arbeiten, die sich mit der Archäologie oder der Vorgeschichte befassen, sowohl in populärwissenschaftlichen als auch in den Abhandlungen, die wissenschaftlichen Maßstäben standhalten. Nach 1945 war der Gebrauch des Wortes »Rasse« nicht mehr salonfähig. Also tauschte man den inkriminierten Begriff gegen den der »Kultur« aus, oft ohne zu berücksichtigen, dass es dazu aber auch genauerer theoretischer und kultur-historischer Vorüberlegungen bedürfe. Ohne solche Überlegungen ist ein reiner Austausch der Begriffe nur das Schütten von neuem Wein in alte Schläuche.

In ähnlicher Weise ersetzt auch Gould Davis »Rasse« durch »Kultur« und lässt das biologistische Element, modern legitimiert, durch die Hintertür rasanter Gentheorien wieder hineinschlüpfen. Von nun an geistert das angeblich »verformte«[26] Y-Chromosom des Mannes, dem wir auch im Abschnitt zu Christa Mulack begegnen werden, durch die Matriarchatsforschungs-Literatur. Die kulturelle Überlegenheit der Frau ist an zwei »unverdrehte«[27] X-Chromosomen gebunden.

# Die Traditionen der Väter

## Die frauenbestimmte Altsteinzeit – Marie König

Marie König (1899–1988) arbeitete bis zu ihrer Eheschließung 1924 als Lehrerin. Nach dem Krieg nahm sie ihre bereits früher ausgeübte Beschäftigung mit der Vorgeschichte und den paläolithischen Höhlengravierungen – unterstützt durch ihre Familie – wieder auf. Trotz ihres Außenseitertums als Frau und nicht studierte Prähistorikerin errang sie innerhalb der Fachwelt der Prähistoriker und Archäologen einen beachtlichen, allerdings auch kontroversen Ruf.

König entwarf in ihrer Interpretation altsteinzeitlicher Gravierungen in französischen Höhlen ein verblüffend einfaches und vor allen Dingen didaktisch gut aufgebautes System zur Deutung dieser Gravierungen: Für sie waren diese Ausdruck eines urgeschichtlichen Weltbildes, das der Orientierung der damaligen Menschen in Raum und Zeit gedient hatte.

Nach dem Aufkommen der Neuen Frauenbewegung Ende der siebziger Jahre wurden ihre Arbeiten innerhalb jener Frauengruppen, die sich mit der »Matriarchatsforschung« befassten, gerne gelesen, allerdings auch oft missverstanden.[1] Zu Leben und Werk Marie Königs liegt eine umfangreiche und sorgfältig erstellte Biografie von Gabriele Meixner vor.[2]

»Mit ihrer nüchternen Sicht und der postulierten Nähe zum heutigen Denken«, so Meixner über König, »entkleidete sie die Urmenschen von Mystik und Zauberei, in die so viel Ideologiehaftes gelegt werden kann. Sie entzog damit den Nährboden für wilde Gedanken an Macht der Männer über Frauen oder umgekehrt. Marie Königs unkonventionelles Forscherinnenleben und die Passion, mit der sie ihre Arbeiten betrieb, sind mitreißend und vorbildhaft für andere, die aus Liebe zum Material forschen.«[3]

## In den Wirren der Forschung

Marie Königs Forschungen fielen mitten in eine Phase schwerer Auseinandersetzungen innerhalb verschiedener Richtungen in der westdeutschen Ur- und Frühgeschichtsforschung. Man hatte nicht nur den peinlichen Ballast der Nähe zu den Nationalsozialisten zu »entsorgen«, es galt auch, neue Forschungskonzepte und Fragestellungen zu entwickeln. So knüpfte der Wiederbegründer des Kölner Institutes für Ur- und Frühgeschichte, Hermann Schwabedissen, 1958 an die naturwissenschaftlichen Traditionen des Faches an und förderte insbesondere moderne Chronologieverfahren wie die C14-Methode, die Dendrochronologie oder die Paläobotanik durch Einrichtung neuer Labore.

Demgegenüber gab es eine Art geschichtsorientierter Fraktion, die die Prähistorie stärker an den Voraussetzungen und Zielen der Geisteswissenschaften, insbesondere der Geschichtsforschung selbst, orientieren wollte. Innerhalb dieser letzten Fraktion gab es eine Kontinuität alter Denkstrukturen, teilweise mit bedenklicher Nähe zu den nationalsozialistischen Ideologien. Doch auch die Naturwissenschaftler bildeten in ihrer Weise Kontinuitäten, rekrutierten sie sich doch teilweise aus der ehemaligen Organisation des SS-nahen »Ahnenerbes«.

Wo ist Marie Königs eigener Standpunkt innerhalb der ur- und frühgeschichtlichen Hauptströmungen festzumachen? Um dies herauszufinden, eignet sich das Einführungskapitel aus *Am Anfang der Kultur*: »Grundbegriffe«.[4] Hier handelt König zuerst eine kleine Forschungsgeschichte des Faches ab. Der Schwerpunkt ihrer Aufmerksamkeit liegt dabei mehr auf der »Kunst«, also den Höhlenmalereien zum Beispiel, als auf der sich in der gleichen Zeit entwickelnden Typologie oder Siedlungsarchäologie. Bestimmte wichtige Namen sind bei König nicht zu finden: Oscar Montelius, der Erfinder der Typologie, Christian Thomsen, der das Dreiperiodensystem aus Stein-, Bronze-, und Eisenzeit entwickelte, das bis heute als eine Art nicht mehr zu hinterfragende Tiefenstruktur sowohl in den Köpfen der Fachleute als auch aller Laien ruht. Auch nicht Carl

Schuchardt, der Entdecker des »Pfostenloches« um die Jahrhundertwende, Zeichen für eine moderne Siedlungsarchäologie, oder Paul Reinicke, der bedeutende Chronologe der Metallzeiten. Zum Teil könnte dies allerdings in der stärkeren Orientierung der Saarländerin Marie König Richtung Frankreich begründet sein.

Ihr Interessenschwerpunkt der paläolithischen Höhlenkunst lässt sie die Diskussion um die vermutlichen geistigen Fähigkeiten der Urmenschen näher verfolgen. Die starke Rezeption dieser Bilder zu Beginn des 20. Jahrhunderts, Veröffentlichungen an den verschiedensten Orten und auch in den unterschiedlichsten Qualitäten führten, so Marie König, dazu, dass sie aus dem Zusammenhang herausgerissen wurden.

Gleichzeitig nahmen sich die so genannten »Positivisten« der Interpretation der Bilder an. Der Positivismus, als rein empirische Wissenschaft nur materiellen Fakten verpflichtet, erschien König nun schon gar nicht geeignet, eine befriedigende Interpretation der paläolithischen Bilderwelten zu geben. In ihren Augen rührte aus dieser Richtung insbesondere die Interpretation der Höhlenmalereien als Jagdzauber bzw. Jagdmagie her, gegen die sie sich zeit ihres Lebens stark verwahrte. Auch von der Ethnologie wurde diese Interpretation verfolgt.

König führt weiter aus, dass sowohl eine eher evolutionsgeschichtlich orientierte Prähistorie als auch die positivistische von einem Menschenbild ausgehe, das im Urmenschen ein »dümmeres« Stadium sieht, weniger entwickelt, »primitiv«. Auch die Interpretation durch den französischen Prähistoriker André Leroi-Gourhan, in den Höhlenmalereien schlage sich eine Art Sexualmagie nieder, gefiel ihr nicht.

## Mensch bleibt Mensch

Marie Königs Sympathie liegt eindeutig bei jenen Strömungen der Vorgeschichtsforschung, die alle Geschichte als Kontinuum sehen. Sie schließt sich den Positionen von Ernst Wahle an:

»Danach sollte die Urgeschichte nicht mehr in zusammenhanglose Kulturen zerfallen, sondern eine von der geistigen Kontinuität getragene Einheit bilden.«[5] Sie stimmt der Absage von Historikern an einen »evolutionistischen Fortschrittsglauben« zu und dem »auf deren Irrtümern basierenden Lehrbau der konventionellen Urgeschichtsforschung. Da es geistige Vorgänge sind, die zu den sichtbaren Resultaten führten, blieben weite Kreise der im Dinglichen etablierten Wissenschaft den historischen Untersuchungen abgeneigt. Diese positivistische Beschränkung einer Disziplin, die den stolzen Namen ›Urgeschichtsforschung‹ trägt, muß abgebaut werden ... es ist unerlässlich, eine neue historisch orientierte Sicht anzustreben, denn sie rechtfertigt und belohnt den Aufwand, die Mühe und den Schweiß der Spatenforschung.«[6] Nun zeigte die Forschungsgeschichte des Faches Vorgeschichte, dass die empirischen Vorgehensweisen in der NS-Zeit ebenso korrumpierbar waren wie andere auch.

König referiert das 1943 erschienene Buch *La Genèse de l'Humanité* des französischen Anthropologen Camille Arambourg und folgt seiner Ansicht, dass »den heutigen Menschen von seinen fernen Vorfahren psychologisch gesehen nichts trennt; er unterscheidet sich von ihnen weder durch die Überlegenheit seiner Intelligenz, noch durch seine Instinkte ... das heutige Denken umkreist die gleichen Probleme wie das älteste Denken ...«[7] Insofern neigt König weiterhin dazu, der Psychologie, die von einer überzeitlichen und überräumlichen, allen Menschen gemeinsamen, psychischen Grundstruktur ausgeht, eine wichtige Rolle zuzugestehen. »Das Denken wird nicht ›anders‹, sondern ›genauer‹.«[8] Folgerichtig ist es vor allen Dingen C.G. Jungs Archetypenlehre, die sie anzieht. Geistiges und Gegenstände entwickeln sich vom Undifferenzierten zum Differenzierten, es besteht eine gleiche Logik der Abfolge sowohl bei den Ideen als auch bei den Dingen, den Werkzeugen.

Analog zu den Thesen Richard Pittionis[9] sind für König sowohl die ältesten Werkzeuge als auch die ältesten Begriffe Allzweckwerkzeuge, respektive Universalbegriffe. Sie sind undifferenziert, ähnlich dem Begriff »Baum« anstelle von »Tanne«, »Linde« oder »Buche«. Im Laufe der Zeit differenzieren sich beide aus, wird die zeitlich folgende Kulturschicht durch stärker spezialisierte Begriffe oder Werkzeuge bereichert. Diesem Modell einer schrittweisen Ausdifferenzierung ursprünglich undifferenzierterer Begriffe folgt Marie Königs Darstellung der Ideenentwicklung vom Altpaläolithikum bis ins Neolithikum.

Vom monolithischen Sphäroid des Homo erectus um 300 000 v.u.Z. zum Dualitätsprinzip des Neandertalers gegen 50 000 v.u.Z. Ab 30 000 v.u.z. kann der Homo sapiens sapiens bis drei zählen sowie rechts und links unterscheiden und umgibt sich mit vulvenförmigen Dreiecken, symbolischen und realistischen Frauendarstellungen. Im Magdalénien und zu Beginn der Jungsteinzeit ritzt der fast oder ganz sesshafte, zukünftige Ackerbauer Viererguppen von Punkten in die Felsen, vielleicht Felder symbolisierende Quadrate. Mühlespiele aus fünf Punkten leiten zu den ersten Licht-Schattenanlagen der Megalithkulturen hin. Dreiecke und Vierecke kombiniert zu einer Siebenerform ergeben dann für Marie König zum Beispiel das bedeutsame Zeichen der Doppelaxt und leiten so bis in die Metallzeiten hinein.[10]

Solche Spezialisierungen geschehen in schöpferischen Akten, als Erfindungen, sprunghaft, in den fundarmen »Klüften«, wie Ernst Wahle das ausdrückte – weshalb sich solche Prozesse eben nicht durch typologische Reihen beschreiben ließen, sondern durch die Gesamtschau von Zusammenhängen nach »inneren Gesichtspunkten«[11]. »Es ist nötig ... die im 19. Jahrhundert in vorgefasster Meinung willkürlich arrangierten Entwicklungsetappen der Kulturgeschichte im Archiv überwundener Irrtümer zu begraben. Wir müssen eine Erklärung suchen, die vom authentischen Fundmaterial ausgeht, in ihm aber nicht im positivistischen Sinne nur Fakten sieht, sondern hinter den Darstellungen auch die Welt des Geistes, des Übernatürlichen, des Übersinnlichen erkennt, das Reich des Glaubens.«[12]

Es ist aufschlussreich, Gabriele Meixners Darstellung der Gegner und der Befürworter von Königs Thesen zu folgen.[13] Die dort referierte Position des Präsidenten der Hugo-Obermaier-Gesellschaft, Lothar F. Zotz, tauchte bereits 1938 in einem Aufsatz auf, den er zusammen mit Walter von Stokar, dem damaligen Direktor des Institutes für Vorgeschichte in Köln, verfasst hatte.[14] Nach der Darstellung insbesondere der damals vorhandenen naturwissenschaftlichen Verfahren, wird in diesem Aufsatz sehr engagiert für die Synthese beider Richtungen plädiert: »So erscheint es nicht unbescheiden, auszusprechen, daß die deutsche Vorgeschichtswissenschaft besonders zur Synthese der beiden großen Wissenswelten der Geistes- und Naturwissenschaften berufen ist.«[15]

Ich gehe an dieser Stelle allerdings nicht mit Gabriele Meixners Negativbewertung dieser Auseinandersetzungen konform. Die eher geisteswissenschaftlich orientierte Richtung der Ur- und Frühgeschichte ist nicht »auf der Strecke geblieben«[16], sie war tatsächlich, zu dem Zeitpunkt, spekulativ und vor allen Dingen auch restaurativ, wie ich an den Beispielen Ernst Wahle und Herbert Kühn darstellte. Es galt eher, erst einmal verlässliches Datenmaterial herzuschaffen und gesicherte Chronologien zu erstellen. Rückblickend kann man sagen, dass es eine Art Moratorium für das Geistesgeschichtliche im Fach Vorgeschichte gegeben hat. Dieses Moratorium wurde sehr stark durch empiristische Methoden charakterisiert, das ist wahr. Seit etwa Ende der sechziger Jahre jedoch begann man im Rahmen einer so genannten Theoretischen Archäologie, die letztlich auch zu feministischen Ansätzen im Fach führte, wieder die aus den Geisteswissenschaften stammenden Fragestellungen mit in die Diskussionen hereinzunehmen. Die Anregungen dazu stammten zumeist aus dem angelsächsischen Sprachraum.

Ich bin der Ansicht, dass zwar die Einseitigkeiten zu kritisieren sind, dass aber das eigentliche Problem des Faches Vorgeschichte an der mangelnden forschungsgeschichtlichen Aufarbeitung solcher Prozesse zu sehen ist. Erst die Aufarbeitung führt doch dazu, solche »Kämpfe« in ihrer dynamischen Funktion für die Weiterentwicklung eines Faches zu sehen.

Aus Marie Königs Arbeiten spricht keine sich besonders autoritär gebende Denkweise. Doch der Blick in die Forschungsgeschichte zeigt, auf welche wissenschaftlichen Traditionen sie sich bezog. Sie hat eben nicht Lothar F. Zotz' großartigen Appell befolgt, sondern sich eindeutig auf die geistesgeschichtliche Seite geschlagen. Um so erstaunlicher ist, dass sie ausgerechnet Herbert Kühn zum Gegner hatte, worauf Gabriele Meixner hinweist. Sie macht dies an den verschiedenen Inhalten der beiden Wissenschaftler fest: Herbert Kühn gehörte zu jenen, die die paläolithische Kunst als Jagdmagie deuteten, Marie Königs Ansatz war in diesem Punkt ein anderer. Beide waren aber davon überzeugt, dass es im Paläolithikum eine Art frauenbestimmter Mondsymbolik gegeben habe, ein lunares Weltbild.

## Am Anfang war die Einheit

Wenn man aber den Blick von den Inhalten löst und auf die Struktur ihrer Texte legt, so sieht man, dass sowohl Kühn als auch König dem »Urgedanken« einer wie auch immer gearteten Einheit zu Beginn des menschlichen Seins anhängen. Beide stehen für eine Vorstellung absoluter Kontinuität, die von sämtlichen ökologischen, geologischen oder sonstwie das Sein der Menschen im Laufe der Zeiten bestimmenden Faktoren unabhängig war. Sie streiten sich darüber, ob man das Fadenkreuz nun seit dem Paläolithikum datiert oder seit der Keltenzeit, sind sich aber einig darüber, dass es immer das Gleiche bedeutete. »Wenn wir über 100 000 Jahre den gleichen Ritus zurückverfolgen können, so lässt sich daraus folgern, dass der Glaube an unterirdische Mächte durch alle Zeiten bestanden hat. Sie forderten gleichfalls Opfer. Da das Jenseits immer im Wasser liegend gedacht wurde, nahmen die Gaben diesen Weg.«[17]

Der »Übereinstimmung des Zeicheninventars auf keltischen Münzen mit dem der Höhlengravierungen der Ile-de-France«[18] liegt das gleiche Kontinuitätsdenken zugrunde, das auch die unschuldigen Neandertaler schon zu Monotheisten und Indogermanen werden ließ und die frühmetallzeitlichen Mesopotamier zu Hakenkreuzanbetern, wie Herbert Kühn dies 1932 behauptete.

Diese Kontinuität wird durch das Heranziehen der Psychologie bestätigt, die in ihrem Selbstverständnis gewissermaßen außerhalb der Geschichte gesehen wird.[19] Die ehemals außerhalb des Individuums gesehene Urquelle (Gott, Indogermanen, Mythenstruktur usw.) wird nun *in* die Individuuen als immer gleiches »Gesetz der Entwicklung« verlegt.[20]

Die Bedürfnisse der Menschen, Ängste, Wünsche, Vorlieben und Freuden und die daraus resultierenden künstlerischen und religiösen Äußerungen haben sich seit »Lucys« ersten Schritten in Afrika jedoch stark verändert: Nicht immer haben Menschen Hunger und müssen also alle ihre praktischen und magischen Fähigkeiten daran setzen, ihre Nahrung zu sammeln und zu jagen. Nicht immer müssen sie sich fortpflanzen, was die Bedeutung sexueller Aktivität im Laufe der Zeiten sehr veränderte. Die Summe der Welterklärungsmuster hat, insbesondere in den letzten fünfhundert Jahren, zugenommen, die Menschen erhielten nun verschiedene Möglichkeiten, zum Beispiel Blitz und Donner zu erklären, *ein* Donnergott sank zu *einer* Erklärungsmöglichkeit, der religiösen, unter vielen anderen herab.

Möglicherweise entwickelte sich die biologische Basis der Psyche, also das Gehirn und sein dazugehöriger Stoffwechsel, immer gleich. Doch auch dies ist, was den von Marie König umrissenen Zeitraum und die darin befindlichen, sehr unterschiedlichen Menschenspezies betrifft, zu bezweifeln. Von 300 000 bis ins Magdalénien gab es drei verschiedene Spezies unserer Art: Den Homo erectus, er entspräche der Phase der Sphäroide, den Neandertaler, der bei König lernt, das Subjekt vom Objekt zu unterscheiden, und der Homo sapiens sapiens, der zählen lernt, auf die Sternenuhr zu schauen und die Frau in den Mittelpunkt seines Weltbildes zu stellen.[21]

»Der Wechsel der Wirtschaftsformen störte nicht die Überlieferung. Sowohl Jäger als auch Bauern suchten Hilfe durch die Anrufung des Unterirdischen.«[22] Ganz sicher aber der Wechsel von einer Spezies zur anderen. Königs Satz erinnert an den fast wortgleichen von Herbert Kühn aus dem Jahr 1950: »Die Wirtschaftsform hat sich hier nicht geändert, das Denken hat sich nicht gewandelt, der Mensch ist innerlich der gleiche geblieben, wenn auch Jahrtausende, ja vielleicht Jahrhunderttausende zwischen den Menschen von damals und heute liegen.«[23]

## Eurozentrismus

Lässt sich bei Marie König relativ leicht diese überzeitliche Urstruktur zeigen, der sie implizit ihre eigenen zeitgenössischen Werte untergeschoben hat, so ist die räumliche Verortung bei ihr wesentlich verborgener und gewissermaßen nur nebenbei aufgeführt. Marie Königs »sanfter« Eurozentrismus liest sich so: »Dadurch entstand eine Kulturprovinz von typischer Eigenart. Wir können ihren Einfluß auf weite Teile der Welt verfolgen ... Im Allgemeinen wechseln die Kultorte im Laufe der Zeiten. Im Gegenteil dazu bildete sich im Herzen Frankreichs ein Kultzentrum, das bis zur Christianisierung beibehalten wurde.«[24] Am Schluss des Buches *Am Anfang der Kultur* wird sie ganz deutlich: »In keinem anderen Teil der Welt birgt der Boden so reiche Schätze kultureller Vergangenheit, und nirgends ist der kontinuierliche Rückblick bis in die Altsteinzeit so lückenlos erhalten. Solange nicht entsprechende Dokumente aus anderen Gegenden der Welt vorliegen, müssen wir annehmen, dass die Wiege der Kultur im Abendland stand.«[25]

## Die Schattenseiten des Autodidaktentums

Eigeninitiative, selbstbestimmtes Forschen, das Entwerfen von Theorien außerhalb des universitären Konsenses sind sicher zu loben und zu befürworten. In diesen Punkten sind sich übrigens Marie König und ihre Biografin Gabriele Meixner ähnlich. Doch dieses selbstbestimmte Autodidaktentum hat auch den Nachteil, dass gerade die Grundmethoden des Faches, seine einfachsten Elemente und Voraussetzungen, die nicht direkt in der Literatur auftauchen, sondern im praktischen Unterricht vermittelt werden, durch das Raster der Aufmerksamkeit fallen.

Dies ist an einer kleinen Bemerkung Meixners abzulesen: »Was sie ... unterscheidet, ist ihre strenge Orientierung am archäologischen Material ...«[26] Was nicht stimmt. König bearbeitet *eine Gruppe* des archäologischen Materials: Zeichen und Bilder. Mein Einwand mag pedantisch wirken, doch wenn einer Autorin bewusst ist, dass sie nur einen Teil aus einer größeren Gruppe behandelt, könnte sie zum Beispiel bemerken, dass ein interpretierter Gegenstand, hier die Sphäroide, in der vorhandenen Literatur sowohl den Kunstgegenständen zugeordnet wird als auch den Jagdwaffen. Daraus würde eine andere Interpretation, würden andere Implikationen erwachsen. Sieht man in diesen Kugeln nämlich Jagdwaffen, so rutschen sie in Marie Königs Entwicklungspyramide gewissermaßen hinunter auf die Ebenen der spezialisierten Werkzeuge. Solche Jagdwaffen, in Südamerika *bolas* genannt, dienten dazu, in Netze gewickelt und an Schnüren geschleudert, laufendes Hufwild zum Stürzen zu bringen.

Ein weiteres Beispiel für dieses Problem ist folgender Satz von Marie König: »Wenn die gefundenen Dinge nichts bedeutet hätten, wären sie verschollen. Ihre Überlieferung bezeugt das Gewicht ihrer Aussage.«[27] Das ist schlichtweg Unsinn. Ungeheuer viele Faktoren führen dazu, dass Artefakte erhalten bleiben. Zu solchen Faktoren gehören zum Beispiel die geschützte Lage in Höhlen sowie andere geologische Vorteile, Bodenbedingungen, klimatische Voraussetzungen, menschliche Aktivitäten wie das Verstecken oder Ins-Wasser-Werfen eines Gegenstands. Allein die menschliche Aktivität in diesem Zusammenhang, die bewusste Niederlegung also, deutet auf die Bedeutung eines Fundes hin. Ob diese dann eine sakrale, eine ökonomische, eine innerpsychische oder soziale Komponente hat, lässt sich vielleicht rekonstruieren, vielleicht aber auch nicht. Erhaltungsbedingungen von Artefakten können so vielfältig sein, dass die menschliche Intention weit dahinter zurücktritt.

Auch der oben zitierte Satz vom Abendland als Wiege der Kultur, belegt durch die Fundsituation[28], gehört in diese Unschärfe mangels Ausbildung hinein, Fundreichtum ist ein kulturelles Phänomen, kein ursprüngliches.

Auch Auseinandersetzungen wie die oben dargestellten bezüglich geisteswissenschaftlicher und naturwissenschaftlicher Herangehensweisen in der Vorgeschichtswissenschaft lassen sich nur »von innen heraus« beobachten, also indem man selbst Teil dieses Prozesses ist und sich auch darauf einlässt. In diesem Sich-Nichteinlassen sehe ich eine der Schwächen beider Autorinnen, sowohl Marie Königs als auch Gabriele Meixners, so sehr ich beide Forscherinnen achte und ihre Arbeiten schätze. Aber zu glauben, ein Fach, über dessen Themen man immerhin meint publizieren zu können, nicht studieren zu müssen – diese »schlechte Angewohnheit« teilen sie mit einigen Autorinnen aus dem hier besprochenen Umfeld –, ist so, als wolle jemand Konzertpianist sein ohne eine entsprechende Ausbildung durch Musiker oder an Konservatorien.

Dies ist eine grundsätzliche Kritik, die ich an den Autorinnen der ersten und zweiten Stunde dieser Literatur habe. Marie König befindet sich da mit Carola Meier-Seethaler und Heide Göttner-Abendroth, die beide mit ihren Matriarchatsabhandlungen auch in ungelerntem Revier wildern, in guter Gesellschaft. Erst ihre Rezipientinnen begannen die »matriarchalen Thesen« grundsätzlich zu hinterfragen, stürzten sich in archäologische oder prähistorische Studiengänge, folgten den Fragen »Stimmt's, stimmt's nicht?« und nicht blindem Glauben respektive genauso blinder Ablehnung »patriarchaler Wissenschaft«.

Gabriele Meixner weist aber zu Recht darauf hin, dass Marie Königs Ansätze zum Spielball der Interessengruppen und ihres Machterhaltes innerhalb der damaligen Vorgeschichte wurden und dass es eines großen Mutes, ja einer gewissen Portion an Frechheit bedurfte, um den eigenen Amateurstatus gegenüber den Eliten der Vorgeschichtler durchzusetzen.

Mit Marija Gimbutas hat Marie König gemeinsam, dass sie sich nicht über die Ideale des Feminismus definierte und sich sogar, wie Meixner ausführt, von gewissen Extrempositionen leicht ironisierend absetzte. Doch die Matriarchatsforschungs-Interessierten stürzten sich gierig auf ihr Werk. Nicht wissenschaftliche Wahrscheinlichkeit war das Kriterium der Auswahl von Königs Texten, sondern schlicht die Tatsache, dass hier Thesen eines frauenzentrierten Weltbildes im Paläolithikum von einer Frau aufgestellt wurden.

König, die übrigens beide Autoren, Herbert Kühn und Carl Hentze gelesen hatte[29], wurde aber nicht nur begeistert gelesen, sondern auch »vereinnahmt«[30]. Ich stimme Gabriele Meixner zu, dass falsch zitiert, aber dennoch gelobt zu werden, insbesondere durch eine Autorin wie Heide Göttner-Abendroth, Marie Königs Ruf sicher geschadet hat. Dabei gehören ihre Arbeiten, literarisch oder forschungsgeschichtlich gesehen, erst einmal nicht in die Matriarchatstradition, wie sie von Johann J. Bachofen begonnen wurde. Sie sind der Tradition eines geisteswissenschaftlich orientierten, eventuell restaurativen und an kunstgeschichtlichen Interpretationsmethoden geschulten Zweiges der Vorgeschichte zuzurechnen, wie er in den fünfziger Jahren im Rückgriff auf eher historische Vorkriegspositionen in Deutschland und Frankreich gepflegt wurde. Es ist nicht gerechtfertigt, Königs Arbeiten mit der Matriarchatsforschung allgemein über einen Kamm zu scheren, wie das Autorinnenteam um Brigitte Röder dies tat.[31]

Auch wenn König nie ein Matriarchat im engeren Sinn, wie Heide Göttner-Abendroth das behauptet, postulierte, boten ihre Werke jedoch die entscheidenden Argumente für die Matriarchatsrezipientinnen, Macht und Ansehen der Frau so weit wie möglich in der Vergangenheit zurück zu verorten.

## A Star was born – Marija Gimbutas

Die Rezeption der Forschung von Marija Gimbutas (1921–1994) im Rahmen der Matriarchatsforschungs-Literatur steht in noch weitreichenderem Ausmaß als die Arbeiten Marie Königs für den Einfluss etablierter Wissenschaftsansätze. Lange bevor die Arbeiten der aus Litauen stammenden Archäologin und Ethnologin ins Deutsche übersetzt wurden, fanden sie sich im Original im Literaturverzeichnis von Matriarchatsforscherinnen wie Heide Göttner-Abendroth und Jutta Voss.[1]

Ihre Thesen formten das Bild für die Konstruktion des neolithischen, ackerbaubetreibenden Matriarchats und die aus dem Osten hereinbrechenden Patriarchatshorden. Viele Feministinnen glaubten, mit ihrer Hilfe eine schlüssige Erklärung für die Entstehung des Patriarchats gefunden zu haben. Außerdem schienen ihre Arbeiten den archäologischen, wissenschaftlichen Beweis für das Matriarchat und dessen gewaltsames Ende zu liefern.

Damit stehen ihre Werke aber auch für den in Deutschland Anfang der neunziger Jahre einsetzenden Trend, mehr über diese vorgeschichtlichen Zeiten wissen zu wollen, mehr über die Methodik ihrer Entdeckungen und die Überprüfung dieser Methoden. Marija Gimbutas' Arbeiten weckten das Interesse am Fach Ur- und Frühgeschichte und seinen Vorgehensweisen.

Das Frauenmuseum in Wiesbaden machte Marija Gimbutas' Werk durch eine eindrucksvoll komponierte Ausstellung zu den paläolithischen, neolithischen und frühbronzezeitlichen Frauenstatuetten Europas nicht nur in den Kreisen interessierter Feministinnen bekannt. Die dort von Marija Gimbutas sowie anderen Referentinnen zum Thema Frauen in der Ur- und Frühgeschichte gehaltenen Vorträge stellen einen entscheidenden Umschwung in der allgemeinen Matriarchatsdebatte dar: Das Feld der damit befassten Autorinnen und Referentinnen teilte sich in jenes der weiterhin auflagenstarken, klassischen Matriarchatsforschung à la Heide Göttner-Abendroth oder Gerda Weiler auf der einen Seite. Zu ihnen zähle ich auch die auf einem ähnlichen Politzug sitzenden Lebenshilfe-Autorinnen wie Christa Mulack, Angelika Aliti oder – als die flachste Variante dieser Art Literatur – Clarissa P. Estés' *Die Wolfsfrau*.

Auf der anderen Seite schrieben direkt durch ein Studium oder durch eine ausführliche Rezeption wissenschaftlich-prähistorischer Inhalte beeinflusste Autorinnen wie beispielsweise Gabriele Meixner, die Biografin Marie Königs. Einige Autorinnen und Referentinnen führte das Studium nach und nach weit fort von den ursprünglichen Fragestellungen nach einem Matriarchat. Das prähistorische Weltbild wurde erweitert und ein tief sitzendes Misstrauen gegen jegliche politische Ideologie im Rahmen der Ur- und Frühgeschichte entwickelt.

## Ein »wechselvolles« Leben

Die 1921 in Vilnius/Litauen geborene Marija Gimbutas, deren beide Eltern Ärzte waren, studierte von 1938 bis 1942 an den Universitäten Kowno (auch Kauen/Kaunas) und Vilnius Volkskunde, Baltistik und Vorgeschichte im Hauptfach und schloss als Diplom-Archäologin ab. Danach arbeitete sie an ihrer Promotion, die sie 1942 an der Universität Vilnius einreichte. Nach Einmarsch der Roten Armee floh Marija Gimbutas mit ihrer Familie nach Wien, übersetzte dort ihre Dissertation ins Deutsche und hörte Vorlesungen bei Oswald Menghin, dem Begründer der so genannten Kulturkreislehre, und anderen Professoren. 1945 bekam sie an der Philosophischen Fakultät in Tübingen die Möglichkeit, ihre Promotion zu beenden. 1949 siedelte sie in die USA über und machte sich rasch einen Namen als aufstrebende Archäologin. Nach Stationen in Harvard und an der Stanford University in Kalifornien war sie ab 1964 Professorin für Europäische Archäologie, Abteilung Indo-Europäische Studien, der Universität von Kalifornien in Los Angeles.

Neben ihrer Dissertation über vorgeschichtliche Bestattungen in Litauen[2] gehören die beiden Bände zur Prähistorie Ost-Europas[3] zu ihren wichtigsten Veröffentlichungen. Sie schrieb Abhandlungen zur Volkskunde Litauens und zum Baltikum. Zahllose Aufsätze befassen sich mit bronzezeitlichen Gräberfeldern im Baltikum, dem Phänomen der so genannten »Indoeuropäer«, dem späten Neolithikum und der Frühen Bronzezeit als in ihren Augen entscheidenden Übergangsepochen in der Entwicklung der europäischen, vorgeschichtlichen Kulturen.

Ihr wissenschaftliches Œuvre umfasst methodisch im Grunde genommen das Spektrum, das die Vorgeschichtsforschung selbst von den zwanziger bis in die achtziger Jahre des abgelaufenen Jahrhunderts durchlief. So zeigt sie sich in ihrer Dissertation eindeutig als Schülerin der damals herrschenden, Kossina'schen Auffassung von Ur- und Frühgeschichte: »Die Verknüpfung einer vorgeschichtlichen Kulturgruppe mit dem Namen des Stammes ist nur mit Hilfe der Geschichtsquellen und sprachlicher Zeugnisse möglich. Wenn wir den Namen des Stammes und die nach dem Ortsnamen und den Geschichtsquellen festgestellten Grenzen des Stammes wissen, können wir auch die Spuren der geschichtlichen Stammeskultur zurück bis zu ihrer Entstehung in der vorgeschichtlichen Zeit verfolgen.«

Ebenso, wie die litauische Sprache Rekonstruktionshilfen für indogermanische Worte liefern könne, hätten litauische Totenbräuche, Lieder, Märchen, usw. einen wichtigen Stellenwert für die Rekonstruktion des vorgeschichtlichen, indogermanischen und baltischen Glaubens, wie Marija Gimbutas am Ende ihrer Dissertation resümiert.

Diese Idee der Rekonstruktion oder Wiederherstellung durchzieht Marija Gimbutas' Lebenswerk. Rekonstruktion ist eben mehr als Darstellung oder Beschreibung, hinter einer Wiederherstellung steht der Wunsch, etwas wieder aufleben zu lassen – und sei es nur in Wort, Bild und Ausstellungen –, das untergegangen und vermutlich verloren ist.

Mehrmals erlebte Marija Gimbutas in ihrem Leben den Einfall »kriegerischer Horden« in ihr Heimatland Litauen: 1940 den der sowjetischen Soldaten, 1941 den der deutschen. Letztere richteten u.a. in Kowno (Kaunas/Kauen), der Heimatstadt Gimbutas', zum Teil mit Unterstützung der dortigen Zivilbevölkerung, grausame Massaker unter der jüdischen Bevölkerung an. 1944 eroberte die Rote Armee Litauen zurück. Gimbutas war mit ihrer Familie Teil des daraufhin einsetzenden Flüchtlingsstroms von 250 000 Balten nach West- und Nordeuropa und kam erst nach Wien, 1945 nach Tübingen. Diese Flucht muss für sie, ebenso wie für viele andere Flüchtlinge, den Untergang einstiger Träume und den endgültigen Zerfall eines »Alten Europa« gespiegelt haben.

## Der Einfall der maskulinen Welt der Indoeuropäer

Sowohl im ersten als auch im zweiten Teil ihrer Studie zur Vorgeschichte Ost-Europas entfaltet Marija Gimbutas das Bild zweier vom humanistischen Standpunkt aus gesehen, diametral entgegengesetzter Geschichtsepochen: Dem Neolithikum mit seinen alten Bilderwelten, die via Mesolithikum bis ins Paläolithikum zurückreichen[4], und der Bronzezeit, die Marija Gimbutas als »Invasion neuer Völker, welche für die Auflösung der alten europäischen Kulturen verantwortlich waren«[5] sah. »Die alten europäischen Kulturen waren zerstört ... obwohl Inseln lokaler Kulturtraditionen noch für Jahrhunderte überlebten, einige existierten während der gesamten Frühen Bronzezeit.«[6]

Marija Gimbutas vollzieht zwei wissenschaftliche Schritte, die sie von den nationalsozialistischen Theoretikern der angeblichen Indogermanisierung Europas unterscheiden:

1. Die Indogermanen tauchen nun *nach* den alteuropäischen, bandkeramischen Jungsteinzeitkulturen auf.
2. Sie sind nun eindeutig negativ besetzt.

Die chronologische Korrektur ist ihr aufgrund neuerer Verfahren und des Aufkommens der naturwissenschaftlichen Chronologieverfahren möglich. Neben der bisher verwendeten historischen Methode, die Gegenstände aus historisch datierten Gegenden, wie Griechenland mit seiner frühen Schriftkultur, mit Gegenständen aus den nichtschriftlichen Regionen Europas in

Bezug setzt, arbeitete man bis in die fünfziger Jahre mit stratigrafischen Methoden und der typologischen Analyse.

Während sie 1956 noch kaum auf die C14-Datierungen zurückgreifen kann, stehen Marija Gimbutas für den zweiten Teil ihrer Arbeit, der sich mit der Bronzezeit befasst, bereits die ersten Daten aus dem C14-Labor im holländischen Groningen zur Verfügung. Willard F. Libby hatte 1952 die Datierungsmethode nach dem Zerfall der Halbwertszeit des radioaktiven Isotops C14 entwickelt.

Zuvor sahen die Prähistoriker gewissermaßen eine Ost-West-Beeinflussung der mitteleuropäischen neolithischen Kulturen der frühen Ackerbauern. Doch »diese Chronologie wurde vollständig durch die Radiokarbonanalysen widerlegt, welche bis 1970 dreihundert Daten aus alt-europäischen Neolithischen und Kupferzeitlichen Proben ergaben und den Beginn des Neolithikums in das 7. Jahrtausend vor Chr. stellte«.[7] In Verbindung mit der zweiten neuen Chronologiemethode, der Baumringdatierung, die die C14-Methode korrigierte und vervollständigte, entwickelte sich die bis heute gültige Form, absolut-chronologische Daten für ur- und frühgeschichtliche Epochen zu erstellen.

Mit diesen neuen Chronologiesystemen entstand für Marija Gimbutas ein vollständig anderes Bild und somit auch eine vollständig andere Wertung der ost- und mitteleuropäischen, neolithischen »Zivilisationen«. Sie waren fortan nicht mehr Folge eines Einflusses via Mittelmeer aus den kleinasiatischen Ackerbaukulturen, abgeleitet aus Invasionen oder durch Einsickerungen (Diffusionen)[8], sondern eigenständige Kulturen mit eigener Identität, die ihrerseits, zentral gelegen und umgeben von den verbindenden Elementen der Adriatischen See und des östlichen Mittelmeerraumes, Einfluss auf die umliegenden Küsten oder nördlich angrenzenden Regionen nahmen. »Während des siebten, sechsten und fünften Jahrtausends v. Chr. entwickelten die Ackerbauern Südosteuropas eigenständige kulturelle Muster, zeitgleich mit ähnlichen Entwicklungen in Anatolien, Mesopotamien, Syrisch Palästina und Ägypten.«[9]

»Europäische neolithisch-kupferzeitliche Entwicklungen können nicht länger mehr unter der alten Prämisse: Ex Oriente Lux, zusammengefasst werden.«[10] In diesem Satz klingt mehr mit als nur eine wissenschaftlich kühle Feststellung: Marija Gimbutas identifizierte sich in hohem Maße mit den neolithischen Kulturgruppen auf dem Balkan und im Donaugebiet. Auch hier geht sie gewissermaßen den Weg einer Neuwertung: Dem alten Streit, ob nun das Licht der Welt aus dem Osten oder dem Norden komme, letzteres war ja das nationalsozialistische Credo gewesen, setzt sie eine Art »Aus der Mitte kam das Licht« entgegen.

Die Bewohner dieses alten Kernlandes besaßen, so Marija Gimbutas 1974, wesentlich komplexere Sozialstrukturen und Gesellschaftsorganisationen als ihre westlichen und nördlichen Nachbarn auf dem Kontinent, sie hatten Geschmack und Stil, »wunderlicher, fantasievoller und ausgearbeiteter«[11], gewissermaßen die Elternkultur der großartigen Minoischen auf Kreta, die von Sir Arthur Evans in der ersten Hälfte des 20. Jahrhunderts ausgegraben worden war.

Durch »aggressive Einfälle halbnomadischer Hirtenvölker, den Ahnen der Indoeuropäer«, wird diese blühende Kultur während des vierten Jahrtausends v.Chr. zerstört.[12] Diese maskuline Welt der Indoeuropäer hat sich nicht in Alt-Europa entwickelt. Es gibt für Marija Gimbutas keine direkten Entwicklungslinien zwischen den beiden Epochen. Ihre Thesen beinhalten leise Anklänge an die Kulturkreislehre ihres Lehrers in Wien, Oswald Menghin, allerdings ohne die These der »Alterung«. Gimbutas' alteuropäische Kultur wird gewissermaßen auf dem Höhepunkt ihres Lebens umgebracht, nicht zum Zeitpunkt des altersmäßigen Verfalls.

## Das matriarchale Alte Europa

In *The Gods and Goddesses of Old Europe* verwendete Marija Gimbutas, in Anlehnung an den Psychologen und Jungianer Erich Neumann, das erste Mal die Begriffe »patriarchal« und

»matriarchal«.[13] Das Alte Europa ist matriarchal, sein Pantheon reflektiert eine Gesellschaft, die durch »die Mutter« definiert wird.[14] Die Indoeuropäer – kein Mensch wagt es mehr, von Indogermanen zu sprechen oder zu schreiben, obwohl man noch mindestens zwei Jahrzehnte lang die gleichen Menschen meinte – sind selbstverständlich patriarchal. Dies hatten auch die NS-Vorgeschichtler schon gesagt, wenn auch mit einem anderen Vorzeichen. Waren damals die vaterrechtlichen Indogermanen die positiven Helden, die von den verweichlichten orientalischen Bandkeramikern in ihrer Identität gestört wurden, so sind es jetzt die indoeuropäischen Räuberhorden, die das friedliche bandkeramische Matriarchat in Stücke hauen.

Dass es Marija Gimbutas selbst bereits 1974, also lange vor ihrer Vereinnahmung durch die begeisterten Matriarchatsanhängerinnen beiderseits des Atlantiks, auch in ihren vorgeschichtlichen Konzepten um Politik ging, zeigt der letzte Satz aus den zusammenfassenden Schlussfolgerungen von *The Gods and Goddesses of Old Europe*: »Spuren der Mythen und künstlerischen Konzepte Alt-Europas, welche vom siebten Jahrtausend v.Chr. her andauerten, wurden in die moderne westliche Welt übertragen und Teil ihres kulturellen Erbes.«[15]

Marija Gimbutas' Universitätslaufbahn in den USA beginnt in den Zeiten des Kalten Krieges und der Kommunistenhatz unter dem fanatischen Senator McCarthy. Ohne ihre dezidierte Betonung des »Westens« könnte man die zitierten Textstellen auch als Absage an Kriegerhorden grundsätzlich lesen: sowohl kommunistische wie nationalsozialistische. In der beschriebenen Konnotation jedoch ähnelt Marija Gimbutas' Position eher jener großbürgerlichen Sehnsucht im Baltikum nach Schutz vor den östlich-sozialistischen Horden, die dann in so erschreckender Weise von den deutschen Nationalsozialisten eingelöst wurde. Wo für Marija Gimbutas gewissermaßen der Hauptfeind stand, lässt sich auch an einer Bemerkung im Abschlusskapitel von *Die Sprache der Göttin* ablesen: »Es war der Anfang der verhängnisvollen Auswüchse undemokratischer Herrschaft, die 460 Jahre später ihren Höhepunkt unter

Stalin erreichten, als im Osten Europas 50 Millionen Frauen, Kinder und Männer einen gewaltsamen Tod fanden.«[16] Aus dem Osten die Barbaren – und im Gegensatz dazu eine heile, humanistische, weiblich geprägte autochthone Mythenwelt, deren Erbe allein im Westen liegt. Nach Pogromen, Vertreibungen und Krieg schimmern hier die Spuren des nächsten geschichtlichen Ereignisses im Werk Marija Gimbutas' hervor. In *The Gods and Goddesses of Old Europe* überschreitet Marija Gimbutas auch das erste Mal die Linie zwischen wissenschaftlicher Darstellung und Interpretation.

Man kann dem Werk Marija Gimbutas' als in Europa – Litauen, Österreich und Deutschland – wissenschaftlich sozialisierter Archäologin, deren Hochschulkarriere jedoch in den USA der fünfziger bis achtziger Jahre stattfand, nicht gerecht werden, wenn man nicht die forschungsgeschichtlichen Bedingungen der archäologischen Fächer auf beiden Seiten des Atlantiks in Betracht zieht.

Die Fächer Archäologie und Prähistorie sind nämlich genau in der Phase der weltweiten Studentenproteste gewissermaßen »auf einem anderen Dampfer«, denn gerade die nicht gesellschaftskritischen, naturwissenschaftlichen Verfahren beginnen zu jener Zeit eine Art Siegeszug durch die Institute Europas und Amerikas. In Deutschland liefern sich die »alten«, eher geisteswissenschaftlich orientierten Richtungen der Ur- und Frühgeschichte Rückzugsgefechte mit den neuen, pragmatischen Forschungsrichtungen, die auf den verstärkten Ausbau naturwissenschaftlicher Labore pochen. Statistische Verfahren lösen die kunstgeschichtliche Betrachtungsweise ab, Chemie und Pollenanalyse vorschnelle Interpretationen zum Leben steinzeitlicher oder metallzeitlicher Menschen. Die deutsche Ur- und Frühgeschichte muss darüber hinaus auch noch ihre Ablösung von einer nationalsozialistisch geprägten Mittäterwissenschaft betreiben, die Erarbeitung neuer Begrifflichkeiten und den Aufbau neuer Universitätsinstitute gegen einen allgemeinen Mainstream, der zu Recht dieses Fach mit großem Misstrauen beobachtete.

In den englischsprachigen Ländern kann man sich dahingegen schon wieder eher theoretischen Konzepten zuwenden, während die deutsche Vorgeschichtsforschung sich einer exakten, beinahe asketischen Interpretationsvermeidung unterwirft. In den USA verknüpft man die naturwissenschaftlichen Vorgehensweisen mit sozialwissenschaftlichen Fragestellungen. Hinzu kommt in den USA grundsätzlich eine größere Nähe der archäologischen Disziplinen zur Völkerkunde/Ethnologie sowie deren methodischen Ansätzen.[17]

Auch Marija Gimbutas kombiniert nun die ersten, naturwissenschaftlichen Chronologieverfahren mit eher klassischen, kunstgeschichtlichen Interpretationsweisen. Die chronologischen Daten übernimmt sie von den Laboren, ihre kunstgeschichtliche Interpretation der Figurinen und Gefäße sowie der Muster auf ihnen geschieht aber noch im damals herkömmlichen Sinne, ohne den selbstreflexiven und auch gesellschaftskritischen Ansatz der Theoretischen Archäologie, wie sie seit den späten Sechzigern diskutiert wurden.

*The Gods and Goddesses of Old Europe* wurde von ihren Fachkollegen zwiespältig aufgenommen, was sicher sowohl an dem noch etwas unausgegorenen, «frühtheoretischen» Ansatz Marija Gimbutas' lag als auch an ihrer Einbeziehung geschlechtsspezifischer Thesen, die Anfang der siebziger Jahre, als die Frauenbewegung gerade erst begann, ihre Forderungen und Kritiken zu artikulieren, sicher noch befremdender anmuten musste als zehn, zwanzig Jahre später. »In Alteuropa war die Welt des Mythos nicht in weiblich und männlich polarisiert, wie bei den Indoeuropäern und vielen anderen nomadischen Hirtenvölkern der Steppe, so Gimbutas. Beide Prinzipien standen nebeneinander ... Keines war dem anderen untergeordnet; indem sie sich ergänzten, verdoppelten sie ihre Kraft.«[18]

Allerdings stehen dann knapp zwanzig Seiten der Bearbeitung männlicher Idole bei Gimbutas mehr als hundert Seiten der weiblichen gegenüber, abgesehen von den weiblichen Konnotationen im übrigen Text.

## Mythen, Symbole und Kontinuität

Ihre sich im Laufe der Jahre immer stärker entwickelnde Nähe zu den mythologischen Interpretationsweisen wird im Vorwort von Joseph Campbell für die 1995 erschienene deutsche Ausgabe von *Die Sprache der Göttin* gut sichtbar. In ihm schimmert abermals seine unscharfe Haltung gegenüber den monotheistischen Religionen des Juden- und Christentums durch. 1995 sind im etablierten Vorgeschichtsdiskurs die Thesen der vom Osten hereinbrechenden »viehzüchtenden indoeuropäischen Nomadenstämme«[19] längst überholt.

Weiterhin fällt in diesem Buch die ungenaue Abstimmung der einzelnen Kapitel aufeinander auf: Joseph Campbell, der Europäer, spricht, zwar wissenschaftlich überholt, aber für seine Zeit durchaus politisch korrekt, von »Indoeuropäern«. In der Einleitung von Marija Gimbutas aber finden wir dann durchgehend den sowohl wissenschaftlich als auch politisch überholten Begriff der »Indogermanen«[20], und im Abschlusskapitel stehen wieder die korrekteren »Indoeuropäer«. Entweder lagen einige Jahrzehnte zwischen dem Abfassen der Einleitung und dem Schreiben des Schlusskapitels, oder die begriffliche Abstimmung zwischen den beiden Übersetzerinnen hat nicht funktioniert.

Wie man an ihrer Dissertation sehen kann, ist Marija Gimbutas eine Schülerin des von den zwanziger bis in die vierziger Jahre hinein vertretenen Kossinna'schen Ansatzes. Auch 1995 zeigt sich diese frühe Schulung noch deutlich in ihren Arbeiten: »Ich bin der Kontinuität von Symbolen und Bildern in vorgeschichtliche und geschichtliche Perioden nachgegangen, habe sie aber auch rückwärts bis zu ihrem Ursprung im Paläolithikum verfolgt.«[21] Das Dilemma des Deutungsansatzes von Gustav Kossinna, der die europäische Vorgeschichtsforschung so nachhaltig prägte, war, dass sich schriftliche Zeugnisse eben nicht so weit in die Vorgeschichte hinein zurückverfolgen lassen. Doch einige Schüler dieses Ansatzes entdeckten die »Symbole«, die dann – bis weit ins Paläolithikum hinein – die Rolle der zurückzuverfolgenden Bilderwelten abgeben konnten.

Dies setzt allerdings voraus, dass ein prähistorisches Bild, eine Ritzung, nur als Symbol definiert wird, als verbindendes Element zwischen abstraktem und konkretem Begriff, zum Beispiel: Rose gleich Blume gleich Liebe, als *tertium comparationis*, wie dies schon Herbert Kühn genannt hatte.[22] Dies aber ist bereits der erste Schritt einer Interpretation, denn nicht jedes ausgegrabene, vorgefundene Zeichen/Bild ist von vornherein ein Symbol. Weiterhin setzt dieser Ansatz voraus, dass die Bedeutung dieser Symbole immer, zu allen Zeiten und an allen Orten für alle Menschen, gewissermaßen genetisch festgelegt, gleich bleibt. Diese zweite Arbeitshypothese wird meist durch die Schriften des Psychoanalytikers C.G. Jung abgesichert, der davon ausging, dass alle Menschen in ihrem Unterbewusstsein ein angeborenes Bildersystem, die so genannten Archetypen, hätten. In ihrer Rezeption der Arbeiten des jungianischen Psychologen Erich Neumann stellt Marija Gimbutas sich eindeutig in diese Tradition, wenn sie auch Neumanns Konzept der »Ureltern« als primär psychische Einheit ablehnt.[23] Dieses Konstrukt findet sie in ihren archäologischen Quellen nicht wieder.

Neu ist auch, dass sie die einfache Mutter-Fruchtbarkeitsdeutung der Symbole überschreitet und im Bild einer »Göttin« – im Unterschied zum Neumann'schen Begriff der »Mutter« – die Vorstellungen von der Funktion einer solchen Gestalt wesentlich erweitert. Diese »Göttin« ist eine leben- und todbringende Gestalt, sie regeneriert die Kräfte in der Natur und sorgt für die Neugeburt des Lebens sowohl der Tiere, Pflanzen als auch der Menschen, sie ist die chtonische Unterwelts- und Totengöttin und sorgt für die dringend notwendigen materiellen Ressourcen. Kurz: Sie ist das getreulich ins Sakrale projizierte Bild der allseits beschäftigten, berufstätigen, modernen Frau, die eben nicht nur aufs Hausfrau- und Mutterdasein beschränkt bleibt.

Marija Gimbutas' Vision ist die einer modernen Göttin. Ein reines Bild der »Fruchtbarkeitsgöttin« würde, selbst gepaart mit amazonischen Aspekten, wie es die Matriarchatsforschungs-Literatur der ersten Hälfte des 20. Jahrhunderts evozierte, auch die Bedürfnisse der Frauen im letzten Drittel dieses Jahrhunderts kaum noch abdecken, was aber auch schon Bertha Eckstein-Diener mit ihrem Begriff der »zeitlosen Frau« ahnend vorausgenommen hatte.[24] Beschäftigt man sich mit der interessanten Biografie von Marija Gimbutas, so ist es die Vision ihrer selbst: erfolgreiche Wissenschaftlerin, Mutter und Managerin schlimmster Lebenskrisen. Ihre Vision geht jedoch in keinster Weise mit jener Überbewertung der Frauen sowie Abwertung der Männer einher, wie andere Autorinnen sie vertreten.

Ich spreche bewusst von der »Projektion ins Sakrale«, denn einen »Himmel« im Sinne einer vom irdischen abgetrennten, geistigen Welt kennen die Menschen des Neolithikums laut Marija Gimbutas nicht.

Außerdem wird dieses Göttinnenbild, das ist ja der tiefere Sinn, in eine lang andauernde, urgeschichtliche Zeit zurückprojiziert. Das heißt: Dieses Frauen-Göttinnenbild wird als »schon immer so« behauptet. »Was ins Auge springt, ist gerade nicht die Metamorphose der Symbole im Laufe der Jahrtausende, sondern vielmehr deren Kontinuität seit dem Paläolithikum.«[25] Die Veränderung eines solchen symbolischen Bedeutungsgefüges kann gewissermaßen nur ruckartig, durch Katastrophen oder sonstige äußere Einflüsse geschehen.

Zu solchen »Katastrophentheorien« neigten auch die frühen Theoretischen Archäologen, wie Colin Renfrew.[26] Sie besaßen kein Konzept, eine Veränderung von sozialen oder hier symbolischen Strukturen möglicherweise auch gesellschaftsimmanent zu begreifen. Die »Katastrophenposition« findet sich bei Marija Gimbutas bereits in ihrer Doktorarbeit 1946, in der sie an mehreren Stellen auf die »große Konservativität der Bestattungen«[27] hinweist, die mit »ethnischer Stetigkeit«[28] einhergeht. Veränderung geschieht durch Einwanderung oder Eroberung: »Wenn ein neuer Stamm kommt, bringt er ganz andere ... verschiedene Bestattungssitten mit.«[29] Die Rolle der Bestattungen in ihren frühen Arbeiten, die ja Ausdruck eines wie auch immer gearteten geistigen Überbaus sind, übernehmen nun, im Spätwerk, bestimmte Bilder, »die erstaunliche Langlebigkeit ... demonstrieren«[30].

Diese Kontinuitätslehre macht dann auch einen recht verwaschenen Übergang in historische Zeiten, ja bis zu den »Großmüttern«, möglich: »Die Glaubensvorstellungen ackerbauernder Völker ... gehören zu jenen, die sich am längsten erhalten haben ... dem anhaltenden Zersetzungsprozess in der historischen Zeit zum Trotz. Weitergegeben von den Großmüttern und Müttern der europäischen Familie, haben die alten Glaubensvorstellungen die Überlagerung durch indogermanische und christliche Mythen überlebt.«[31] Hier erscheint die »europäische Familie« nicht nur als Keimzelle der modernen Gesellschaft, sondern auch als Hort der unterdrückten Göttinnentraditionen.

## Methode von Zickzack zu Zickzack

Vor diesem geistesgeschichtlichen Hintergrund ist Gimbutas' programmatische Absicht des Buches zu verstehen, nämlich »die Bilderschrift für die Religion der Großen Göttin des Alten Europa ... vorzustellen«[32]. Die prähistorischen Symbole und Bilder stellen eine »Metasprache« dar, ein »Bedeutungsgefüge«. Ihre Hypothese lautet, dass sich die Bezüge dieser Sprache, ihre Grammatik am besten verstehen ließen, wenn man sie nach ihren »inneren Zusammenhängen« ordnet.[33]

Diese Arbeit setzt ein interdisziplinäres Denken mit sprachwissenschaftlichen, ethnologischen und mythologischen Elementen voraus. Die wichtigsten archäologischen Quellen für diese Arbeit sind wiederum nicht Geräte, sondern Artefakte aus einem künstlerischen Bereich, wenn Marija Gimbutas auch teilweise Häusergrundrisse, Gefäße, besser ihre Formen und Muster, sowie Grabanlagen mit in die Interpretation einbezieht.

In ihrem gesamten Werk findet sich kein einziges abgebildetes Arbeitsgerät, keine Klinge, kein Schaber, kein Schwert. Auch die Gefäße werden einzig nach künstlerisch-religiösen Merkmalen sortiert, nicht nach funktionalen oder typologischen.

Zunächst erscheint das Ordnen der Gefäße und Statuetten nach Mustern, Zickzackbändern oder Spiralen einfach als ein anderes System, verschieden von der typologischen oder chronologischen Ordnung der Artefakte. Bei genauerem Hinsehen aber ist eine solche Ordnung im tiefsten Sinne ahistorisch, denn in die Gruppe »Artefakt mit Zickzack« beispielsweise werden zeitlich so weit auseinander liegende Gegenstände wie paläolithische Frauenstatuetten und neolithische Gefäße gleich welcher Funktion und metallzeitliche Schalen eingeordnet. Funktional völlig verschiedene Artefakte landen unter einem Oberbegriff. Da »Zickzack« nach Gimbutas auch immer das Gleiche bedeutet, entfällt zum Beispiel auch die Auswertung der typologischen Entwicklung, die ein solches Muster vielleicht durchlaufen hat. Dabei lässt sich durch eine typologische Reihe gerade die Entwicklung der Artefakte, ihr relativchronologisches Aufeinanderfolgen verfolgen. Hinzu kommt, dass Muster auf neolithischer Keramik auch ausgetauscht wurden, wanderten, übernommen wurden usw. Nach ihnen werden Kulturgruppen benannt – zum Beispiel die Bandkeramik. Durch regionale Überschneidungen, Varianten oder Übernahmen lassen sich vorsichtige Aussagen zu Handel, Heiraten und anderen Kommunikationsmechanismen zwischen diversen Gruppen, also zu Sozialstrukturen erarbeiten.

Gerade die älteren Methoden in der Ur- und Frühgeschichtsforschung wie die Typologie und die historische Chronologie, auf die sich Marija Gimbutas auch in ihren ersten Arbeiten noch bezieht und die sie, anders als Marie König, auch verwendet hat[34], sind in der Lage, geschichtliche Variation, Wandel und Entwicklung abzubilden. Die Lehre der angeblich unwandelbaren Symbole ist statisch und verwirft den Gedanken von menschlicher Evolution und sozialer Entwicklung. Sie ist im klassischen Sinne reaktionär, da sie davon ausgeht, dass Menschen durch alle Zeitläufte hindurch Gleiches denken, fühlen und wollen.

Zwar fußt Marija Gimbutas' Werk auf der europäischen Tradition der Prähistorie, das heißt, sie bezieht auch einige von deren Ansätzen mit ein. Dennoch tendiert Gimbutas, zumindest im hier hervorgehobenen Spätwerk, eindeutig zu den mythologischen und symboldeuterischen Interpretationen, die überall ein zyklisches Weltbild, die Immanenz des Spirituellen im Diesseits, das Ineinander von Tod und Leben sowie die Auffassung der Identität von Erde, Kosmos und menschlichem Dasein beinhalten. Marija Gimbutas' späte Arbeiten sind, trotz ihrer Verbrämung durch die Einbeziehung der ersten Ergebnisse moderner Chronologieverfahren ahistorisch und entwicklungsfeindlich.

## Die sieben heiligen Fragen

Man kann die sieben »heiligen« Fragepronomen (wann, wo, wer, was, wie, warum, wozu) an Marija Gimbutas' Arbeiten richten und wird auf fast jedes eine Antwort finden. Das macht den Nachweis des Reaktionären in ihren Arbeiten schwer. Er lässt sich letztlich nur durch die forschungsgeschichtliche Einordnung und die literaturkritische Analyse ihrer Bücher führen.

Das Wann findet sich in ausführlichen Chronologietabellen am Schluss ihrer Bücher dargestellt, das Wo auf ebensolchen Karten Europas, die die verschiedensten Einfallphasen und Wege der von ihr so genannten »Indoeuropäer« darstellen. Die in den Texten erwähnten Fundplätze und Kulturgruppen werden ebenfalls auf diversen Karten aufgezeigt. Mehrseitige Anmerkungs- und Literaturapparate kümmern sich um die Nachweisbarkeit sowie die Forschungsquellen und verhelfen zu einer guten Orientierungsmöglichkeit.

Die Frage nach dem Wer beantwortet Gimbutas ethnisch: vorindoeuropäische(-germanische) Ackerbaukulturen versus indoeuropäische(-germanische) Hirten- und Reiternomaden. Oder auch: matristische Ackerbauern gegen patriarchale Metallgießer, sesshafte Hausbauer gegen nomadische Reiterhorden.

Die These der Indoeuropäer aus dem Osten war bis etwa Mitte der sechziger Jahre durchaus allgemeine Lehrauffassung in den archäologischen Wissenschaften. Die Vorstellung, dass sich die Entwicklung vieler der ursprünglich jenen Ur-Indoeuropäern zugeschriebenen technischen, kulturellen und gesellschaftlichen Innovationen erstens über einen wesentlich längeren Zeitraum hinzog und diese zweitens auch auf autochthonen Traditionen beruhen konnten, entwickelte sich erst durch die neuen Chronologieverfahren, welche ein anderes Bild auf die europäische Vorgeschichte warfen. Dazu gehören aber auch typologische Studien zu den Geräten und anderen Artefakten menschlichen Lebens.[35]

Markus Vosteen bearbeitete in seinem Aufsatz »Unter die Räder gekommen. Untersuchungen zu Sherrats ›SPR‹« die Thesen des theoretischen Archäologen Andrew Sherrat neu, der eine Art »zweiter neolithischer Revolution« konstatierte, die sich vor allen Dingen im »sekundären« Verbrauch tierischer Ressourcen niederschlug: Milchverarbeitung, das Spinnen von Wolle und die Verwendung von Zug- bzw. Reittieren.[36] Vosteens Arbeit ist ein Beispiel dafür, wie man durch neue Daten und Erhebungen ältere Theorien überprüfen kann, um die Modelle der Vorgänger zu bestätigen, zu widerlegen oder zu ergänzen.

Das heißt: Zum Zeitpunkt der Abfassung und Herausgabe von *Gods und Goddesses of Old Europe* konnte Marija Gimbutas bestimmte Ansätze noch gar nicht kennen, da es sie noch nicht gab. Auf die noch nicht oder erst beginnende Rezeption der neueren naturwissenschaftlichen Chronologieverfahren weist Gimbutas auch mehrfach hin.

Kritischer muss man jedoch die Neuauflagen ihrer Arbeit betrachten, die im Amerikanischen Ende der achtziger Jahre und auf Deutsch zu Beginn der neunziger erschienen. Sie reproduzieren ungebrochen die alten Vorstellungen aus den sechziger Jahren. Durch die angehängten Tabellen, Kartenwerke und weiteren Signale einer progressiveren, moderneren Ur- und Frühgeschichtsmethodik – die in den Texten, denen sie angeschlossen sind, übrigens kaum verankert werden – wird der Eindruck von Wissenschaftlichkeit erweckt, die Glaubwürdigkeit erhöht. Letztlich dienen sie jedoch nur der Legitimierung alter, mytheninterpretatorischer und in diesem Sinn reaktionärer Ansätze.

»Was?« und »Wie?«, also die Fragen nach Herstellungsarten und Gerätefunktionen, beantwortet Marija Gimbutas nicht. Nirgendwo erwähnt sie Arbeitsgeräte. Auch die Herstellungsverfahren der von ihr interpretierten Kunst- und Sakralgegenstände spielen nur eine verschwindend geringe Rolle in ihren Abhandlungen.

Für ein Warum, beispielsweise des Einbruchs der »Indoeuropäer« ins friedliche Mittel- und Osteuropa, gibt sie wenige Erklärungen. Meistens macht Gimbutas klimatische Veränderungen für die Wanderungen verantwortlich. Hypothesen zu gesellschaftsimmanenten Veränderungen, wie die 1981 erschienene Studie von Andrew Sherrat: *Plough and Pastoralism* (Pflug und Hirtentum), eine der berühmtesten Studien, die im Umkreis der so genannten »Theoretischen Archäologie« entstanden, waren ihr, ebenso wie die modernen Chronologieverfahren, anscheinend nicht bekannt.

Die Frage »Wozu?«, also in diesem Zusammenhang die Frage nach der Funktion des Weltbildes, beantwortet Gimbutas so: »Die Feier des Lebens ist das Leitmotiv im Ideenleben und der Kunst des Alten Europas ... Es gibt keine Stagnation, die Lebenskraft ist ständig in Bewegung.«[37] Es geht ihr um die Wiederbelebung, die Aktualisierung dieses Weltbildes: »Doch der ewige Kreislauf der Natur setzt sich unaufhörlich fort, und wir erleben heute, dass die Göttin aus den Wäldern und von den Bergen zu uns zurückkehrt und, indem sie uns zu den ältesten Wurzeln der Menschheit zurückführt, unsere Hoffnung für die Zukunft aufleben lässt.«[38]

## Das Setting

*Die Zivilisation der Göttin* und *Die Sprache der Göttin* sind die »Alterswerke« von Marija Gimbutas. Warum sollte eine ältere Dame nicht auch einmal die engen Fesseln wissenschaftlicher Wohlanständigkeit überschreiten dürfen, wie sie es mit diesen Werken tat? Doch hier stößt man wieder auf die Frage nach dem

»Setting«, also der Situation, in der eine These, eine wissenschaftliche Abhandlung, ein Vortrag aufgestellt werden oder stattfinden. In Bezug auf die Rezeption von Marija Gimbutas' Werken im Rahmen der Frauenbewegung in den neunziger Jahren muss man die Rolle ihrer Promoterin und Herausgeberin Joan Marler mit berücksichtigen.

Die professionelle Handschrift dieser Journalistin prägt die oben genannten bilderreichen Bände von Gimbutas. Zum wissenschaftlichen Mäntelchen einer modernen Vorgeschichtsforschung tritt die gute, bilderreiche Aufmachung dieser beiden Bücher. Da es sich aber ausschließlich um Zeichnungen handelt, konnte sich der Preis dieser Bücher, die umfangreich wie Ausstellungskataloge daherkommen, in einem erträglichen Rahmen halten. Der Text steht nunmehr gleichberechtigt neben den Abbildungen. Er ist einfach und leicht plakativ geschrieben. Die Aufmachung beider Bücher ist ein Kotau vor der bildergewohnten, medienbeeinflussten Kultur des ausgehenden 20. Jahrhunderts. Nicht mehr emotionsgeladene Sätze transportieren die Botschaft der heilen Frauenwelt, sondern eine Abbildungsflut, die streckenweise fast den Eindruck von Comics erweckt, matriarchaler Comics.

Das Zeichnen von Funden ist einer der wichtigsten Bestandteile der archäologischen Aufnahme. Profile, Fundsituationen, Lage von Artefakten und diese selbst, werden in situ und auch später am Arbeitstisch gezeichnet. Zwar übernehmen mehr und mehr die immer ausgefeilteren Fotografieverfahren in dieser Hinsicht wichtige Abbildungsfunktionen, dennoch wird das Zeichnen noch lange Zeit auf den Ausgrabungsplätzen und in den Laboren eine der wichtigsten, archäologischen Arbeiten sein.

Bezüglich der Art und Weise des Zeichnens gibt es feststehende Übereinkünfte. Wer auch immer Vorgeschichte oder Archäologie studiert, verbringt einen großen Teil seiner Studienzeit mit dem Zeichnen von Steinartefakten oder Gefäßen. Selbst wenn man über zwei linke Hände verfügt, ist die Aneignung dieser Übereinkünfte und das dazugehörige Vermessen-Lernen vor Ort wichtig, um die Zeichnungen anderer Forschender lesen und verstehen zu lernen.

Die Zeichnungen in den beiden Bänden von Gimbutas entsprechen diesen Regeln und Übereinkünften in keinster Weise. Ihr wissenschaftlicher Gehalt lässt sich insofern gar nicht überprüfen. Sie sind ausschließlich auf die Sehgewohnheiten der Käufer, also der Kinder des Fernsehzeitalters, ausgerichtet. Sie haben mehr mit Werbezeichnungen gemeinsam als mit wissenschaftlich redlichen Abbildungen. Sie verraten die ökonomische Fragestellung, die sich in erster Linie danach richtet, ein Produkt zu verkaufen.

Dies muss nicht unbedingt schlecht sein. Überzeugte Matriarchatsanhängerinnen freuen sich möglicherweise über die Breitenwirkung und Suggestion eines solchen Buches. Diese Bilder dienen jedoch als Medium der Manipulation.

Als früher ebenfalls matriarchatsbegeisterte Feministin erlebte ich Joan Marler das erste Mal 1990 auf einer Frauentagung im Ruhrgebiet, die dem Thema Matriarchat gewidmet war. Sie wehte mit der Unbekümmertheit und dem Flair einer weltgewandten Journalistin herein und machte uns allein dadurch klar, dass nun diese Matriarchatsforschung endlich aus der deutschen Provinzialität zu befreien war. Dazu konnten die anwesenden Frauen damals nur heftig nicken. Seit den Auftritten Mary Dalys in den feministischen Vortragssälen hatten sie dergleichen schwer vermisst. Joan war jung, schön und hatte – wer dachte damals überhaupt an so etwas? – ein Handy dabei, die Standleitung in die USA, die Standleitung zu Marija Gimbutas höchstpersönlich! Uns alle wehte der Schauer des weltweiten Matriarchats an, wenn dieses Handy klingelte und Joan vor dem gesammelten Frauenplenum mit »Marija« telefonierte: »Hi – how are you?«

Marija Gimbutas war zu dem Zeitpunkt schon schwer krank, nicht nur insofern war ihr diese Erhöhung absolut zu gönnen. Als sie einige Jahre später zur Eröffnung der Ausstellung im Frauenmuseum Wiesbaden doch persönlich anreisen konnte, lernten wir sie als eine beeindruckende ältere Dame kennen. Wenn man so will, gab uns die Enkelin Joan Marler eine Großmutter – was in Deutschland mit seinem durch die nationalsozialistische Geschichte gebrochenen Generationenverhältnis eine wichtige Wirkung hatte. Unsere eigenen Großmütter gab es entweder nicht mehr, oder sie gehörten der Generation der Täter an. Eine Frau, noch dazu vor Terror und Krieg geflohen, eine europäisch-amerikanische Großmutter, stellte auch im zeitgeschichtlichen Zusammenhang eine Traditionslinie wieder her. Die Person von Marija Gimbutas, vermittelt durch Joan Marler, erfüllte ebenso Sehnsüchte nach Tradition und Verortung wie ihr wissenschaftliches Werk.

Nicht nur Wissenschaftlichkeit suggerierten die Arbeiten von Marija Gimbutas. Joan Marler vermittelte außerdem, dass Matriarchatsforschung etwas sehr Modernes, Zeitgemäßes sei, dass sie etwas mit Internationalität und moderner Technik zu tun habe, und mit Humor. Mit Marija Gimbutas' Werken verband sich auch die Öffnung eines recht ideologischen Weltbildes in Richtung Wissenschaftlichkeit. Eine Erweiterung, die plötzlich Raum für Kritik und Spielerei gab und möglicherweise sogar ungewollt das Ende der Idee vom Matriarchat mit einläutete.

Auch als ich den Matriarchatsforscherinnen der verschiedensten Provenienz bereits höchst kritisch gegenüberstand, glaubte ich noch die Gimbutas'schen Thesen und Vorstellungen, übernahm sie in meine Kurse und vermittelte sie auf den Megalithanlagen von Malta bis Irland, von der Bretagne bis in die Ukraine meinen staunend zuhörenden Kundinnen. Schließlich war es ein politisches, umweltfreundliches Weltbild, das da vermittelt wurde, friedlich und ökologisch, gewissermaßen die Möglichkeit, die Rettung der Erde via ihrer Heiligung zu erreichen.

Auch in meinem Buch *Die magischen Stätten der Frauen* vertrete ich teilweise noch diese Ansichten. Ebenso in meinem kritischen Aufsatz zum Buch *Göttinnendämmerung* von Brigitte Röder u.a., in dem ich bissig darauf hinweise, dass man eben von *der* Matriarchatsforschung so einfach nicht sprechen könne.[39] Ich teilte das Schrifttum gewissermaßen in »gute« und »schlechte« Matriarchatsliteratur. Aber letztlich ist auch dieser Umgang mit den restaurativen Vorstellungen von Marija Gimbutas falsch. Kritisches Lesen, genaues Hinsehen, forschungsgeschichtliche Rückbindung und Hellhörigkeit gegenüber mythologisch-reaktionären Vorstellungen bringen es einfach mit sich, auch gegenüber Gimbutas' Werk die rosarote Brille der eigenen Sehnsucht abzusetzen. Letztlich muss man sich entscheiden: Will ich die magisch-mythische Utopie, die mir mein Geworfensein in diese moderne, desillusionierende Welt versüßt oder will ich die Freiheit der Kritik, die Nüchternheit der Wissenschaft, das Lachen der Entdeckungen? Vereinen lassen sich diese Wünsche anscheinend zur Zeit noch nicht. Ich habe mich für Letzteres entschieden, denn auch diese nüchtern lachenden Freiheiten sind »Feier des Lebens und Hoffnung für die Zukunft«[40].

# Die Sünden der Töchter

## Vom Matriarchat zum Frauenprojekt – Heide Göttner-Abendroth

Als Heide Göttner-Abendroth 1980 ihr erstes Buch zum Thema Matriarchat veröffentlichte[1], trat sie mit dem Anspruch auf, im Gegensatz zu ihren Vorgängerinnen endlich mit wissenschaftlichen Kriterien an dieses Thema heranzugehen. Aufgrund der so verspäteten Rezeption von Marija Gimbutas' Arbeiten im deutschsprachigen Raum waren archäologische Fragestellungen noch gar nicht aufgekommen. Auch Marie Königs Erstauflage von *Am Anfang war Kultur* 1973 erzielte längst nicht die Breitenwirkung, wie sie nach der Etablierung dieses Themas möglich wurde.

Die 1941 geborene Heide Göttner-Abendroth holte das Thema Matriarchatsforschung durch ihren postulierten wissenschaftlichen Anspruch also aus der unwissenschaftlich-ideologischen »Schmuddelecke« heraus. Dies lässt sich an der fortschreitenden Zitation ihrer Werke im Rahmen volkskundlicher, sozialpädagogischer, germanistischer und anderer geisteswissenschaftlicher Arbeiten nachweisen. Die allgemeine Akzeptanz des Themas »Matriarchatsforschung« innerhalb und außerhalb des Wissenschaftsbetriebes, auf die Brigitte Röder in ihrem Aufsatz hinweist[2], ist eng an das Werk von Heide Göttner-Abendroth gebunden.

## Ökologie und Matriarchatsforschung

Die Popularität der Arbeit von Göttner-Abendroth liegt auch in der Nähe ihrer Positionen zur ökologischen bzw. ökofeministischen Bewegung begründet: »Theoretikerinnen des Ökofeminismus analysierten die ökonomische und soziale Lage von

Frauen in Südamerika und Indien. Nach ihren Erkenntnissen beruht die patriarchale Zivilisation auf dem Bestreben, das Weibliche, wozu eine weiblich konnotierte Erde und die landwirtschaftliche Arbeit in Familienbetrieben, die Subsistenzwirtschaft, gehören, zu vernichten. Göttner-Abendroths vorgeblich wissenschaftlich gesicherte Darstellung einer vorpatriarchalen, von Frauen begründeten und getragenen Gesellschaftsform, dem Matriarchat, die auf anderen als diesen patriarchalen, zerstörerischen Werten beruhte, weist den Weg aus der grauen Vergangenheit direkt in eine lebensfreundliche Zukunft. Aus ökofeministischer Perspektive scheint die Matriarchatstheorie so etwas wie eine ›Schwester im Geist‹ zu sein.«[3]

Sowohl in ihren Büchern als auch in ihren öffentlichen Vorträgen betont Heide Göttner-Abendroth die angebliche Lebens- und Naturfreundlichkeit in matriarchalen Gesellschaften – wobei sie allerdings politische Forderungen zu (prä-)historischen Tatsachen macht.

Der Begriff der »Naturnähe« im Zusammenhang mit der Postulierung vorgeschichtlicher matriarchaler Gesellschaften schließt gewissermaßen einen Kreis zwischen nationalsozialistisch beeinflussten Quellen matriarchaler Theorien, biologistischem Denken der Gegenwart (wie es sich in einigen ökofeministischen und fundamental ökologischen Ansätzen darstellt), neurechtem Denken und den reaktionären Anteilen in der Frauenbewegung (insbesondere die Orientierung an überkommenen Geschlechtsrollenvorstellungen).

In ökofeministischen und ökologisch motivierten Gründungen alternativer und dissidenter Arbeits- und Lebenszusammenhänge, wie dem »Institut für Theorie und Praxis der Subsistenz« durch Maria Mies und Veronika Bennholdt-Thomsen oder dem »Lebensgarten Steyerberg« durch Margret Kennedy, den Jutta Ditfurth ausführlich kritisiert[4], spielte die theoretische Unterfütterung mit den Matriarchatsideen von Heide Göttner-Abendroth eine große Rolle. Das Südtiroler Projekt »Vita Alpina«, gegründet von Hans Haid[5], hat eine Abteilung »Matriarchat und Berge«, die die Veranstaltungen der Matriarchatsakademie »Hagia« von Heide Göttner-Abendroth ankündigt und ihre Theorien zitiert.

»Dem Einfluss des ehemaligen DDR-Dissidenten Rudolf Bahro im Umfeld ökologiekritischer ›kommunitärer Gemeinschaften‹ ist es zu verdanken, dass Göttner-Abendroth sehr schnell nach der politischen Wende auch in den neuen Bundesländern ihre Anhängerinnen finden konnte.«[6] Claudia von Werlhof, eine der wichtigsten Theoretikerinnen des Ökofeminismus, distanzierte sich erst in dem Augenblick von Heide Göttner-Abendroth und ihrer Akademie, als sie Einblick in die Projektpraxis und die verquaste Spiritualität erhielt. Kritische Stimmen zu den Theorien und zum Projekt Heide Göttner-Abendroths wurden auch innerhalb der Matriarchats- und Spiritualitätsszene der Frauenbewegung ab Anfang der neunziger Jahre immer lauter.[7]

Dass Göttner-Abendroth innerhalb der Geisteswissenschaften auf Akzeptanz stoßen konnte und innerhalb einer naturwissenschaftlich-empirischen Prähistorie eben nicht, hängt entscheidend mit der wissenschaftlichen Herkunft der 1941 geborenen Autorin zusammen. Sie studierte Ende der sechziger, Anfang der siebziger Jahre in München Philosophie mit dem Schwerpunkt Wissenschaftstheorie und promovierte 1973 mit einer Abhandlung zum logischen Aufbau von Literaturtheorien.

## Kritik und Popularität

Sonja Distler legte in *Mütter, Amazonen und dreifaltige Göttinnen* in ihrer Besprechung der Göttner-Abendroth-Thesen recht direkt den Finger auf die wunden, bedenklichen Punkte der beiden Zentralthemen darin: den Mutter-Sohn-Inzest sowie die Opferung eines Heros im mythisch-matriarchalen Zusammenhang.

Göttner-Abendroth projiziert diese Riten zum einen in die vorgeschichtliche Vergangenheit, zum zweiten erklärt sie sie zu innerpsychischen, überzeitlichen Strukturen in jedem Individuum, von C.G. Jung »Archetypen« genannt. Göttner-Abendroth distanziert sich, so Sonja Distler, in ihrem Buch *Matriarchale Ästhetik* allerdings deutlich von der Archetypenlehre, für sie sind die mythischen Bilder und Riten historische Tatsachen.

Es gehört zum eigenartigen Selbstverständnis von Göttner-Abendroth, gewissermaßen ohne Herkunft, ohne wissenschaftliche Wurzeln oder Vorläufer zu schreiben. Lässt sich eine solche Herleitung nicht vermeiden, wie hier im Zusammenhang mit den Thesen C.G. Jungs, so *muss* sich Göttner-Abendroth anscheinend davon distanzieren. In einem anderen Fall, ihrer augenscheinlichen Rezeption der Theorien des Mythologen Joseph Campbell, umgeht sie dieses Problem: Ich konnte seinen Namen in keinem ihrer Literaturverzeichnisse finden. Als hätte sie seine Werke nie gelesen. Dabei sollen seine Arbeiten in den achtziger und neunziger Jahren in ihrer Bibliothek gestanden haben, sollen seine Romane und Theorien in der Wohngemeinschaft ihrer Akademie gelesen und diskutiert worden sein.

Sonja Distler zeigt weiterhin auf, wie lange sie selbst brauchte, um den Realitätsgehalt der Göttner-Abendroth'schen Vorstellungen zu erkennen. Dabei ist mit »Realitätsgehalt« nicht der historische Gehalt ihrer Aussagen gemeint, sondern ihre Bereitschaft, die matriarchatstheoretischen Inhalte in die Gegenwart umzusetzen: »Es dauerte relativ lange, bis ich wahrnehmen konnte, daß Göttner-Abendroth ihre Ausführungen genauso meint, wie sie sie darstellt, dass sie eben nicht Fantasien, sondern ganz konkret zu praktizierende Rituale schaffen wollte.«[8] Dies kommt auch in Göttner-Abendroths Texten zum Ausdruck: »Der sakrale König oder Heros ist dagegen der Vertreter der Menschen, mit denen sich die Göttin in Gestalt der Priesterin verbindet, um ihrem Volk neues Leben zu schenken. Alle Rituale werden nicht nur symbolisch, sondern tatsächlich vollzogen: ... der Tod des Königs ist seine Opferung, um die kosmischen Regionen durch sein Blut für das nächste Jahr fruchtbar zu erhalten … ›Tod‹ ist in diesem Weltbild nichts Endgültiges … Von männlicher Seite wird ›Tod‹ daher konzipiert als freiwilliges Selbstopfer für Land und Volk, das in einer Apotheose mündet (Urbild des Heroischen).«[9]

Die Autorinnen Brigitte Röder, Juliane Hummel und Brigitta Kunz wunderten sich, warum die massive an Göttner-Abendroth geäußerte Kritik deren Popularität anscheinend niemals einen Abbruch tat.[10] Dabei ist die Liste der Kritikerinnen lang: von Soziologinnen über Theologinnen und Psychologinnen bis zu Germanistinnen. Anders als sonst im Rahmen der Matriarchatsforschungs-Literatur umfasst der »Fall Heide Göttner-Abendroth« nicht allein die Problematik von Textstrukturen, die als autoritär bezeichnet werden können. Durch den postulierten Anspruch Göttner-Abendroths, ihre Theorien auch rituell in die Gegenwart umzusetzen, rückt das Problem der realen Folgen solcher Texte in den Blick, also ihre »Verwirklichung« in einem mehr oder weniger sektenartigen Zusammenhang.

Gerade den Vertreterinnen einer angeblich gewaltfreien Urgesellschaft muss die Macht- und die Gewaltfrage gestellt werden, müssen ihre Texte auf die in ihnen angelegten Legitimationen von Aggression hin durchforstet werden und muss abschließend überprüft werden, ob und in welcher Art der eventuell vorhandenen autoritären Theorie auch eine autoritäre Praxis folgt. Diesen Schritt tun zu können, setzt voraus, das hehre Bild der friedliebenden Frau im Gegensatz zum kriegslüsternen Mann zu hinterfragen, das Lieblingskonstrukt der Neuen Frauenbewegung ab den siebziger Jahren. Dieses Konstrukt zeigt bis heute seine Wirkung.

## Das Paradigma

Konsequent verfolgte Heide Göttner-Abendroth einen Weg, der sich bereits 1978 in ihrer Dissertation ankündigte. In Auseinandersetzung mit verschiedenen Theoriebegriffen, insbesondere dem von Thomas S. Kuhn, analysieren Göttner-Abendroth und ihr Co-Autor Joachim Jacobs hermeneutische, marxistische und linguistische Literaturtheorien auf die in ihnen liegende normative oder beschreibende Darstellungsweise.

Kuhns Abhandlung *Die Struktur wissenschaftlicher Revolutionen* ist für Forschungsgeschichtler Pflichtlektüre. Danach geschieht die Entwicklung wissenschaftlicher Theorien nicht kumulativ und immer in Richtung auf eine »Wahrheit« hin, sondern sprunghaft und in Brüchen, von »Paradigma« zu »Paradigma«. Solche Paradigmen sind Modelle, in ruhigen Phasen, zwischen den Brüchen oder Wissenschaftsrevolutionen, werden sie empirisch ausgearbeitet und vertieft.

Ein Paradigma, also ein grundsätzliches, beispielhaftes Modell, tritt aus einer Vielheit von Anschauungen heraus, die irgendwann von einer Schule dominiert werden, die alle anderen Theorien integriert. Übrig bleibt – für die Ruhephase der empirischen Vertiefung – nur die Lösung kleinerer Rätsel, die, dem Paradigma gewissermaßen zuarbeitend, dieses bestätigen. Irgendwann geht dieser Prozess jedoch in eine nächste Runde, es treten »Anomalien« auf, neue Fakten erscheinen und der wissenschaftliche Konsens ist aufgehoben, woraufhin wieder ein Theorienpluralismus folgt. Dies setzt sich immer wieder fort.

Kuhn stellt diese Umschwünge sowohl auf der wissenschaftstheoretischen als auch auf der real-sozialen Ebene dar: eine Art Verdrängungswettbewerb junger und alter Wissenschaftler, die einen voller Missionseifer, die anderen eher aufs alte Paradigma eingeschworen. Hat dann ein neues Paradigma mitsamt seinen Vertretern das Feld erobert, so wird deren Stellung u.a. durch die Rezeption der Lehrbücher – aus denen alles eliminiert wird, was an das alte Paradigma erinnert – verfestigt.[11]

In der Einleitung zum ersten Band von *Das Matriarchat*[12] von Heide Göttner-Abendroth finden sich sämtliche Zentralbegriffe ihrer Kuhn-Rezeption von 1978 wieder, so die »Grundlagenforschung«[13], die entsteht, wenn ein altes Paradigma durch die »Anomalien« ins Wanken gerät, und »den Rahmen der traditionellen Geschichtsschreibung und Weltsicht sprengt und überschreitet«[14], sowie das »Paradigma«[15] als »... vergleichende Geschichtsforschung ... Patriarchatskritik ... Gegenwartsanalyse ... Suche nach Utopie«[16].

Ich habe hier das Wort »Matriarchatsforschung« zunächst einmal ausgelassen, um zu verdeutlichen, dass bereits hier die ersten Unebenheiten in den Formulierungen von Heide Göttner-Abendroth auftauchen. »Grundlagenforschung« kann nicht gleichzeitig das »Paradigma« sein, denn sie ist ja, wie Göttner-Abendroth selbst referiert, die *Folge* der Hinterfragung des Paradigmas. Das heißt, die Matriarchatsforschung kann nur entweder das eine oder das andere sein. Eigentlich nur die Forschung, denn unter Paradigma versteht Göttner-Abendroth in Anlehnung an Kuhn ein »großangelegtes Beispiel oder Modell«, ein »Muster«[17], an dem sich zwar die Forschung abarbeiten kann, das aber selbst eine eher statische Angelegenheit ist und keine Tätigkeit, kein Prozess. Dabei setzt sie ihre subjektive Auffassung für absolut, abzulesen ist dies an dem Zusatz »für mich«[18]. Sie selbst gibt der Matriarchatsforschung den transzendenten Touch, der sie als Geschichtsforschung »weit über die offiziell anerkannte Geschichte«, als Gegenwartsanalyse »weit über die Grenzen der bisherigen Gesellschaftskritik hinaus« und somit zur jenseitigen Suche nach »einer Utopie jenseits der bekannten abstrakten oder dogmatischen Muster« machen soll.[19]

## Die »anderen« I

Neben diesem Paradigma findet sich bei Göttner-Abendroth »die Verworrenheit unserer Zeit«, also die Katastrophendrohung, als weiteres Kennzeichnen einer ideologischen Schreibweise. Darüber hinaus vollzieht sie eine Trennung zwischen »der bisher geleisteten Matriarchatsforschung und ihrer antizipierten Gesamtdarstellung des Matriarchats und seiner Entwicklungsgeschichte«[20]. Die bisherige Matriarchatsforschung steht hier für den »vorparadigmatischen Zustand einer Vielfalt von Anschauungen mangels eines verbindlichen Musters«[21]. Die

Auseinandersetzung mit dieser Vielfalt ist das Thema des ersten Bandes von *Das Matriarchat. Geschichte seiner Erforschung.*

Vorausgegangen sind ihr zwei Arbeiten, eine mythologische und eine rituelle: *Die Göttin und ihr Heros* sowie *Die tanzende Göttin. Prinzipien einer matriarchalen Ästhetik.* Diese beiden »Einzelstudien«[22] sind gewissermaßen für das Fußvolk, »weniger für Akademiker als für interessierte Laien, insbesondere für Frauen geschrieben«[23]. Göttner-Abendroth unterscheidet demnach anscheinend in männliche Akademiker und Frauen, für die sie lieber nicht so »hochgestochenes Zeug« schreibt.

Göttner-Abendroth spricht in diesem Buch von der in spirituellen Frauenzusammenhängen sehr geschätzten Autorin Gerda Weiler als »Laienforscherin«[24], was ihr einige Kritik aus Frauenkreisen einbrachte. Mit Wendungen wie »gelungene Laienforschung ... durch meine Arbeit angeregt« oder »auf höchst eigenständige Weise« stellt sich Göttner-Abendroth unangenehm schulterklopfend über Weiler. Da diese im Prinzip die gleichen Positionen vertrat wie Göttner-Abendroth und sie auch »das angeknackste Image der matriarchalen Göttin« aufpolierte[25], konnte sie nicht weitergehend von Göttner-Abendroth diskreditiert werden. Zumal Letztere gemeinsam mit Weiler im peinlichen Boot des Antisemitismus-Vorwurfes saß.[26]

Zur mythologischen und rituellen Ebene kommen bei Göttner-Abendroth nun in der matriarchalen Forschungsgeschichte die »ökonomische« und die »soziale« hinzu und bilden die »Gesamtdarstellung des Matriarchats und seiner Entwicklungsgeschichte«[27]. Was im Original bei Thomas S. Kuhn ein temperamentvoller, gesellschaftsbezogener und vor allen Dingen dialektischer Prozess aus aufeinander folgenden Revolutionen ist, verwandelt sich schon in der interpretierenden Referierung durch die beiden Münchener Wissenschaftstheoretiker Göttner-Abendroth und Jacobs in ein starres Begriffsgebäude.

Das grundsätzliche Missverständnis und daraus folgend der falsche Gebrauch von Kuhns Thesen findet sich wiederum in der Einleitung Göttner-Abendroths zu ihrem ersten Band der Matriarchatsforschungsgeschichte. Danach endet der Prozess zwischen dem Vorstadium der Vielfalt, hier den bisherigen Matriarchatsforschungsansätzen, und dem Paradigma – beim Paradigma, also der Matriarchatsforschung von Göttner-Abendroth selbst. Ihr eigenes Werk hat zwar »Ebenen«, ihr forschungsgeschichtlicher Ansatz erhebt den Anspruch, auch die Legitimität der Matriarchatsthesen nachweisen zu können, sich also gewissermaßen in einen Diskussionsprozess mit ihnen zu begeben. Doch – um es noch einmal zu wiederholen – der Prozess aus Vorläufer und Paradigma endet bei dem Paradigma, das sie selbst setzt. Dadurch ist es nicht, wie bei Kuhn, die Folge eines Prozesses, einer Auseinandersetzung unter vielen. Außerdem hat Göttner-Abendroths Paradigma etwas seltsam Parthenogenetisches an sich, birgt es doch sogar die zu ihm führende Grundlagenforschung bereits in sich selbst.

Aus Kuhns Prozess ist in der Version von Göttner-Abendroth ein hierarchisches System geworden, da das Ende, als absolut gesetzt, nicht überschritten werden wird. Es wird keine (Wissens-)Revolution auf die (Wissens-)Revolution folgen. In der Geschichte von Ländern führte eine solche Entwicklung – auf die Politik übertragen – bisher unweigerlich in die Diktatur.

## Das Göttin-Heros-Muster

Die Inhalte ihres Paradigmas bezeichnet Göttner-Abendroth als »Muster«, matriarchales Grundmuster oder *ritual pattern,* wie sie es in Anlehnung an die Arbeit von James G. Frazer nennt. Sie wiederholt Inhalte und Positionen, wie man sie bei Joseph Campbell, Josefine Schreier, Marija Gimbutas u.a. findet und wie sie auch von Carola Meier-Seethaler, Christa Mulack und Clarissa P. Estés wiederholt werden. Doch Wiederholung bestimmter Inhalte macht diese auch nicht wahrer, denn alle Autorinnen lassen sich letztlich auf einige wenige Arbeiten zurückführen, die Göttner-Abendroth sogar in ihren Anmerkungen zu *Die Göttin und ihr Heros* angibt: J.J. Bachofen (1861), L.H. Morgan (1891), W. Schmidt (etwa 1913), H. Cunow (1923),

J.G. Frazer 1927, und R. v. Ranke-Graves (Ende der vierziger und Anfang der fünfziger Jahre). Die Werke dieser Autoren halten moderneren, wissenschaftlichen Anforderungen an Wahrscheinlichkeit und Glaubwürdigkeit nicht stand.

Grundlegend für das Verständnis von Werk und Person Heide Göttner-Abendroths sowie ihrer Ritual-Settings ist ihre These von der matriarchalen Göttin-Heros-Struktur, die auf James G. Frazer und, betrachtet man ihre Sprache, in noch weit stärkerem Maß auf Joseph Campbell, den sie allerdings nicht angibt, zurückgeht. Das mythologische Thema vom Heros und sein Verhältnis zu einer Göttin oder deren irdischer Stellvertreterin ist das zentrale Thema in ihren Arbeiten. Mit ihm begann ihre literarische Karriere, es ist das Grundmuster, das ihrer Meinung nach matriarchale Gesellschaften auszeichnet.

Mehrere Autorinnen vertreten die Meinung, dass das Interesse einer größeren Frauenöffentlichkeit an Matriarchatstheorien wie jenen von Carola Meier-Seethaler oder Heide Göttner-Abendroth u.a. deshalb so groß war, weil diese alternative Modelle für ein Miteinander der Geschlechter aufzeigten.[28]

Die Idee des »Göttin-Heros-Muster« geht auf Joseph Campbells und James Frazers mythologisch-volkskundliche Theorien zurück. Neu war an Heide Göttner-Abendroths Buch die Weiterführung dieser Göttin-Heros-Struktur. Diese fungiert bei Campbell noch nicht als »matriarchale« Struktur, wohl aber schon als übergeordnete und innerpsychische. Bei Göttner-Abendroth wird sie zur in historische Zeiten und Texte hineinreichenden: einerseits in der Zuschreibung als deformierte Anteile in bekannten Märchen und andererseits als zugrunde liegende Erzählstruktur so bekannter europäischer Sagenringe wie der Artussage oder des Nibelungenliedes.

Auf diese Art gelang Göttner-Abendroth ein argumentatorischer Schlenker, mit dem sie sich aus den berechtigten Kritiken der Archäologen, Prähistoriker oder Ethnologen herauswinden konnte. Außerdem jedoch verortete sie die Spuren der Matriarchate nun in der frühgeschichtlichen und der geschichtlichen Zeit, im Vergleich zur Verortung im Neolithikum bei Marija

Gimbutas gewissermaßen gestern, sie rückte das Matriarchat also in greifbare historische Nähe. Und darin liegt der zweite Grund für die allgemeine Popularität des Göttner-Abendroth'schen Modells.

Bis zu diesem Zeitpunkt konnten Kritiker der Existenz von Matriarchaten zustimmen, dann aber sagen: »Das ist aber doch schon so lange her! Was für eine Rolle spielt das heute für uns?« Göttner-Abendroth suggerierte gewissermaßen, dass es gar nicht so lange her sei, ja dass wir alle mit den Strukturen dieses Matriarchats aufgewachsen seien: Selbst wer sich nicht im Deutschunterricht durch die mittelhochdeutschen Dramen Parzivals oder Siegfrieds kämpfen musste, hatte aber doch zumindest in der Kinderstube die Märchen vom Froschkönig oder von Frau Holle aufgenommen, in Kino und Fernsehen die Taten der Helden gesehen oder sich beim Besuch von Wagneropern in die schicksalsträchtigen Verschlingungen von Parsifal, Tristan und Isolde oder dem Fluch des Rheingoldes hineinziehen lassen.

Ihr wissenschaftlicher, behaupteter Anspruch gab Göttner-Abendroth mehr und mehr Akzeptanz im universitären Bereich. Ins Bewusstsein des nichtakademischen »Fußvolkes« (wir erinnern uns: der Frauen) schrieb sie sich bereits vorher mit der populären Abhandlung *Die Göttin und ihr Heros*.

Sie erschien 1980 in erster Auflage und wurde seither immer wieder neu aufgelegt. Ihre entscheidende Grundthese lautet: In den Matriarchaten »herrschte ein Priesterinnenkollegium ... Die Oberpriesterin war meist die Sippenmutter der vornehmsten Sippe, und sie hatte als Heiligen König einen Verwandten aus der eigenen Sippe (Sohn, Bruder) neben sich. Dieser erfüllte außer rituellen jedoch nur untergeordnete administrative Aufgaben. Die Oberpriesterin war Repräsentantin der Muttergöttin, die als Herrscherin des Himmels, der Erde und der Unterwelt galt ... der Mann repräsentiert mit seinen Kräften nicht den Kosmos. Er erscheint in begrenzten Dimensionen, seine Gestalt ist nur eine und in jeder Phase auf die matriarchale Göttin bezogen ... Die Göttin wird bei diesen zyklischen Jahreszeitenfesten repräsentiert durch ihre Priesterin oder sakrale Königin; diese ist die gesetzgebende aktive Partnerin. Der sakrale König oder Heros ist dagegen der Vertreter der Menschen, mit denen sich die Göttin in Gestalt der Priesterin verbindet, um ihrem Volk neues Leben zu schenken.«[29]

Wenn bisher von »Paradigma« oder »Muster« die Rede war, so bedeuten diese Zeilen den Inhalt dieses Paradigmas. Dies *ist* das Matriarchat bei Göttner-Abendroth.

## Das große Referat

Ohne sich weiter um die Verifikation ihrer Matriarchatsthesen zu kümmern – »ich setze damit die Existenz von Matriarchaten voraus«[30] –, referiert sie die wichtigsten Statements jener bereits erwähnten matriarchatstheoretischen Herren aus dem 19. und der ersten Hälfte des 20. Jahrhunderts:

1. Matriarchale Gesellschaften sind Ackerbaukulturen (nach Cunow).
2. Sie hatten eine matrizentrische Sippen- oder Stammesstruktur mit Schwerpunkt auf den Geschwisterbeziehungen (nach Morgan).
3. In Staatsform stand ihnen eine Priesterkönigin vor mit einem »heiligen König« an ihrer Seite, der aus der gleichen Sippe stammte (nach Bachofen).
4. Priesterkönigin und Sakralkönig/Heros vollzogen in ihren Riten den Ablauf des ackerbäuerlichen Jahresrhythmus nach (nach Frazer und Ranke-Graves).

Sie stellt diese Aussagen somit als wissenschaftliche Tatsachen hin. Es stellt sich nun die Frage, wie Göttner-Abendroth diese sechs Autoren – und möglicherweise noch ein bis zwei mehr – einem »ideologiekritischen und interdisziplinären Vorgehen«[31] unterziehen konnte. Ein solches Vorgehen hätte zum einen bedeutet, die Arbeitsmethoden der genannten Autoren zu kennen, sie nachvollziehen zu können und sie kritisch-distanziert zu beleuchten. Zweitens hätte es impliziert, sie in den jeweiligen gesellschaftlichen Trend oder Mainstream sowie die jeweils aktuelle Wissenschaftsdiskussion einzuordnen.

Dies geschieht jedoch weder an dieser Stelle noch in der avisierten »Theorie des Matriarchats«[32], in der Göttner-Abendroth neben den genannten Autoren auch noch einige marxistisch orientierte Verfasser sowie Ethnologen bespricht. Ausführlicher also als in ihrem Buch *Die Göttin und ihr Heros* referiert Göttner-Abendroth dort das Standardrepertoire zum Thema »Matriarchatsforschung« im 19. und 20. Jahrhundert, wobei sie mit spitzer Zunge die angeblichen Schwächen der einzelnen Autoren hervorhebt: Bei einem Schulbuch aus den späten fünfziger Jahren ist dies die Männerzentriertheit der damaligen Ur- und Frühgeschichte, bei Johann J. Bachofen dessen Vorstellung von den Geschlechterrollen, bei den marxistischen Theoretikern des 19. und 20. Jahrhunderts deren Männerzentriertheit usw. Ein paar positiv besetzte Highlights, wie Robert Briffault, Arthur Evans oder Marija Gimbutas, sind auch dabei.

Es handelt sich bei keinem der negativ hervorgehobenen Punkte um eine methodische oder inhaltliche Kritik. Es geht Göttner-Abendroth einzig um die Frage, ob der Autor die richtige oder die falsche – weil allzu patriarchale – Einstellung gegenüber der Rolle von Frauen in Geschichte oder Gegenwart hat. Dass ein großer Teil der Literatur, die vor den siebziger Jahren, der Zeit der Neuen Frauenbewegung, erschien, nicht im modernen Sinne »politisch korrekt« ist, also aus heutiger Sicht frauenfeindlich und diskriminierend, ist jedoch ein Allgemeinplatz.

Die Unebenheit in Göttner-Abendroths Arbeiten liegt darin, dass sie meint, aus den Thesen der mehr oder minder patriarchalen Autoren nichtsdestotrotz »wahre Kerne« herausdestillieren und diese referieren zu können. Im Falle Johann J. Bachofens und Lewis Henry Morgans zum Beispiel: »Fassen wir zusammen, was wir aus Bachofens Werk, wenn wir seine Ideologie abstreichen, an positivem Wissen, das allerdings ständig neuer Überprüfung bedarf, erfahren haben.«[33] Oder: »Ich fasse ... zusammen, was wir an tragenden Thesen ... aus Morgans Werk –

unter Absehung von seiner Ideologie – gewonnen haben.«[34] Und so weiter.

Nun kann auch in einem, gemessen an den jeweils herrschenden Maßstäben, wissenschaftlich korrekten Werk eine ideologisch nicht korrekte Haltung zum Ausdruck kommen (oder auch umgekehrt: wissenschaftlich Unhaltbares im ideologisch korrekten Gewand). Forschungsergebnisse eines Faches werden im Laufe der Zeit *immer* überholt, erweitert, ausgebaut, verifiziert oder falsifiziert. Ideologische Vorurteile werden durch politische Ereignisse, Emanzipationsbewegungen und Aufklärung verändert. Über die Aufklärung sind die Prozesse der Entideologisierung und der Wissenschaftsentwicklung miteinander verknüpft und bedingen sich gegenseitig. Die angeblich von Göttner-Abendroth wissenschaftlich erforschten, im Grunde genommen aber nur »herausdestillierten« Inhalte können, im Sinne ihrer Definition dieser Inhalte als Grundmuster oder Paradigma, nicht mehr variiert werden.

Außerdem hinterfragt sie diese Grundthesen und Darstellungen der genannten Autoren in keinster Weise. Die einzelnen Autoren sind ja auf verschiedenen methodischen Wegen zu ihren Ansichten gekommen: durch die Analyse von Mythen, die Archäologie, Literaturrezeption, ethnologische Feldforschung usw. All diese Wissensgebiete hatten ihre Methodenapparate, sie haben heute eventuell noch dieselben oder auch andere und können frühere Positionen damit kritisch beleuchten, verifizieren oder falsifizieren. Beispielsweise sehen ethnologische Feldforschungen 1860 anders aus als 1960 und archäologische Chronologieverfahren 1920 anders als 1980.

Göttner-Abendroth misst darüber hinaus sehr unterschiedliche Autoren mit gleichem Maß. Für sie sind die Autoren, gleichgültig ob Befürworter oder Gegner des Matriarchatsgedankens, gleich ob aus dem 19. oder dem 20. Jahrhundert, nur Teil einer ahistorisch gesehenen Wissenschaftsmasse, die sich nicht entwickelt, keinen politisch-historischen Vorgaben unterliegt und, abgesehen vom Kriterium patriarchaler Wertungen bezüglich der Frauen, auch keinerlei andere Ideologismen aufzuweisen scheinen, wie beispielsweise Rassismus oder Eurozentrismus. Für Göttner-Abendroth ist der »vorparadigmatische Zustand ... gekennzeichnet von einer großen Vielfalt der Anschauungen mangels eines verbindlichen Musters«[35], eines Musters, das sie nun zu geben in der Lage ist.

Wie entwickelt sie dieses »verbindliche Muster«? Ganz einfach: Sie schreibt *alle* gefundenen Thesen – ob von Psychologen, Gesellschaftstheoretikern, Archäologen oder Ethnologen – untereinander und – da ist es. Dass all diese Autoren sich auch wieder aufeinander bezogen, sich voneinander inspirieren ließen und voneinander abschrieben, spielt für Göttner-Abendroth keine Rolle. Letztlich scheint das Ergebnis ihrer Literaturrecherche schon von vornherein festgestanden zu haben: »Unumwunden bezeichne ich die frühesten Religionen der Menschheit als ›matriarchal‹.«[36] Die ersten beiden Sätze der Einleitung zu *Die Göttin und ihr Heros* machen ganz deutlich: Matriarchate existieren auf jeden Fall, es geht nur noch darum, ihr Wie zu beschreiben.

So ist die Existenz von Matriarchaten bei Göttner-Abendroth das nicht hinterfragbare Element. Was sie von den meisten der referierten Autoren aus dem 19. und aus der ersten Hälfte des 20. Jahrhunderts unterscheidet, ist ihre andere Bewertung der Rolle der Frauen in der Vor- und Frühgeschichte. Am Beispiel von James Frazers Arbeiten legt sie dar, dass sie dem Thema Frau/Göttin nun ebenso viel, wenn nicht gar mehr Gewicht beimisst wie bzw. dem Gang des Heros/Sakralkönigs durch seine verschiedenen Verwandlungsstadien.[37] Im Kompilieren (so nannten die mittelalterlichen Mönche das Zusammenschreiben aus diversen anderen Folianten) aller vorgefundenen Literatur gibt es schließlich matriarchales Leben bis in paläolithische Zeiten hinein.

## Wissenschaftlicher Anspruch und profane Realität

Göttner-Abendroth hat ihre Mühe mit chronologischen Angaben, so dass sich die Verschwommenheit in *Die Göttin und ihr Heros* nur minimal zu kaum exakteren Angaben im ersten Band von *Das Matriarchat* entwickelt. Da wird ihr zwar mit Hilfe von Marie Königs Arbeiten klar, dass es sich beim »Eiszeitalter« um etwas handelt, das einige zehntausend Jahre retour zu verorten ist. Dass Marija Gimbutas in *Gods and Goddesses* aber die Jungsteinzeit behandelte und nicht, respektive nur marginal, die Altsteinzeit, wie Göttner-Abendroth behauptet[38], ist ihr doch entgangen. Wahrscheinlich hat sie Gimbutas' Begriff »Alt-Europa« verwirrt. Er steht bei Gimbutas eben in Relation zur darauf folgenden, deshalb jüngeren Bronzezeit und hat mit der »Altsteinzeit« überhaupt nichts zu tun.

Dass Heide Göttner-Abendroth auch sonst diverse Begriffe durcheinander geraten, sieht man bereits an ihrer Besprechung des Wiener Missionars Wilhelm Schmidt. Es fällt ihr von ihrer methodischen Ausstattung her schwer, einen Autor wie Schmidt, den man ohne kritische, forschungsgeschichtliche Analyse nicht einfach referieren kann, zu beurteilen. Obwohl ihr zumindest die »moderneren« Arbeiten von James Mellaart und Marija Gimbutas, die sie laut ihren Literaturverzeichnissen gelesen hat, ein erstes Werkzeug dazu hätten liefern können.

Das Durcheinander ihrer Begriffe verdeutlicht der Satz: »Bereits um 60 000 v.Chr. in der ›jüngeren Altsteinzeit‹, als in Alteuropa die Cro-Magnon-Menschen ihre Höhlenmalereien von wilden Großtieren gestalteten und vom Sammeln und Jagen lebten, begann – nach Schmidt – in Südasien die erste Pflanzenzucht von Bäuerinnen und mit ihnen die neue Gesellschaftsordnung des Matriarchats.«[39]

In diesem Satz jagen sich die Falschaussagen wie betrunkene Kätzchen: Nach dem vorgeschichtlichen Wissensstand der achtziger Jahre, also der Zeit, in denen der erste Band der matriarchalen Forschungsgeschichte verfasst wurde, datierte man die Höhlenmalereien von Lascaux und anderen französischen Höhlen etwa um 15 000 v.u.Z., ins Magdalénien, das obere Jungpaläolithikum. Die mehr als zehntausend Jahre älteren Höhlenmalereien aus der Grotte Chauvet – möglicherweise sogar ins Aurignacien zu datieren – wurden erst in den frühen neunziger Jahren entdeckt und publiziert.[40] Also kann es, weder nach dem damaligen noch nach dem heutigen Wissensstand, Höhlenmalereien von 60 000 v.u.Z. geben.

Weiter nennt Göttner-Abendroth den »Cro-Magnon-Menschen«, auch eine falsche Bezeichnung, wanderte und sammelte doch der Neandertaler zwischen 250 000 und 40 000 v.u.Z. – nach dem Wissenstand der achtziger Jahre – um diese Zeit in Europa.[41] Ganz abgesehen davon war man zu Wilhelm Schmidts Zeiten, also zu Beginn des 20. Jahrhunderts, methodologisch noch gar nicht in der Lage, für steinzeitliche Kulturen absolute Datierungen anzugeben. Bedenklich ist in diesem Satz außerdem die Behauptung beginnenden Hackbaus (Pflanzenzucht) zu Zeiten des Neandertalers.

Göttner-Abendroth referiert vollkommen unkritisch die Schmidt'schen Positionen, die gar nicht stimmen können. Das hätte ihr allerdings bereits beim Studium von Marija Gimbutas' und Marie Königs Arbeiten aufgehen können. Das Autorinnenteam um Brigitte Röder zitiert weitere chronologische Unwissenheiten in Göttner-Abendroths Werk.[42]

## Die »anderen« II

In dieser Schreibweise spiegelt sich ein Kommunikationsmuster wider, das bei Heide Göttner-Abendroth immer wieder gefunden werden kann: Andere werden nicht in ihrem Sosein aufgenommen, verstanden, als Gesprächspartner akzeptiert, es wird keine wirkliche Kommunikation mit ihnen aufgenommen. Die anderen werden aber auch nicht als untereinander kommunizierend wahrgenommen. Was an dieser Stelle an *einem* Beispiel näher erläutert wurde, bezieht sich auf die gesamte Darstellungsweise der verschiedenen Matriarchatsforschungs-Literaturen durch Göttner-Abendroth.

Das reine Referieren der Positionen eines Autors verlangt eben keine Auseinandersetzung mit ihm. Es ist eine relativ einfache Angelegenheit, die Geduld erfordert und meist bereits in der Schule oder an der Universität geübt wird, worauf das Autorinnenteam um Brigitte Röder hinweist.[43] Referieren heißt, die wichtigsten Themen, Ergebnisse und Positionen eines Autors bzw. eines Werkes erkennen und wiederholen zu können. Es ist eine gehobene Form der Inhaltsangabe. Es beinhaltet auch, auf etwas zu deuten, sich einer Sache bemächtigen.

Das Referieren ist aber, ähnlich dem Vortrag, auch eine Art Einwegkommunikation. Es bedeutet nicht, sich mit Inhalten auseinander zu setzen, andere wissenschaftliche Positionen oder Auffassungen gewissermaßen wie einen gleichwertigen Gesprächspartner vor sich zu sehen. Es meint auch nicht, andere Positionen und Abhandlungen aufeinander zu beziehen, sie miteinander sprechen zu lassen, sie zu vergleichen. Dazu muss man die Methoden kennen, mit denen die Autoren, mit denen man sich auseinander setzt, ihre Erkenntnisse gewonnen haben.

Heide Göttner-Abendroth geht nicht über das Referieren von Positionen hinaus. Ihre Texte erwecken den Eindruck, als betrachte sie die von ihr referierten 41 Autorinnen und Autoren auch nicht als ihresgleichen, als Wissenschaftler oder Theoretiker, mit deren Standpunkten sie sich auseinander setzen müsste, deren methodische Herleitungen sie überprüfen sollte, deren Inhalte sie widerlegen könnte.

Sie widerlegt keine Inhalte, sondern lediglich die ideologischen Positionen patriarchaler Frauenabwertung sowie nationalsozialistischer Autoren. Letztere sind für sie vor allen Dingen deshalb verdächtig, weil sie »die Matriarchatsforschung« missbrauchten, wie Göttner-Abendroth es in einer Überschrift formuliert.[44] Die Sache an sich, »die Matriarchatsforschung«, erscheint bei ihr als unantastbar. Diese werde von anderen Autoren hin und wieder »missbraucht«, »verzerrt«, »abgewertet« oder »negiert«[45]. Sie erweckt den Eindruck, als befreie und destilliere sie diese gewissermaßen wieder aus diesem »Sumpf«.

In ihrer groß angelegten Abhandlung zur Geschichte und zu den Inhalten der Matriarchatsforschung, von der inzwischen drei Bände vorliegen, entwickelt Heide Göttner-Abendroth eine Art finales Geschichtsbild, dessen Paradigma die von ihr vertretene Matriarchatsforschung ist.

Alle von ihr referierten Positionen zum Thema Matriarchat davor sind für sie »brauchbar«, wenn auch ideologisch-patriarchal. Ihre systematisierte Darstellung all der einzelnen, komplierten Matriarchatsinformationen, ihr Destillat aus den referierten Arbeiten jedoch ist der Endpunkt dieser Entwicklung. In diesen Texten präsentiert sie sich gewissermaßen mit dem Schulstöckchen auf die anderen Autoren zeigend – als diesen übergeordnet, quasi als Ziel einer Entwicklung, die Spitze einer Pyramide aus mehr oder weniger guten Vorautoren.

Im Prinzip gibt es keine geschichtlichen Entwicklungen bei Heide Göttner-Abendroth: Weder entwickelt sich die wie auch immer geartete Sozialstruktur »Matriarchat«, sie ist von Anfang an da, noch entwickeln sich die Positionen von Göttner-Abendroth als Autorin, hält sie doch bis heute an dem einmal von ihr aufgestellten Paradigma Matriarchat fest.

Neben dieser wenn auch subtilen, aber trotzdem autoritären Textstruktur gibt es einige weniger hervorstechende autoritäre Eigenheiten in ihren Texten, wie das – eher schwach entwickelte – Feindbild oder die Eurozentriertheit. Letztere fällt bei Göttner-Abendroth erst nach mehrmaligem genauem Hinsehen auf.

Die weltweite Verortung des Matriarchats lässt bei ihr nicht lange auf sich warten.[46] Ähnlich wie Marie König glaubt sie an das Gefälle vom »indoeuropäischen Raum« zum Rest der Welt: »Ich werde mit Hilfe des Strukturschemas matriarchaler Mythologie die konkreten matriarchalen Religionen, allerdings noch nicht auf der ganzen Erde, aber *im indoeuropäischen Raum, wo sie ihre höchste Entwicklungsstufe erreichten,* erschlüsseln.«[47]

Die zeitliche Verortung in möglichst weit zurückreichende Epochen, erweitert Göttner-Abendroth – fast möchte man sagen genial – in die andere Richtung, auf unsere Gegenwart hin: Die »tiefgreifenden Nachwirkungen der Epoche matriarchaler Gesellschaftsentwicklung ... deutlich noch in patriarchalen Gesellschaften Relikte der ökonomischen Formen, der sozialen Muster, der mythischen Symbole und der ideellen Werte der matriarchalen Gesellschaften, auf denen sie ruhen. Sie werden greifbar als eine Art ›matriarchaler Opposition‹ der sozialen und geografischen Randgruppen, in Subkulturen und in Widerstandsformen bewusster politischer Bewegungen.«[48]

## Die Mythologie und der freiwillige Tod des Mannes

Im Zusammenhang mit der Darstellung der Göttin-Heros-Struktur tauchen in den Büchern und Veröffentlichungen von Heide Göttner-Abendroth durchgängig Formulierungen auf, die menschenverachtend und Gewalt verherrlichend wirken. Das Menschenbild, das hinter diesem für sie so zentralen Konzept ihrer Theorie steht, lässt einen leicht schaudern: »... nach denen die Anhänger die Göttin freiwillig auf ihren geheimnisvollen Wegen bis in den Tod begleitet haben. Für den erwählten männlichen Partner der Göttin, den Heroskönig, war dies der traditionelle Weg, der immer freiwillig angetreten wurde. Er hat etwas mit Liebe und religiöser Ekstase zu tun ... Noch heute gilt es bei solchen Handlungen als größtes religiöses Verdienst, den Weg mit der Göttin in voller Hingabe zu gehen.«[49] Die Frage ist, was die Autorin hier mit »noch heute« meint.

»Im Gegensatz dazu ist das blutige Töten von unfreiwilligen Opfern für die Götter, meist Kriegsgefangenen, typisch für die kriegerischen frühpatriarchalen Gesellschaften, und es setzt sich fort in der massenhaften Schlachterei von unschuldigen Menschen in der Kriegsmaschinerie des modernen Patriarchats.«[50] »Töten« ist also dann »blutig«, negativ besetzt, wenn das Opfer »unfreiwillig« ist. Der Umkehrschluss hieße, dass »Töten« »unblutig«, also richtig, positiv besetzt ist, wenn das Opfer »freiwillig« ist.

Als Forschungsmethode dient Heide Göttner-Abendroth ein »Schema«[51], insbesondere das »Strukturschema matriarchaler Mythologie«[52]. In Absetzung zu anderen Arten der Mythologieauslegung deutet sie Mythologie als »Ausdruck komplexer gesellschaftlicher Praxis, sozialhistorisch«[53]. Das heißt, sie nimmt, wie C.G. Jung, Joseph Campbell und die frühen Matriarchatsforscherinnen Josefine Schreier und Bertha Eckstein-Diener die Inhalte der Mythologie für geschichtliche Realität. Ihre Deutungsart ist demnach genauso wenig zu hinterfragen wie die »unprüfbare Archetypenlehre«. Die Mythologie ist für Göttner-Abendroth »Informationsquelle über den Aufbau und die Denkweise archaischer Gesellschaften«, sie ist ein »typisierendes Abbild«[54] und Geschichtsschreibung. Man kann aus ihr sowohl »alle analogen Vorstellungswelten um den Erdball«[55] herauslesen als auch die jeweiligen ökonomischen oder sonstigen Sozialstrukturen. Diese Behauptung hätten nicht einmal Mystagogen wie Joseph Campbell oder Psychoanalytiker wie C.G. Jung aufzustellen gewagt.

Im Großen und Ganzen ergibt sich so das Weltbild des einfachen sowie des entwickelten Matriarchats. Ersteres ist das Abbild eher wildbeuterischer Stammeskulturen, Letzteres ist mit Heroskönig und Priesterin das Abbild von Stadtstaaten. Außerdem findet sich laut Göttner-Abendroth noch ein matriarchales Weltbild, das ohne männliche Figuren auskommt. Mit ihrer Methode, Mythen als Abbilder gesellschaftlicher oder sonstiger Wirklichkeiten aus prähistorischen Zeiten zu deuten, sehe ich Göttner-Abendroth in der bereits erläuterten langen Tradition autoritärer Schriftsteller.

Durch ihre Umwertung der Frazer'schen oder Campbell'schen Mythologie geht es nun nicht den Frauen ans Leben, wie bei Joseph Campbell deutlich wurde, sondern den Männern, den Heroen, von deren Opfertod Göttner-Abendroth in ihren Texten und auch in Vorträgen immer wieder versichert, dieser sei real, aber »freiwillig« gewesen.

Ihre Vorstellung des Heros-Opfers als bestimmender Struktur matriarchaler Kulte, Mythen und somit auch deren Sozialstruktur, also des entwickelten Matriarchates an sich, leitet sich aus Frazers und Campbells Vorstellungen der Unterweltsfahrt des Heros her. Ihre Postulierung eines »Paradigmas«, eines »Musters« erinnert sehr an Campbells »Monomythos«.

Die »Göttin-Heros-Struktur« erinnert aber auch fatal an die oben dargestellte Argumentationsweise des nationalsozialistisch orientierten Archäologen Georg Wilke von 1929: Mutter-Kind-Bestattungen waren für ihn Ausdruck von rituellen Kindstötungen, die anlässlich des Todes der Mutter durchgeführt wurden. Das getötete Kind wurde der gestorbenen Frau gewissermaßen mit auf den Weg gegeben. Diesen Opferritus deutete Wilke als ein Zeichen für praktiziertes Mutterrecht, da es die engen Mutter-Kind-Beziehungen und ihre gesellschaftliche Bedeutung, ihre Höherwertigkeit, veranschaulichte. Bei Göttner-Abendroth wird diese Mutter-Sohn-Beziehung auch als inzestuös dargestellt. Man kann ihre Ausführungen meiner Ansicht nach nur so interpretieren, dass zur bestimmenden Struktur ihrer rückwärts gewandten, positiv besetzten Matriarchatsutopie eine positive Besetzung des Menschenopfers und des Sohnesinzests gehört.

## Magie und Manipulation

Eine der Erklärungen für die Popularität Heide Göttner-Abendroths liegt darin, dass sie aus den theoretischen Implikationen und Darstellungen ihrer Art der Matriarchatsforschung praktische Konsequenzen ableitete. Auf einer noch theoretischen Stufe geschah dies bereits 1982 in ihrem Buch *Die tanzende Göttin. Prinzipien einer matriarchalen Ästhetik*.

Zwar begründeten auch andere Autorinnen aus dem Umfeld der Matriarchatsliteratur Frauenprojekte oder feierten Jahreszeitenfeste. Sie traten jedoch nicht mit dem gleichen wissenschaftlichen Anspruch auf und zeigten weder in ihrem Schrifttum noch in ihrer Projektgestaltung eine solch durchgehend straffe Struktur und Systematisierung wie Göttner-Abendroth. Dies unterscheidet ihre Arbeit sogar von der vieler männlicher Gurufiguren im ausgehenden 20. Jahrhundert.

Ihr System bildet sowohl auf der theoretischen Ebene als auch auf der praktischen Ebene ein Beispiel für die Verquickung von Sprache, Verführung und Machtausübung. Die Einmaligkeit und Abgesetztheit der Führerperson, ein wichtiges Kennzeichen sektenartiger Zusammenhänge[56], scheint bei Göttner-

Abendroth bereits auf der theoretischen Ebene durch. Der wissenschaftliche Anspruch in ihren Büchern stellt, auch wenn sie ihn nie wirklich einlöst, von vornherein ein raffiniertes Instrument dar: Es dient dazu, bei eigenwilligeren Frauen ein kritisches Hinterfragen zu unterbinden und bei weniger selbstsicheren Frauen von vornherein ein Unterlegenheitsgefühl zu wecken, das ihnen bei etwaigem Unbehagen den Mund verschließt.

Im Gegensatz zu Bertha Eckstein-Diener, deren Einstellung zum magischen Handeln ich oben darstellte, bleibt Heide Göttner-Abendroth eine Erklärung dafür, warum magisches Handeln überhaupt funktionieren kann, schuldig.[57] Sie definiert lediglich: »Magie ist ein Eingriff in die Realität mithilfe von Symbolen ... versucht auf magische Weise die Natur zu beeinflussen und zu bewegen ...«[58]

In »neun Thesen«[59] entwirft Göttner-Abendroth die Prinzipien einer matriarchalen Ästhetik:

1. Kunst wird zur Magie und beeinflusst als moderne Magie psychische und soziale Realitäten.
2. Dies geschieht im vorgegebenen Rahmen der matriarchalen Jahreszeitenfeste.
3. Diese sind ein Prozess, ein rituelles Tanzfest.
4. »Alle Beteiligten« schaffen eine »gefühlsmäßige Identifikation, theoretische Überlegung und symbolische Handlung zugleich«. Doch weil die matriarchale Struktur universellen Charakter hat, entartet das Ganze nicht, so Göttner-Abendroth, »zur subjektiven Sentimentalität«.
5. »Matriarchale Kunst als Prozeß zwischen allen Beteiligten kann weder von außen kritisiert und interpretiert werden, noch kann sie als Ware auf dem Kunstmarkt verkauft ... werden.« Hier hat Göttner-Abendroth eigentlich zwei Thesen in eine gepackt, wobei die brisanteste nun im Windschatten der anderen: »matriarchale Kunst hat keinen Dingcharakter«, segeln kann. So stellt sie diese Rituale in eine Art rechtsfreien Raum. Da man sie von außen nicht verstehen kann, kann man sie auch nicht deuten. In letzter Konsequenz könnte dies heißen:

Selbst wenn vor den Augen der Betrachterin ein Mensch geopfert würde, wäre diese nicht in der Lage, dies in der richtigen Weise zu verstehen, zu kritisieren oder einzugreifen.
6. Matriarchale Ritualpraxis vereint alle Kunstgattungen in sich, ja sogar das Leben als solches, dazu Philosophie, Mythologie, Sozialwissenschaften usw. Sie »verschmilzt« alles mit allem und kann deswegen auch von modernen Kommunikationstheorien nicht gefasst werden.
7. Hier wird abermals eine brisante These: »Erotik ist die dominierende Kraft« huckepack auf eine harmlosere gepackt: »Moderne matriarchale Kunst ... stellt eine Gegenpraxis dar, die nicht von Herrschaft durchsetzt ist.« Als solche ist sie auch ein vollkommen anders geartetes Wertesystem.
8. Der Unterschied zwischen eher volkstümlicher und eher »elitärer« Kunst ist aufgehoben.
9. Die matriarchale Kunst besteht »jenseits des Fiktionalitätsprinzipes«.

In den Erläuterungen zu diesen Thesen entwickelt Göttner-Abendroth ihre »moderne Magie« als klare Handlungsanweisung für sich selbst und andere Frauen. Im Unterschied zur Einwirkung auf die Natur wird nun auf Menschen eingewirkt: »Ich habe selbst mit Experimenten begonnen, diese Utopie in einer Version zu realisieren«, schreibt Göttner-Abendroth 1982 zu dem Satz »Nichts spricht, nur das Göttliche spricht sich in jeder einzelnen aus.«[60]

Am Beispiel vorwiegend amerikanischer Performancekünstlerinnen, einiger Malerinnen sowie ihrer eigenen Vorstellungen von Jahreszeitenritualen – also dem Göttin-Heros-Muster durch alle Jahreszeiten hindurch – erläutert Göttner-Abendroth konkret, was sie unter matriarchaler Ästhetik versteht. Da sie davon ausgeht, dass die dem Jahresablauf der Natur nachempfundene religiöse Struktur, wie sie in den Mythen vorliegt, die tatsächliche Realität gesellschaftlicher Zustände in der Vorgeschichte abbildete, bedeutet jedes Ritual in gewisser Weise auch die Wiederbelebung dieser Gesellschaftsstruktur.

Im Prinzip stehen sich in diesem Ritual der sterbliche Menschenvertreter, ein Heros oder König, sowie die allumfassende, ewige Göttin – oder auch mehrere – gegenüber. Zur Wintersonnenwende wird der Knabe, analog zur wieder aufgehenden Sonne, geboren. An Lichtmess im Februar ist er noch recht unerzogen und närrisch und »nervt« die Göttinnenrunde. Bei der Frühlingstagundnachtgleiche, Ostara genannt, geschieht seine Initiation, meistens in der Darstellung einer Jagd, wobei der Heros das Wild und die Jagdgöttin die Initiierende ist.

Auf halbem zeitlichem Weg zwischen Frühlingstagundnachtgleiche und Sommersonnenwende, also etwa Mitte Mai, ist der Junge alt genug, sich seine Liebespartnerin aus dem Kreis der Göttinnen zu wählen, mit der er dann zur Sommersonnenwende, auch Litha genannt, die »heilige Hochzeit« vollzieht. Leider folgt dieser Mitte August, analog zum Schneiden des Getreides, seine Kastration oder Zerrissenwerden.

Manchmal wird dieses Lugnasad von Gruppen, die eher keltische Traditionen rezipieren, auch als eine Art weiteres Narrenspiel dargestellt, wobei der gehörnte Kerl, der Trickster, illegal eine Braut entführt. An der Herbsttagundnachtgleiche im September wird der Heros getötet und an Halloween ins Grab gelegt. Man kann ihn oder auch andere Verstorbene dort besuchen. Es kann aber auch sein – so ist dieses Fest auch bekannt –, dass die Lebenden von Geistern und Gespenstern aus der Anderswelt besucht werden.

Manche matriarchalen Rituale stellen auch die Wanderung einer Göttin in der bzw. durch die Unterwelt dar, wo sie entweder ihre Tochter oder ihren Heros sucht. Am Schluss beendet die Wiedergeburt des Heros zur Wintersonnenwende den Zyklus und es beginnt ein neuer.

Dieser Ritualzyklus setzt die oben genannten mythologischen Theorien in eine gespielte Wirklichkeit um. Da die mythischen Bilder emotional besetzte Fantasien – Hochzeit, Kastration, Zerreißen, Tod, Geburt, Opfer usw. – beinhalten, stellt sich die Frage, inwiefern diese Rituale auch realisierte Gewaltfantasien symbolisch darstellen oder auf realistischeren Ebenen umsetzen.

## Von der Theorie zur Praxis: Das Setting

Diese Frage führt zur Darstellung des Settings, das sich aus den theoretischen und ästhetischen Ausführungen von Heide Göttner-Abendroth ergibt. Sie hat das Göttin-Heros-Muster und damit ihre Vorstellungen vom Matriarchat in ihrem Projekt »Akademie Hagia« in die Praxis umgesetzt. An diesem real existierenden Beispiel lässt sich aufzeigen, was für Blüten eine Theorie, deren Struktur und Bilder in vielen Teilen menschenverachtend und autoritär daherkommen, in der Praxis treiben kann.

Ich stelle es der Leserin bzw. dem Leser anheim, die im Folgenden gemachten Ausführungen zu Ritual- und Sozial-Setting des Göttner-Abendroth'schen Projekts auf dem Hintergrund des bereits erwähnten Systems zu sehen, das Margaret T. Singer und andere Sektenforscher als Manipulationssystem bei der Vereinnahmung durch Sekten- oder sektenähnliche Strukturen beschrieben haben. Ich wiederhole es an dieser Stelle, um der Leserschaft die Möglichkeit zu geben, die geschilderten Settings eines zeitgenössischen Matriarchats-Frauenprojekts selbst daran zu messen. Sekten- oder sektenähnliche Zusammenhänge zeichnen sich demnach durch die folgenden Kriterien aus:

- Persönlichkeitskult, autoritäre Struktur
- Ein in sich geschlossenes Glaubens-/Gedankensystem
- Täuschung der Anzuwerbenden über die eigentlichen Ziele der Sekte/Gruppe/Partei/Organisation
- Destabilisierung der Persönlichkeitsstruktur der/s Anzuwerbenden, Verunsicherung
- Manipulation durch psychologische und physiologische Methoden (zum Beispiel Trancen, Rhythmen, best. Rituale)
- Veränderung der Werte und der bisherigen Verhaltensweisen
- Gruppendruck, Wir/In-Gruppe contra Andere/Außen-Gruppe

### Das Ritual-Setting

Das Gründungsfest der Akademie fand 1986 statt. Ich habe daran – damals ganz Anhängerin der Matriarchatsthesen – selbst teilgenommen. Das Autorinnenteam um Brigitte Röder stellt dieses Fest als Beispiel einer Hierarchie zwischen der Gründerin Heide Göttner-Abendroth (als Sonnenheros), dem Kreis der Mitbegründerinnen (als Planeten) und als dritter Gruppe, der Darstellerinnen der Co-Planetinnen durch die Masse der zahlenden Frauen dar.[61] Diese Rangfolge mag zunächst einmal eine Art organisatorisches Prinzip sein, das die Aufgabe lösen muss, innerhalb weniger Vorbereitungsstunden etwa 150 Frauen in ein einigermaßen schlüssiges Spiel einzubeziehen.

Die Rolle der beschriebenen Sonnengestalt erinnert zum Teil an die Funktion des Karnevalsprinzen im Rheinland. Auch die Geschlechtsüberschreitung – Göttner-Abendroth als Gründer*in* spielt den männlich konnotierten Heros an der Seite der weiblichen Erde – findet sich im Kölner Karneval beispielsweise, wo das gesamte Triumvirat, also auch die »Jungfrau«, von drei Männern dargestellt wird. Da Männer in Frauenprojekten und deren Ritualen nicht als Teilnehmer zugelassen sind, könnte die Darstellung des Heros durch eine Frau auch ein »der Not gehorchender« Umstand sein.

Zum Abschluss dieses Ritualfestes fand jedoch ein wesentlich weniger theatermäßig-karnevalistisch wirkendes Ritual statt: Jeder Frau, die dieses Fest verließ, wurde eine brennende Kerze überreicht. Die Frauen sollten das Licht des Festes in alle Welt tragen. Dieses zündeten sie jedoch nicht selbst – als aktive Teilnehmerinnen – an, es wurde ihnen vielmehr von den Veranstalterinnen gereicht. Karneval treibt – außer beim Lachen – niemanden zu Tränen und Rührung. Dieses Abschiedsritual jedoch setzte einige Emotionen frei und band die Teilnehmerinnen an die »Hagia-Gruppe« oder Akademie, die fortan für dieses Licht stehen wollte. Ein auf den ersten Blick marginal erscheinendes Element, das in seiner Wirkung aber nicht zu unterschätzen ist. Auch die Nähe zur Pfingstsymbolik ist unübersehbar.

Hier fand also genau das statt, was Göttner-Abendroth in ihrer ersten These antizipierte: Veränderung der psychischen und sozialen Realität mit Hilfe von Symbolen. Sie behauptet, dass sich dies von schlichter Manipulation unterscheide: Matriarchale Rituale seien »von einem ganzheitlichen Ethos getragen, das sich nicht egoistischen Privat- oder Gruppeninteressen unterwirft«[62]. Außerdem sei diese »moderne Magie« noch durch »neue Wissensgebiete« und einen daraus resultierenden »rationalen Charakter« getragen.[63]

Die Lichtübergabe fand im Rahmen des oben erwähnten mythologischen Planetenspiels statt, eines großen Rituals, das, laut Definition, die Realität der versunkenen matriarchalen Kulturen widerspiegelte und deshalb, da lebendige Geschichte, in seinen Inhalten nicht zu hinterfragen war (These 6 der matriarchalen Ästhetik). Als beteiligte »Mitgründerin« kann ich weiterhin dazu sagen: Es hat schlichtweg Spaß gemacht, im Schnee herumzutoben, Sprüche zu plärren, sich zu verkleiden, Feuerzauber zu veranstalten und so weiter. Neben den Lustelementen des Open-Air-Rituals kamen an anderen angenehmen Erlebnissen das große gemeinsame Essen dazu, das Treffen und der Austausch mit vielen bekannten und unbekannten Frauen, also schlicht jene Anteile, die alle Arten von Frauenveranstaltungen zu vergnüglichen Veranstaltungen werden lassen – aber auch jedes größere Familienfest oder Vereinsfeierlichkeiten.

Solche Lustempfindungen erhöhen die Bereitschaft, sich tiefer einzulassen, sich, wie in diesem Fall, zu einer Art Pfingstbotschafterin machen zu lassen oder, wenn man so will, unbezahlter Werbeträgerin für eine neu gegründete Akademie. Die teilnehmenden Frauen identifizierten sich in höchstem Maß mit dem gesamten Eröffnungsfest, der Gründung des Vereins, den Reden und Auftritten der Gründerinnen sowie insbesondere der Hervorhebung dieser Gründung als konkretem Utopieversuch im Gegensatz zum verfallenden Patriarchat. Diese Identifizierung wurde durch das Erlebnis des emotional positiv erfahrenen Tanz- und Vergnügungsfestes, das damit verbunden war, hergestellt. Insofern halte ich die kritisierte Hierarchie unter den Frauen nicht – wie Cilly Rentmeister – allein für ein konstituierendes Moment dieses Festes, sondern die Tatsache seiner Lustbarkeit, die dann konsequent eben auf das »Pfingstritual« hinführte.

Das Ritual mit seiner festgelegten Struktur (These 2) ist selbst ein Instrument der »Realitätsveränderung« (These 1). Die Bereitschaft, sich solchermaßen verändern zu lassen, geschieht durch »den Prozess, an dem alle beteiligt sind« (These 3).

Die beiden nächsten Thesen der »Prinzipien einer matriarchalen Ästhetik« thematisieren die wichtigste Voraussetzung, damit ein Ritual überhaupt wirken kann: seine Nicht-Kritisierbarkeit. Um nämlich Menschen dazu überreden zu können, als Botschafter in alle Welt zu ziehen, müssen sie darauf vorbereitet werden. Nun ist ein hübsches Fest eine Möglichkeit dazu.

Trotzdem ist es an jenem Tag auf den Höhen des Bayerischen Waldes beinahe minus zwanzig Grad kalt. Mancher wartenden Frau der dritten, »untersten« Gruppe steigt die Kälte aus den Füßen in den Kopf hinauf, wo sie sich dann in die Beobachtung verwandelt: Da gibt es eine Rangfolge, einige Frauen dürfen sich in der Kälte mehr bewegen als die anderen und frieren deshalb weniger, einige haben anscheinend mehr Spaß als die Co-Planetinnen mit ihren kalten Füßen. Auch dies mag zunächst banal erscheinen. Die Beschreibung dieser Situation mag die Frage aufwerfen: Warum haben sich die Frauen, die sich weniger bewegen durften und denen deshalb kalt war, diesem Gebot unterworfen und sind nicht einfach aus dem Ritual »ausgestiegen«? Weil sie bereits im System gefangen waren.

Hier setzt die Rückversicherung ein: Das Ritual, sein Aufbau und sein Ablauf sind nicht zu kritisieren, da es aus einer anderen Zeit stammt, da alles mit allem verschmilzt und es dadurch mit den im Patriarchat gelernten Kommunikations- und Kunstkategorien nicht zu begreifen ist. Diese Verunmöglichung von Kritik gehört zu jedem sektenartigen Ritualsystem. Die Teilnehmerin ist eben »noch nicht so weit«, »patriarchal verseucht«, »schwach im Glauben« oder wie immer sonst dies umschrieben wird, und kann das ablaufende Ritual aus den verschiedensten Gründen nicht beurteilen. Es ist eine Eigenart des Rituals schlechthin, nicht kritisierbar zu sein, die Teilnehmerin ist unwissend, zu dumm, den Mund aufzumachen.

Aber Heilung ist in Sicht. Nicht der kalten Füße natürlich, sondern in Form der Überwindung einer gespaltenen Gesellschaft oder der Heilung der Erde. Die achte These zur matriarchalen Ästhetik stellt das Heilsversprechen dar, ohne das ebenfalls keine solche Gruppe auskommen kann. Auf dem erwähnten Gründungsfest lebte sich dieser Teil in einzelnen Reden aus. »Die Erde heilen« war nach dieser Gründung einige Jahre lang ein Schwerpunktthema der Rituale dieser Akademie. »Denn es geht um nichts Geringeres, als die Erde, unsere Planetin, in ihrer Fähigkeit, Leben hervorzubringen, vor der drohenden totalen Zerstörung zu bewahren und die bereits geschehene Zerstörung zu heilen, soweit wir können.«[64]

Kritik wird also sowohl durch reale Lustempfindungen als auch durch Herabstufung der Teilnehmerin verhindert. Fühlt sie sich nun solchermaßen gespalten, wird ihr eine Heilung dieses Unsicherheitsgefühls auch gleich mit versprochen. Jedes Ritual, in dem die Gefühle und Gedanken der Teilnehmerinnen keinen Raum finden, sich nicht äußern können, wird ein ungutes Gefühl in der Teilnehmerin zurücklassen. Die Ambivalenz aus Lust und Unlust jedoch verhindert, dass das Unlustgefühl auf ein konkretes Moment zurückgeführt werden kann (kalte Füße, da sie länger als die anderen still stehen muss).

Aber diese Ambivalenz kann nicht bestehen bleiben, sie ist ein Unsicherheitsfaktor und muss entschärft werden. Ambivalente Menschen sind keine guten Botschafter. Also wird sie umgedeutet. Zu solchen Umdeutungen gehören beispielsweise die bereits erwähnten Katastrophenszenarien und anderen Beschreibungen der schrecklichen Außenwelt, des Patriarchats usw. Da weiß man dann, warum man sich ambivalent und schlecht fühlt.

Nun ist die Bereitschaft da, zur Heilung dieser schlechten Welt eine Kerze in dieselbe zu tragen. Die Projektion geht von den kalten Füßen zum Patriarchat, es findet eine Verschiebung statt. Dies heißt aber auch, jedes Ritual *muss* Elemente des Unangenehmen in sich tragen, damit diese messianische Verschiebung überhaupt stattfinden kann.

In vielen Hagia-Ritualen spielten sowohl die Wetterverhältnisse als auch die Länge der Rituale diese Rolle des Unlustfaktors. In manchen Sekten treten massive körperliche Praktiken, Schmerzzuführungen, stundenlange Bewegungen, Drogen oder extreme Speisevorschriften an diese Stelle.[65] Immer jedoch werden die Gefühle der Beteiligten im Sinne des Führers oder der Sektenziele umgedeutet.

Mitgenommene Kerze und durchgeführte Projektion hin oder her, es bleibt der Rest des Unaufgelösten bestehen. Spätestens wenn die Kerze zu Hause niedergebrannt ist, bricht die graue Realität wieder über die einzelne Frau herein. Nun kommen die Erinnerungen an die emotional positiv besetzten Erlebnisse, die »Lustbarkeiten« des Festes hervor. Ihre Funktion ist vor allen Dingen die dauerhafte Rückbindung der Elevin und ihre Wiederkehr: »Es war doch so schön«, denn gemeinhin vergisst der Mensch das Unangenehme schneller als das Angenehme. Meiner Meinung nach könnten Göttner-Abendroths neun Thesen zur matriarchalen Ästhetik und Ritualpraxis geradezu als Stadien der Verführbarkeit in Sekten oder sektenähnlichen Zusammenhängen bezeichnet werden, die in Form von »Idealzuständen« formuliert wurden.[66]

Eigentlich handelt es sich um wesentlich mehr als nur neun Thesen oder Behauptungen zum Charakter matriarchaler Ästhetik. Aber die Neun ist eine beliebte Zahl bei Heide Göttner-Abendroth und anderen Autorinnen, wie Marie König. Es ist die Verdreifachung der als heilig angesehenen Dreierstruktur. So erweckt Göttner-Abendroth den Eindruck, ihren Thesen zur matriarchalen Ästhetik läge per se eine Art kosmische Struktur zugrunde, deren Ausdruck in ihrem Verständnis die matriarchalen Jahreskreisfeste sind. Außerdem lassen sich so bestimmte Thesen hinter anderen verstecken oder durch die Zusammenfassung verschiedener Thesen die Brisanz von einzelnen verschleiern.

**Das Sozial-Setting**

Gruppenstrukturen, die möglicherweise eine sektenartige Struktur haben, zeichnen sich unter anderem dadurch aus, dass sie in Abständen von einigen Jahren ausgetauscht werden, sowohl personell, als auch in der Art der Struktur, dem Aufbau des Projektes selber.[67] Das hängt unter anderem damit zusammen, dass die Anhänger ihren Guru und seine Schwächen im Laufe der Zeit besser kennen und somit durchschauen lernen. Der Guru kann diese Menschen aber nicht einfach »an die Luft setzen«. Also entsteht ein Konflikt oder er wird inszeniert, und die alte Crew muss gehen. Der Guru lernt aus diesem Prozess und gestaltet auch die Struktur um, damit dergleichen nicht mehr vorkommen kann. Das geht am besten, indem er für eine größere Distanz zwischen ihm und seinen Anhängern sorgt. Allzu groß darf diese jedoch auch nicht werden, denn die Anhänger leben ja vom Abglanz und der Zuwendung ihres Gurus.

Ihren ersten Mysterienspielkreis löste Heide Göttner-Abendroth 1986 auf. Die Gründe dafür lagen vor allen Dingen in der Kritik der beteiligten Frauen am »Göttin-Heros-Muster« sowie an Göttner-Abendroths eigener Dauerbesetzung der Rolle des »Heros« und der geplanten Zentralisierung der Jahreszeitenfeste in Niederbayern.

In den Programmen der neu gegründeten »Akademie Hagia«, die seit 1986 in Tausenderauflagen verbreitet wurden, sowie in Veröffentlichungen von Göttner-Abendroth von 1988 und 1990 finden sich dann Darstellungen der Akademiestruktur.[68] Aus der Projektdarstellung von 1990 geht ein solcher Prozess eindeutig hervor, dessen Darstellung in der Folgerung endet: »Unter keinen Umständen aber sollten die leitenden und die lernenden Frauen zusammenwohnen, weil sich dabei durch falsche Nähe die geistig tragenden Kräfte verdunkeln.«[69] Es ist interessant zu erfahren, wie diese »falsche Nähe« einige Jahre zuvor aussah:

1986 gegründet, hat das Konzept der »Akademie Hagia« einen theoretischen und einen praktischen Teil. Das wichtigste theoretische Ziel ist die Erforschung der matriarchalen Kultur. Die daraus folgenden Erkenntnisse stellen »Denk- und Anschauungsweisen« in Frage[70], »auch unsere Weise, uns zu verhalten, uns etwas einzubilden, zu fantasieren und zu fühlen, zu entscheiden und zu handeln« sind von diesen »neuen Erkenntnissen betroffen«. In weiterer Folge »verlassen wir die patriarchale Kultur, ihre Normen, Gesetze, Bilder, Sprachgewohnheiten« usw.[71] »Deshalb berührt kritische Matriarchatsforschung nicht nur alle bekannten Bereiche des Wissens und hinterfragt sie, sondern sie verändert uns als ganze Person.«[72]

Der nachfolgende Absatz zur Definition dieser Matriarchatsforschung als Paradigma steht, als Zentralthema von Göttner-Abendroth in beinahe wortgleicher Formulierung in einigen ihrer Veröffentlichungen sowie in den Programmen zur Akademie bis 1988.

In den Jahren danach wird in den Programmen auf die Darstellung des Projektes im Buch *Für die Musen* hingewiesen. Ich habe diesen Satz oben im Zusammenhang mit ihren theoretischen Ausarbeitungen im ersten Band von *Das Matriarchat* eingehend besprochen. Das parthenogenetische Ei aus Paradigma und Grundlagenforschung erhält nun in der Darstellung der Akademiekonzeption einen dritten Dotter: die experimentelle Utopie. Was die Sache nicht logischer macht.

Matriarchatsforschung ist also: Paradigma, Grundlagenforschung, experimentelle Utopie und »Grundlage aller anderen Aktivitäten in unserer Akademie«[73]. Diese unscharfe Formulierung wird noch dadurch verstärkt, dass diese Utopie gleichzeitig »konkret«[74] sein soll. Ähnlich wie bei dem philosophischen Begriff »Paradigma« von Thomas S. Kuhn, verwendet Heide Göttner-Abendroth auch hier einen fest umrissenen Begriff, »konkrete Utopie«, schlichtweg falsch. Er stammt von dem Philosophen Ernst Bloch und bedeutet den Vorschein des Utopischen in bestimmten Verhältnissen, Träumen, Kunstwerken usw. und nicht den höchst praktischen Versuch, utopische Vorstellungen in einem Projekt zu konkretisieren.

Inhalt von Paradigma, Grundlagenforschung und Utopie ist vor allem die beschriebene Struktur eines Göttin-Heros-Musters, das nach Göttner-Abendroth das Hauptkennzeichen des Matriarchats darstellt. Kurz gesagt: Matriarchat gleich Paradigma gleich Utopie gleich »Göttin-Heros-Muster«.

Der praktische Teil in der Konzeption umfasst »in experimentellen Situationen seelische Prozesse und symbolische Handlungen«[75] sowie ein Hin und Her zwischen theoretischer und praktischer Arbeit. Diese »Ganzheitlichkeit«[76] bezeichnet Göttner-Abendroth als Methode, als »Knüpfen eines systematischen Netzes«[77]. Dieses System hält die einzelnen Bereiche in einer Art Gleichgewicht zwischen »Eigengesetzlichkeit« und Miteinander-verbunden-Sein. Als negatives Gegenbeispiel eines solchen Systems dienen Göttner-Abendroth die ihrer Meinung nach unverbunden nebeneinander stehenden Bereiche in traditionellen Institutionen.

Abbild dieses Systems ist dann die »matriarchale Spiritualität«[78]. Auch diese Spiritualität drückt sich in »Verknüpfung«, in »Integration« aus: Die Rückbezüglichkeit des einzelnen Menschen auf sich selbst, der Menschen untereinander und zwischen Mensch und Natur. »Diese dreifache Integration ... ist die matriarchale Spiritualität, welche die Akademie in ihren Aktivitäten trägt.«[79] Diese wird auch als politisch verstanden, nicht als Rückzug in die eigene Innerlichkeit oder eine Art heiler Welt auf dem Land.[80] Es gibt aber auch keinen »Rückzug in die patriarchalen Institutionen, der übermäßiger Angst und Anpassung oder übermäßigem Karrierestreben entspringt«[81], was wohl unter dem oben beschriebenen Verlassen patriarchaler Normen und Gesetze zu verstehen ist.

Insofern wird diese praktisch-theoretisch-gemischte Konzeption auf einem »von uns bewirtschafteten Land« realisiert, das »das größte Frauenland in der BRD«[82] ist. Es handelt sich dabei um eine etwa sechs Hektar große kleinbäuerliche Landwirtschaft, Wiesen und Äcker in Form einer Senke um einen kleinen, schilfbestandenen Tümpel angeordnet. Träger dieser Aktivitäten ist ein gemeinnütziger Verein, »der durch die Beiträge seiner Mitglieder das Ganze fördert«[83]. Er ist international, überparteilich und überkonfessionell sowie gemeinnützig. Diese Gemeinnützigkeit wird, wie bei allen solchen Vereinen, durch Ämter der Bundesrepublik Deutschland, anerkannt. Danach können Spenden von den Steuern abgesetzt werden, unentgeltli-

che Arbeitskräfte mittels offizieller ABM-Maßnahmen beantragt sowie staatliche oder auch andere öffentliche Gelder, wie Zuwendungen aus landwirtschaftlichen Fonds oder Unterstützungen durch Parteigelder beansprucht werden.
Der Verein stellt sich vier Aufgaben:

1. »Förderung von außeruniversitärer Forschung und Lehre«[84], womit hier »insbesondere die Matriarchatsforschung« gemeint ist.
2. »Förderung der Erwachsenenweiterbildung«[85], die sich in den verschiedensten Vermittlungsweisen, »Meditation, musischen Formen und praktischer Tätigkeit im Haus und im Freien«[86] ausdrückt.
3. »Förderung neuer Kunstformen«, worunter besonders die »matriarchalen Mysterienspiele« als »der intensivste, anmutigste Ausdruck des andersartigen Bewusstseins der matriarchalen Kulturen« zu verstehen sind.
4. »Fördert der Verein die Bildung einer Akademie-Wohngemeinschaft ... Sie sind die Pionierinnen der konkreten Utopie.«[87]

Diese Wohngemeinschaft bildet den innersten Kreis der als Labyrinth dargestellten Struktur der Akademie. Dieses simple Labyrinth, also mehrere konzentrische Kreise, die durch einen Strich miteinander verbunden sind, der den Weg in den innersten Kreis darstellt, dient als »Modell«.

Die Frauen der Wohngemeinschaft vom innersten Kreis »arbeiten am intensivsten spirituell und praktisch mit und beeinflussen dadurch die Gestaltung des Ganzen am stärksten«[88]. Das aus diesem Arbeitseinsatz abgeleitete Recht der stärkeren Beeinflussung des ganzen Modells ließe sich heute auch als »Kaderarbeit« bezeichnen.

In dieser Hinsicht förderte der, laut dem Buch *Für die Musen*, gemeinnützige Verein das Matriarchat Göttner-Abendroth'scher Provenienz, die Indoktrination und Weiterverbreitung desselben sowie die zuarbeitende und dies alles organisierende »Kader-Wohngemeinschaft«.

Zum nächsten Kreis gehören die Frauen, die neunmal im Jahr an den Jahreszeitenritualen teilnehmen, eventuell sogar einige Jahre hintereinander. Es folgt der Kreis von Frauen, die eher sporadisch kommen und an einzelnen Ritualen teilnehmen.

Der vierte Kreis umfasst Personen, die theoretisch in der Akademie arbeiten, sowohl als Lehrende als auch als Lernende. Dieser Kreis ist auch für Männer offen. Dabei gemahnt die Formulierung an jene Phase der »Rätsellösung« im paradigmatischen Prozess, in denen Forscher nur noch kleinere Rätsel lösen müssen, um das Paradigma zu bestätigen: »Denn nach den Behauptungen des neuen Paradigmas sind mit seinem Auftreten alle wissenschaftlichen Probleme gelöst, allerdings nur prinzipiell oder theoretisch, die Wege zu den tatsächlichen Lösungen müssen noch gefunden werden.«[89] In Bezug auf das Kreismodell der Akademie klingt die Bezeichnung dieser Phase so: »Hier sind als Vortragende und Zuhörende Frauen und Männer eingeladen, die matriarchale Forschung durch ihre eigenen Studien oder durch ihre Weiterbildung als ein grundlegend neues philosophisches Paradigma begreifen oder zumindest mehr davon erfahren möchten.«[90] Männer dürfen also in diesem Frauenprojekt zuarbeiten, was auch in der Danksagung zum ersten Band der Matriarchatsforschungs-Geschichte zu lesen ist. Neben besagter Wohngemeinschaft und ihren eigenen Kindern dankt Göttner-Abendroth dort »André« für »unermüdliche Hilfe«[91]. Wird in den Kreisen eins und vier anscheinend wirklich gearbeitet, so umfasst Kreis fünf die finanziellen Förderer der Akademie: als »Mitglieder, Förderinnen und Förderer, Stifterinnen und Stifter«[92], die »nicht an den Aktivitäten der Akademie teilnehmen möchten, sie aber ... unterstützen«[93].

Laut der Darstellungsweise Göttner-Abendroths ist dieses Modell dynamisch. Jede und jeder kann jederzeit die Kreise wechseln. Ausnahme, wenn man genau hinschaut, sind die Männer, sie können nur zwischen Kreis vier und fünf wechseln. Die Kreise liegen zwar, so das Konzept dieses Modells, auf einer Ebene, sie sind verschieden, aber nicht gleich, es gibt angeblich keine Hierarchie zwischen ihnen, keine Auf- oder Abwertung.

Nicht in Göttner-Abendroths Aufsatz steht, dass die Wohngemeinschaft gleichzeitig und automatisch auch den Vorstand des Vereins stellte. In vielen Frauenprojekten ist eine solche undemokratische Struktur üblich, denn man ist allerorten der Meinung, dass die Hauptarbeitenden, eventuell per Gehalt abhängigen Frauen auch das größte Mitbestimmungsrecht, also die größte Möglichkeit zur Einflussnahme haben sollten.

Haben Frauen ein Jahr lang an den Mysterienfesten teilgenommen, können sie nach Wunsch in einen so genannten Coven aufgenommen werden.[94] Auch dieser Coven findet Aufnahme in jedes Programmheft der Akademie. Göttner-Abendroth stellt ihn als eine Art Frauengemeinschaft dar, die gewissermaßen Frauen aus allen Kreisen miteinander verbindet. Angeblich ist der Coven kein Geheimbund. Der Coven, in den ich aufgenommen wurde, trug allerdings vergleichbare Züge.

**Der Coven**

Das Initiationsritual zur Aufnahme in den Coven zog sich über zwölf bis 18 Stunden hin, manchmal auch über zwei Tage, je nachdem, wie viele Frauen aufgenommen/initiiert wurden. Wir lernten einen geheimen Namen des Covens kennen, den nur die »Covenschwestern« wussten, und wurden in einem speziellen Abschlussritual, zu dem wir mit verbundenen Augen hingeführt worden waren, auf Heide Göttner-Abendroth in Gestalt der Göttin Brigitt eingeschworen. Außerdem wurden wir zur Treue gegenüber den »Covenschwestern« verpflichtet.

Es war nicht erlaubt, Außenstehenden – wie Freundinnen oder Verwandten – über dieses Ritual zu berichten. Wobei wir auch untereinander nicht über die Inhalte dieser Befragungen sprechen konnten, wollten oder durften.

Das Aufnahmeritual, das wir zum größten Teil mit verbundenen Augen absolvierten, umschloss Befragungen zu unseren Lebenszielen, unserer Einstellung gegenüber dem Land des Hagia-Projektes, dem Sinn der Matriarchate usw. Wir wurden gebadet, neu eingekleidet und mit einem Maß vermessen. Zum Schluss suchte sich jede Frau einen Göttinnennamen für sich aus.

Wenn eine Struktur innerhalb dieses Akademiemodells durch seine rituelle Überfrachtung zu einer später kaum, oft nur unter großen Konflikten oder Schmerzen aufzulösenden Bindung zwischen den beteiligten Frauen führte, dann dieser Coven. Heute sehe ich seine Hauptfunktion darin, die Bindung an die Führerfigur via Gruppe noch einmal abzusichern, da die Bindung an diese Frauengruppe emotional sehr verstärkt wurde. Außerdem lenkte sie von jener an die Zentralgestalt ab. Man konnte Heide Göttner-Abendroth so durchaus ablehnen oder doch zumindest manchmal durch ihre Allüren genervt sein. Grundsätzliche Ablehnung des Ganzen hätte aber den Verlust des Covens, also einer sehr realen und teilweise innigen Freundschaft und Gemeinschaft bedeutet.

»Nach innen hin nehmen Engagement, Anwesenheit, Konzentration, Erfahrung zu ...«[95] Doch was ist mit der Fläche in der Mitte, dem Fleck innerhalb der Kreise, dem »Kristallisationspunkt«?[96] Ist dort die meiste Arbeit, die intensivste Anwesenheit, das größte Engagement, die höchste Erfahrung zu finden?

1990 scheint die »Kader-Wohngemeinschaft« zumindest aufgehoben zu sein, und man »befindet sich ... in einer Reflexions- und Veränderungsphase«, in der »das Realisierbare deutlicher« erscheint, »Unrealisierbares tritt zurück«[97]. Was ist passiert? Ohne allzu ausführlich auf Göttner-Abendroths Darstellung von weiblichen Verhaltensmustern einzugehen, die in ihren Augen »Spuren« des »verinnerlichten Patriarchats« sind[98], lässt sich aus ihrem Text lesen: Die »Kader-Wohngemeinschaft«, möglicherweise auch Frauen aus den anderen Kreisen oder dem Coven, dies geht aus der Darstellung nicht genau hervor, scheinen ein paar dieser »Spuren« oder »Muster« im »destruktiven Umgang miteinander«[99]oder gar gegenüber »einer exponierten Frau, der ›Gruppenleiterin‹«[100], ausgelebt zu haben. Ob diese »exponierte Frau« der weiße Fleck im Labyrinth war? Die »Pionierin, allein auf sich gestellt«[101]? Auf jeden Fall gibt es jetzt nur noch *eine* Pionierin, keinen ganzen »Kader« mehr. Die Frauen der »Kader-Wohngemeinschaft« – oder auch andere – achteten die »Pionierin«, trotz ihres »vorgerückten Alters«[102] nämlich nicht, sondern »kaschierten« auch noch ihre »Aggressivität« gegen dieselbe »durch eine kollektive Gleichheitsideologie«[103]. Dies mündete in »widersprüchliche Gleichmacherei«[104], was einfach nicht gehe, gegenüber einer »Frau, die weiter ist«[105].

Göttner-Abendroth beschreibt nun zwei mögliche Modelle für die Zukunft und entscheidet sich letztlich, aus ihren Erfahrungen heraus, für die »Priesterinnengemeinschaft«[106]. Das andere Modell, das Kreislabyrinth, war dem Modell eines matriarchalen Sippenclans abgeschaut.[107] Statt Blutsverwandtschaft galt eben die Struktur der Akademiewohngemeinschaft. Aber verschiedene Herkünfte, Biografien, Bildungsgänge oder auch Altersstufen standen dem reibungslosen Ablauf anscheinend entgegen.[108]

Außerdem, so Göttner-Abendroth, wurde in der matriarchalen Sippe »das gesamte ererbte und erworbene Eigentum der Mitglieder ... der Sippenmutter in die Hände gegeben«[109]. In der Akademiewohngemeinschaft, hatte jede ihre private Ökonomie[110], was zu Gefühlen von Ausgenutztheit führte, so Göttner-Abendroth. Drittens seien die Frauen egoistisch gewesen und hätten viertens den »Generationenvertrag« nicht geachtet, hätten keinerlei »Respekt und Vertrauen in die Leitung einer erfahrenen, wissenden Frau« gezeigt.[111] Der Altersunterschied zwischen der damaligen »Kadergruppe« Akademiewohngemeinschaft und Heide Göttner-Abendroth belief sich auf etwa elf bis fünfzehn Jahre.

Wie sieht nun die »Schamaninnen- oder Priesterinnengemeinschaft« aus? Diese an Wissen und Fähigkeiten hervorragenden Frauen waren in der matriarchalen Vorlage Göttner-Abendroths für ihre Aufgaben freigestellt und wurden vom Stamm ökonomisch versorgt.[112] Übertragen auf das moderne Matriarchatsprojekt heißt das: »Erstens beruht es auf besonderen Fähigkeiten, deren Entwicklung und der damit von vornherein angezeigten Ausnahmestellung dieser Frauen. Ihre Abgrenzung ist notwendig, sie gewährleistet intensive geistige Leistungen, welche ... nicht in einem vereinnahmenden Gruppen-Wir untergehen.«[113]

Insofern entspricht die Logik dieses zweiten Modells – als Gegenüberstellung von Einzelperson und Menge – wesentlich eher der theoretischen Ausgangsbasis von Göttner-Abendroth als das erste Modell der konzentrischen Kreise mit machtvollem Kader, das diesem »Kristallisationspunkt« vermutlich viel zu nahe kam. Es gibt auch keinen Vertrauensvorschuss mehr, sondern das Vertrauen »ergibt sich aus dem entwickelten Können und der fähigen Leitung der Schamanin oder Priesterin gegenüber denjenigen Frauen, die ihre Gaben und Erfahrungen suchen«.

Wie oben bereits erwähnt, wohnt man auch nicht mehr zusammen, eine »Verbindung definiert sich über sich ergänzende geistige Tätigkeit ... insbesondere den spirituellen Aufgaben, die sich ... in den Matriarchalen Mysterienfesten manifestieren«[114].

Wie ehemalige Insiderinnen berichten, stellten Heide Göttner-Abendroth und eine andere Frau, die nun sämtliche »Kaderfunktionen« zu erfüllen hatte, diese »Priesterinnen« sowie gleichzeitig den Vorstand der Akademie dar. Nicht mehr die Idee eines spirituellen Frauen-Landprojektes stand anscheinend im Vordergrund, sondern das Ideal einer Wissenschaftlichkeit außerhalb der universitären Institutionen. Dies wurde auch in einer neuen Vereinssatzung niedergelegt.

Im Programmheft der Akademie Hagia von 1993 findet man noch die Elemente des Covens und des Vereins, ebenso 1995. Das Verhältnis zum Land jedoch hat sich verändert, denn »Heide Göttner-Abendroth ... stellt ihr Haus und Land für die Akademie-Aktivitäten zur Verfügung«[115], auch 1999 geschieht dieses.[116] Das Land wird also nicht mehr »von uns bewirtschaftet«, wie noch in der Darstellung von 1988.

Doch schon 1994 wetterleuchtet der nächste Umschwung voraus: Die Akademie wird umgetauft in »Akademie und Coven für kritische Matriarchatsforschung und matriarchale Künste«. »Die ›matriarchale Erfahrung‹ im früheren Projekttitel habe bei den Kundinnen zu der falschen Erwartung geführt, sie könnten in der Hagia, vor allem in den so genannten Mysterienfesten, matriarchale Werte wirklich erfahren.«[117]

1995 vollzieht sich abermals ein großer Umschwung. Der Austritt der Geschäftsführerin stellt die Matriarchatsgruppe erneut vor die Alternative: Gehen oder weiter mitmischen? Dreißig verbliebene Anhängerinnen von Heide Göttner-Abendroth lösen den Verein auf – und gründen einen neuen. Die revidierte Vereinssatzung schreibt Göttner-Abendroth 1995 den alleinigen Vorstandsvorsitz zu.

Im neuen Jahrtausend ist abermals Veränderung angesagt, und so muss man jetzt auch den Satz »stellt ihr Haus und Land ... zur Verfügung« im Doppelprogramm 2000/2001 vermissen. Ab diesem Zeitpunkt ist das Fleckchen Erde nämlich zum »Gründungssitz« avanciert. Die Akademie ist nun international, das Programmheft zweisprachig, Kurse und andere Veranstaltungen finden in diversen Großstädten statt, wo auch Männer in deren Genuss kommen können.

Matriarchatsforschung werde zwar seit über hundert Jahren betrieben, »doch erst heute wird international in diesem Gebiet gearbeitet«[118]. Diese Aussage erstaunt, wenn man sich die internationale Namensliste von Forschern ansieht, die allein im ersten Band von *Das Matriarchat* genannt werden.

Auch der Generationenkonflikt scheint nun gelöst zu sein. Tendiert Göttner-Abendroth in ihrer Konzeption nun wieder zu (blutsverwandten oder vergleichbaren) Sippenstrukturen? Die Akademie nimmt den Charakter eines Erbhofes an, eben eines »Sitzes«, und eine Tochter, zum Zeitpunkt der Gründung im Pubertätsalter, leitet seit 1999 »nach achtjähriger Ausbildung«[119] den matriarchalen Jahreszeitenzyklus.[120] Ihre Mutter aber, Gründerin, Kristallisationspunkt, Pionierin und exponierte Frau, kann man auf der folgenden Seite im Akademie-Programm – mit großem Stecken in der Hand den Weg in eine lichte Zukunft weisend – »bei Forschungsarbeit vor Ort«[121] bewundern.

## Folter, Beschneidung und das Matriarchat – Carola Meier-Seethaler

## Antworten schuldig bleiben

Vor mehr als zehn Jahren besuchte ich in der Melanchthon-Akademie in Bonn einen Vortrag der 1927 geborenen Psychologin Carola Meier-Seethaler. Die Art und Weise, wie diese Matriarchatsforscherin bereits damals mit Frauen umging, die »es genauer wissen wollten«, wirft auch ein interessantes Licht auf ihre Texte.

Aufmerksam lauschte das Publikum dem Vortrag der Referentin, der sich auf ihr zweites Buch, *Von der göttlichen Löwin zum Wahrzeichen männlicher Macht*, bezog. Daran anschließend gab es eine Diskussion. Carola Meier-Seethaler hatte einiges zu asiatischen prähistorischen Kulturen gesagt, dabei aber keine Jahreszahlen genannt. Also meldete ich mich und fragte: »Wann war denn das?«

Meyer-Seethaler warf mir über ihre Brille vom Rednerpult herab einen strengen Blick zu und fragte zurück: »Was studierst du denn?«

Rasch ging ich im Kopf meine verschiedenen Ausbildungen und Studien durch und entschied mich für: »Geschichte«.

»Aha!« Ihr Blick wanderte von mir Unglücksvogel weiter in die Menge der Zuhörerinnen, und ein leichtes, wissendes Lächeln umspielte die Lippen der Psychologin: »Das ist eine typisch patriarchale Frage!«

Aus, vorbei, nie eine Antwort bekommen. Sonst nicht auf den Mund gefallen, bekam ich diesen, in staunender Starre, den ganzen Abend nicht mehr zu, denn eine solche Botschaft wollte erst einmal verdaut sein. Erstens: Nachfragen sind patriarchal, also schlecht. Zweitens: Du bist die Einzige, die so etwas fragt, schäm dich!

Diese Begegnung war für mich einer der ersten Anstöße zu einem kritischen Umgang mit Werken der Matriarchatsforschungs-Literatur.

## Klitorisbeschneidung als matrizentrisches Ritual

1988 erschien Carola Meier-Seethalers Buch *Ursprünge und Befreiungen*. Es hat u.a. Initiationsrituale zum Thema, die für Meier-Seethaler eine wichtige Institution in nicht-hierarchischen, matrizentrischen Gesellschaften darstellen. Die Initiationsriten verschaffen einem Individuum einen gesellschaftlichen Status, der an Lebenserfahrung und damit zunehmendes Alter gekoppelt ist. Die Geschlechtsreife bildet deshalb einen wichtigen »Wendepunkt«, und Pubertätsriten haben dementsprechend einen besonderen Stellenwert.[1]

Die Rituale für den Eintritt des jungen Mannes in die Welt der Männer und zur Kennzeichnung seiner Ehereife sind im Allgemeinen, so Meier-Seethaler, besser erforscht. In matrilinearen Gruppen, so fährt die Autorin fort, gelten unverheiratete Männer als unreif, junge Frauen zählen erst, wenn sie Mutter geworden sind. Außerdem sei in matrizentrischen Kulturen die weibliche Initiation wichtiger als die männliche. Wie sich in ihrer Darstellung solcher weiblicher Initiationsriten zeigt, sind diese für sie eindeutig positiv besetzt – sind sie doch Ausdruck einer egalitären, matrizentrischen Struktur.

»Schon vor der ersten Menstruation findet das erwähnte große Talifest statt, für das jedes Mädchen einen rituellen Bräutigam erhält und von dem es im Verlauf des mehrtägigen Festes defloriert wird.«[2] Das Kind ist also vermutlich weniger als zwölf Jahre alt. Aus feministischem Blickwinkel betrachtet, könnten sich hier verschiedene Fragen ergeben: Wie alt ist der Bräutigam? Wer wählt ihn aus? Wie wird das Mädchen entjungfert? Mit einem Gerät? Mit dem Penis? Ist eine Schwangerschaft mit einkalkuliert? Wie fühlt sich ein Mädchen bei solch einem Vorgang?

Carola Meier-Seethaler meint aus diesem Deflorationsritual die Hochschätzung der produktiven Kräfte der Frauen und damit der Menstruation herauslesen zu können – »... und zum anderen die völlig *andere Wertung der Jungfräulichkeit*«[3] – wie sie durch ihre Hervorhebung betont.

»Unberührtheit« eines Mädchens erscheint plötzlich als Negativwert: »Nicht die Unberührtheit des Mädchens wird hier geschätzt und als Voraussetzung für die Heirat gehütet wie später in der patriarchalen Ideologie. In matrizentrischem Verständnis ist es im Gegenteil die *Defloration*, die als Voraussetzung zur Erfüllung der Mütterlichkeit gilt.«[4] Abgesehen davon, dass das auf eine platte Weise natürlich zutrifft, stellt sich nur die Frage: In welchem Alter und unter welchen Umständen?

Aber weiter im Text einer Autorin, die nach ihrem Philosophie- und Psychologiestudium Leiterin einer Erziehungsberatungsstelle war. Man findet dort durchaus Hinweise auf das, was Meier-Seethaler »empörend« findet, sogar »für uns empörend«[5]: das *ius primae noctis,* das »Recht der ersten Nacht«, das Feudalherren das Recht auf den ersten Geschlechtsverkehr mit ihren weiblichen Untergebenen zugestand. Die Frage ist nur: Wenn dieses Phänomen »für uns« empörend ist, für wen dann nicht? Oder unter welchen anderen Umständen nicht? Schließlich ist das *ius primae noctis* immer empörend, die Inhumanität und Frauenfeindlichkeit dieser Feudalsitte liegt in ihr selbst begründet. Somit kann die Wertung eigentlich nicht von einschränkenden Umständen (»uns«) abgeleitet werden.

Robert Briffault, der 1927 sein mehrbändiges Werk *The Mothers* veröffentlichte, ist neben James Frazer einer der Autoren, aus deren Schriftenfundus die Matriarchatsforscherinnen und -forscher jeglicher Coleur schöpften. So auch Meier-Seethaler, wenn es auch etwas mühsam ist, ihren diesbezüglichen Angaben zu folgen, verfügt doch ihr Buch über kein alphabetisches Verzeichnis der verwendeten Literatur.

Laut ihren Anmerkungen ist Robert Briffault im zweiten Band seiner Abhandlung der Überzeugung, dass das Heraushängen eines blutigen Lakens nach der Hochzeitnacht und das besagte »Recht der ersten Nacht« »möglicherweise eine Umdeutung viel älterer, sakraler Sitten darstellt«[6]. (Am Rande bemerkt ist es verwunderlich, warum dezidiert antipatriarchale Autorinnen anscheinend keine Skrupel haben, sich auf so klar erkennbare Patriarchen wie Robert Briffault zu beziehen.)

Im dritten Band seines Werkes ordnet Robert Briffault auch die Beschneidung von Mädchen in diese Überbleibsel »viel älterer, sakraler Sitten« ein.[7] »Wenn heute Klitoridektomie, bei den Arabern und anderen patriarchalen Kulturen ein Ausdruck repressiver Männerherrschaft ist, so beruht auch sie möglicherweise auf einer Verfälschung von Beschneidungsriten, die durch das Zurückschneiden der Labien der Erweiterung der Geburtswege dienten.«[8] Im Klartext liest sich diese ungeheuerliche Bemerkung so: Heute ist die Mädchenbeschneidung Ausdruck repressiver Männerherrschaft, sie ist verfälscht. Früher jedoch war sie unverfälscht und echt, ein wahrer matrizentrischer Ritus einer unhierarchischen Frauengesellschaft.

Carola Meier-Seethaler hat zwei Töchter geboren, wie man den biografischen Angaben des Klappentextes und des biografischen Anhanges entnehmen kann.[10] Wie kommt sie auf die Idee, dass das Abschneiden der Labien, der äußeren Schamlippen, der Erweiterung des Geburtsweges dienen könnte? Die Klitorisamputation ist nach Meier-Seethaler *heute* negativ, da Ausdruck des Patriarchats. Das Abschneiden der Schamlippen als früheres, unverfälschtes, ursprüngliches Ritual ist für sie jedoch positiv besetzt, da Ausdruck des Matriarchats. Dies sehe man daran, dass »bei afrikanischen und indianischen Stämmen die weibliche Beschneidung von alten Frauen vorgenommen wird und sich daran Frauenfeste knüpfen«[11].

An keiner Stelle in ihrem Buch findet sich eine Distanzierung von diesem schauerlichen Ritus. Dies hätte nämlich den Schluss bedeutet, dass matrizentrische Kulturen oder Stämme durchaus gewalttätig und repressiv sein können, dass die Frauen in ihnen inhumane, grausame Riten durchführen.

Als Ende der siebziger, Anfang der achtziger Jahre das Thema der Verstümmelung von Frauen und Mädchen in Afrika und Arabien Eingang in die europäische feministische Diskussion fand[12], lernten die interessierten Frauen, zutiefst geschockt durch die Diavorträge der engagierten Referentinnen, dass zunächst einmal der verharmlosende Begriff »Beschneidung« zu ersetzen war, der von der rituellen Vorhaut-Beschneidung kleiner Jungen im jüdischen und islamischen Ritus herstammt. Die Amputation der Klitoris entspricht chirurgisch dem Abschneiden des Penis. Bei der Amputation der Labien wird außerdem umliegendes, empfindliches Gewebe zerstört. Es entsteht eine große Wunde, die meist mit Dornen oder anderen Hilfsmitteln so zugenäht wird, dass nur noch ein winziges Loch für das Abfließen des Urins bleibt. »Öffnen« darf den Scheideneingang dann der Ehemann, der so sein »Recht der ersten Nacht«, diesen »sakralen Ritus«, wahrnehmen kann.

Die Operation ist lebensgefährlich, wird oft mit Scherben im Staub der Erde durch alte Frauen, Schamanen oder sonstige Magiekundige durchgeführt, verursacht ungeheure Schmerzen, Blutvergiftungen, kann das Mädchen umbringen, beraubt es lebenslang der sexuellen Empfindung und verstümmelt es. Es gibt dem Mädchen lediglich größere Überlebenschancen, wenn Oberschichtsangehörige dies in den sterilen Krankenhäusern Kairos oder in Paris an ihren Töchtern durchführen lassen.

Jede Argumentation, die dieses Ritual beschönigt und legitimiert, ist krude, frauenfeindliche Ideologie. Wenn Indianerinnen »in Peru über die Abschaffung der weiblichen Beschneidung ... klagen ...« dass nun »die jungen Frauen schwerer gebären« würden[13], so sagt dies nichts über die Legitimität dieses Rituals aus, sondern eher etwas über das Ausmaß der ideologischen Beeinflussung und Unwissenheit in anatomischen Dingen dieser Frauen. Ihre Klage ist mit Sicherheit, um den oben von Carola Meier-Seethaler verwendeten Ausdruck noch einmal in der anderen Richtung zu verwenden: »Ausdruck repressiver Männerherrschaft«[14].

Es klingt wie Hohn, wenn Carola Meier-Seethaler später in ihrem Buch unter dem Kapitel »Friedensordnung« schreibt: »Einer der faszinierendsten Aspekte der matrizentrischen Frühkultur ist die Art ihrer politischen Organisation und die Tatsache, dass die Gemeinschaften *gesellschaftliche Macht ohne physische Gewalt* ausüben konnten.«[15]

Es ist vollkommen unverständlich, wie Meier-Seethaler den oben beschriebenen Ritus *nicht* als physische Gewalt hat erkennen und einordnen können.

## Folter an Männern als matrizentrisches Ritual

Die rückwärts gewandte Rechtfertigung der Frauenverstümmelung durch Meier-Seethaler kann auch vor dem Hintergrund einer allgemeineren Gewaltlegitimation bei ihr gesehen werden, die Marterungen und Folter als »heroische Anstrengungen«[16] matrizentrischer Kulte nahezu idealisiert. »Auch die Priesterinnen matrizentrischer Kulte tranken das Blut der Geopferten. Zum heroischen Charakter des Menschenopfers gehört auch das *Martyrium und die damit verbundenen Praktiken*, die uns heute nur noch als grässliche Verirrungen erscheinen, die aber im ursprünglichen Kontext nichts mit sadistischen Exzessen zu tun hatten wie später die Folterungen unter patriarchalen Vorzeichen.«[17]

Auch hier schafft Meier-Seethaler mit relativierenden Begriffen unterschiedliche Bewertungen: »heute« ist eine Sache stets anders zu bewerten als im »ursprünglichen Kontext«. Doch bleibt nicht Folter stets Folter? Es ist schließlich nicht der »Kontext«, der eine Tat zur gewalttätigen macht.

Geistert der zu opfernde Heros-Mann bei Joseph Campbell noch mit einem gerüttelten Maß an Selbstvertrauen durch die Mythologie, so wandelt er sich zwischen den Seiten der Matriarchatsforscherinnen zum masochistischen Opfertier. Er ist auf jeden Fall »zweitrangig«, der Frau unterlegen, denn »dies war einerseits die Folge des natürlichen, d.h. biologisch bedingten Matrizentrismus der ›primitiven‹ Familie, und – was noch viel schwerer wiegt – die Konsequenz aus der bewussten Wahrnehmung der lebensspendenden Produktionskräfte der Frau und deren Einschätzung als magisch-numinose Macht«[18].

Daraus folgt »ein ganzes Bündel neuralgischer Punkte für das Selbstwertgefühl des Mannes«[19]. Neuralgisch hin oder her, laut Carola Meier-Seethaler wurden die Männer dennoch in der heilen matrizentrischen Stammeswelt niemals »unterdrückt oder bewußt diskriminiert«[20]. Wie auch, sind hier doch rituelle Folter und Verstümmelungen (beider Geschlechter) nicht als solche zu werten. Es ist nur die Frage, woher die »psychischen Frustrationen« und der »Leidensdruck«[21] kommen, an dem nach ihrer Theorie auch die frühgeschichtlichen Matriarchatsmänner litten. Meier-Seethalers Formulierung bezüglich der »neuralgischen Punkte« klingt beinahe so, als liege die Empfindlichkeit gegenüber bestimmten matrizentrischen Strukturen im Wesen der Männer begründet.

## Die Nähe des Mannes zum Tod

Legitimiert wird die Gewalt an den Männern matrizentrischer Kulturen mit ihrer angeblich größeren »Nähe zum Tod«[22]. Stellt sich bei Carola Meier-Seethaler die Identität der Frauen über die Fähigkeit zum Gebären her, »als Lebensspenderin«, so die der Männer über das Menschenopfer, das »ein Medium zur Selbstfindung« sei.[23] »*Durch sein Tötenkönnen wie sein Sterbenkönnen kompensiert der Mann die weibliche Gabe der Lebensspendung. Seine größere Nähe zum Tod bildet das Pendant zur größeren Lebensnähe der Frau.*«[24] Als ob Frauen nicht töten und sterben könnten.

Für Carola Meier-Seethaler, aber auch für andere Matriarchatstheoretikerinnen wie Heide Göttner-Abendroth scheint »der Beitrag zum Leben durch Selbstopferung ... jedenfalls tief in der männlichen Psychologie verwurzelt zu sein ...«[25], was dann direkt zum »patriarchalen Mann« führt, der »einen Teil seiner *Selbstidentität aus der Rolle des Helden und des sterbenden Kriegers bezieht*«[26].

Wenn doch so vieles in unserer Kultur von den feministischen Theoretikerinnen als patriarchaler Überbau entlarvt wurde, warum dann nicht auch dieses ideologische Konstrukt, diese, wie Klaus Theweleit es formulieren würde, kriegsfördernde Männerfantasie?[27] Und: Woher weiß man das? Wie schlug sich dies im Fundgut nieder?

Nicht nur Carola Meier-Seethaler hängt der ahistorischen Annahme an, dass die menschliche Psyche immer und zu allen Zeiten gleich reagiert habe. »Wie immer bei Frustrationen«[28]

reagiert der Mann mit drei Varianten von Aggressivität: nämlich extrovertiert-aggressiv, »introvertiert-aggressiv ... oder eine Mischung aus beiden Komponenten«[29]. Eine Behauptung, die erstens voraussetzt, dass Männer im Matriarchat frustriert wurden. Zweitens, dass Männer immer aggressiv reagieren, *auch* in matrizentrischen Stammesgesellschaften. Und drittens, dass Aggression die einzig mögliche Antwort auf Enttäuschungen ist.

In der Bemerkung: »Folgt die *forcierte Opferhaltung* des archaischen Mannes der introvertierten Richtung der Aggression ...«[30], schwingt die Ansicht mit, dass die Opfer von Gewalt letztlich selbst schuld an ihr sind, in diesem Fall der archaische Mann, der sich in solch eine Lage brachte. »Freiwillig«, wie zahlreiche Matriarchatsideologinnen nicht müde werden zu behaupten. So speist sich die zum Introvertiert-Aggressiven gegenteilige Lebenshaltung als Folge einer extrovertierten Aggression aus »Herrschaftsansprüchen, kriegerischen Ambitionen oder Profit- und Geltungssucht«[31].

Carola Meier-Seethaler baut hier jenen Argumentationsstrang auf, der die Genese des Patriarchats aus der untergeordneten Stellung von Männern in matriarchalen Kulturen heraus erklärt, die ihnen eben irgendwann »zu dumm« wurde. Die Mischung aus Extrovertiertheit und Introvertiertheit stellt für Meier-Seethaler dann eine asketische Lebenshaltung dar, die »die patriarchale Mentalität seit jeher auszeichnet«[32] und für sie mit einer Abwertung des Weiblichen einhergeht.

Sollten solche Thesen zutreffen, wäre die Entstehung des Patriarchats die Folge eines *Widerstandes* gegen Folter und Verstümmelung, gegen Entwertung und Herabsetzung. Ich stelle mir ein paar muntere junge Männer und Frauen vor, die keinesfalls Lust hatten, sich ermorden oder »beschneiden« zu lassen. Wenn man diese kritische Vorstellung weiterspinnt, so erging es diesen dann ähnlich wie heute den Anklägerinnen und Anklägern von sexueller Gewalt und Diskriminierung: Sie wurden selbst stigmatisiert, ihr Aufstand zu »Geltungssucht« oder Machtstreben, »als Überreaktion«[33] von den Täterinnen und den mit ihnen Verbündeten umgedeutet. Und wenn die matrizentrischen Zeiten so viele Jahrtausende länger existierten als die patriarchalen – Carola Meier-Seethaler gehört wie Herbert Kühn der Schule an, die diese Gesellungsstruktur bereits im Paläolithikum, also der Altsteinzeit, vor einigen zehntausend Jahren sieht –, dann müsste diese folterfreudige Zeit, in der angeblich »gesellschaftliche Macht ohne physische Gewalt«[34] ausgeübt wurde, letztlich mehr Opfer als sämtliche patriarchalen Gewaltexzesse und Hexenverfolgungen zusammen hervorgebracht haben.

Bereits Mitte der siebziger Jahre kam aus den Reihen »linker« Feministinnen Kritik an den Thesen der Matriarchatstheoretikerinnen auf: »Was hilft es den Frauen, wenn sie sich über die nunmehr Jahrtausende andauernde Unterdrückung mit der Vorstellung hinwegtrösten, dass sie selbst einmal am Beginn der Menschheitsgeschichte über die Männer geherrscht hätten?«[35] Carola Meier-Seethaler wehrt diese Kritik ab.[36] Doch meiner Ansicht nach rechtfertigen Matriarchatstheoretikerinnen wie sie mit Hilfe einer Ideologie der friedlichen, gewaltfreien matrizentrischen oder matriarchalen Frauenkultur geradezu sexuelle Gewalt, rituelle Folterungen, die Aburteilung anderer Menschen und ein im Grunde genommen statisches, unveränderliches Menschenbild durch sämtliche Jahrtausende der Menschheitsentwicklung.

Schwanken die Männer nach Meier-Seethaler als dem Leben abgewandte Menschen zwischen masochistischer Todessehnsucht und aggressiven Mordgelüsten – weshalb man sie anscheinend in beiden Fällen bis zum Tod foltern darf –, so kommt bei der matrizentrischen Einstellung der Frauen zum Tod etwas anderes zum Tragen: »Aber die *matrizentrische* Geisteshaltung hat das Leiden (an den Naturgewalten) nicht stoisch hingenommen, sondern *hat sich in ihren blutigen Opferkulten rauschhaft mit der Todesseite der Natur identifiziert*. Die Priesterin, die mit ihren Händen das lebende Opfer zerreißt, ist eins mit der Göttin in ihrer majestätischen Gestalt als das Große Raubtier ... Und das menschliche Opfer, das sein Leben den Todesmächten ausliefert, unterwirft sich ihnen in religiöser Ekstase.«[37]

Der Stil dieses Textes erinnert an Ernst Jüngers *Stahlgewitter* und andere kriegs- und gewaltverherrlichende Schriften aus der ersten Hälfte des 20. Jahrhunderts. Auch sonst kommt Meier-Seethaler einer rassistischen Ausdrucksweise bedenklich nahe: »Trotz ihres kollektiven Charakters bleibt aber die matrizentrische Moral ... *auf die eigene, blutsverwandte Gruppe beschränkt.* Mensch im moralisch verpflichtenden Sinn ist nur der Stammeszugehörige.«[38] Doch Meier-Seethaler legitimiert rasch ein solch archaisch-»fremdenfeindliches« Verhalten: »Die positive Kehrseite dieser Beschränktheit liegt darin, dass die matrizentrische Lebensauffassung nie dogmatisch war, dass sie keine abstrakten, allgemeingültigen Wahrheiten postulierte ...«[39]

In der Tradition von Autoren der Jahrhundertwende, wie Robert Briffault, Lewis Henry Morgan oder Johann J. Bachofen stehend, reproduziert Meier-Seethaler das Bild einer matrizentrischen Kultur als Ideal, die – in Umkehrung patriarchaler Wertungen – letztlich genauso grausam daherkommt wie das Patriarchat. Und wie Letzteres in vielen seiner philosophischen, literarischen, religiösen und wissenschaftlichen Texte Gewalt legitimiert und verherrlicht – meist die von Männern ausgeübte –, besetzt Meier-Seethaler in ihren Texten Gewalt positiv – die von Frauen ausgeübte.

# Der Größenwahn der Enkelinnen

## Von der Überlegenheit der Frau – Christa Mulack

Christa Mulack, Jahrgang 1943, promovierte Theologin und Feministin, veröffentlichte in den neunziger Jahren einige Bücher, die zum größten Teil Themen aus dem Bereich der feministischen Theologie umfassten, zum Beispiel *Jesus – der Gesalbte der Frauen. Weiblichkeit als Grundlage christlicher Ethik* oder *Die Weiblichkeit Gottes. Matriarchale Voraussetzungen des Gottesbildes.* In ihrer Abhandlung: *... und wieder fühle ich mich schuldig. Ursachen und Lösung eines weiblichen Problems* bearbeitete sie das Phänomen kultureller Schuldzuweisungen an Frauen.

## Outgroup Nr. 1: Die Männer

Die wichtigste Zielsetzung in ihrem 1990 erschienenen Buch *Natürlich weiblich.* Die Heimatlosigkeit der Frau im Patriarchat formuliert sie so: »Statt dessen müssen wir lernen, hinter patriarchale Vorstellungs- und Wertemuster zu schauen, um dort eine andere Wirklichkeitsebene wahrnehmen zu können und das Ausmaß männlicher Verkehrungen der Wirklichkeit in ihr genaues Gegenteil bewusst zu machen.«[1] Die Voraussetzung dazu konstatiert der Untertitel, die »Heimatlosigkeit« von Frauen: »Das männliche Geschlecht hat sich auf diesem Planeten so breit gemacht, dass weibliche Heimatlosigkeit die unausweichliche Folge ist. Sie durchzieht alle Dimensionen unseres Seins.«[2]

Auf diese Weise wird »Heimat« zum zentralen Begriff, das Personalpronomen »unser« zieht die Leserin von Anfang an in den dargestellten Zustand mit hinein: Sie ist zwar »heimatlos« auf diesem Planeten, gehört aber zu einer »Wir-Gruppe« oder Ingroup, die anderen sind »das männliche Geschlecht«.

Das Wort »Heimat« ist, insbesondere in Deutschland, ein hoch emotional besetzter Begriff. Seine Instrumentalisierung durch die verschiedensten konservativen Parteien und Gruppen zieht sich durch das gesamte 20. Jahrhundert. Es ist nicht zu übersehen, dass die Einleitung Mulacks ein höchst emotionalisierter Text ist. Doch um einen wirklichen Zustand von »Heimatlosigkeit« – einen Mangel an Raum, politischer und rechtlicher Präsenz sowie materieller Ressourcen – glaubwürdig zu beschreiben und überzeugend zu wirken, wären ein paar Zahlen, Statistiken und demografische Erhebungen besser geeignet, als die zehn Seiten der Einleitung, auf denen das Substantiv »Mann« genau vierzigmal und das Adjektiv »männlich« genauso oft vorkommen. Abgesehen von verwandten Worten wie »patriarchalisch« oder »Herren« finden sich also achtmal pro Seite Schuldzuweisungen an die Outgroup der »Männer«, die Gruppe der anderen.

## Outgroup Nr. 2: Bestimmte Frauen

Doch das Konstrukt »die Männer« ist nicht der einzige Übeltäter in dieser Welt: »Linken Feministinnen« oder an anderer Stelle »Vatertöchtern des Patriarchats« wirft Christa Mulack »die Bekämpfung der Weiblichkeit«[3] vor. So findet diese Feindgruppe Nr. 2 ihren Platz im Patriarchat. Solche Frauen lehnen jene Weiblichkeit ab, deren »Identität jenseits patriarchaler Vorstellungen«[4] liegt und die Christa Mulack aus den Inhalten der Matriarchatsforschung bezieht: »So wie Athene nichts wissen will von ihrer Mutter Metis, wollen auch sie nichts wissen von einer matriarchalen Kultur mit einem lebensfreundlicheren Weltbild und friedlicheren Denkstrukturen.«[5] (Was es mit der scheinheiligen Friedfertigkeit dieses »Weltbildes« auf sich hat, wurde an anderer Stelle ja schon mehrfach deutlich.) »Statt dessen glauben sie – wie Alice Schwarzer –, für den gleichberechtigten Dienst der Frau mit der Waffe kämpfen und damit auch noch die letzten Unterscheidungsmerkmale aufheben zu müssen.«[6]

Was passiert nun, wenn sich die heimatlose Frau von ihrer eigenen Ingroup abwendet oder sich »abwerben« lässt? Die Drohung einer bevorstehenden Katastrophe folgt auf dem Fuße: Mulack warnt eindrücklich davor, was alles geschehen könne, falls eine Frau sich zu sehr auf die von den Männern zur Verfügung gestellten Räume einlasse: »Sie haben gelernt, den Verlust ihrer Halt bietenden Frauenwelt als Emanzipation zu feiern und die Einebnung ihres weiblichen Hinterlands als Gleichberechtigung.«[7] Mit »sie« meint Mulack Frauen, die »im Namen ihrer Befreiung von patriarchalen Rollenmustern ... bestimmte Bereiche der Männerwelt erobern. Entwurzelung ... Vereinsamung ... Depressionen und Süchte aller Art« sind die Folge davon, dass sie sich gewissermaßen auf die falsche Seite geschlagen haben: Und sie merken dies nicht einmal.[8]

Doch während sich die Leserin noch erschrocken fragt, ob manche Sorgen oder Verstimmungen von ihrer beruflichen Position herrühren, kann sie eine Seite weiter wieder entspannt aufatmen: Das Wörtchen »unser« signalisiert auf Seite 10, dass die Leserin selbst wohl (noch!) nicht gemeint ist: »Der Verlust unserer Frauenwelt war ein jahrtausendelanger Prozeß, der wohl erst in der Gegenwart seinen Höhepunkt gefunden hat.«[9] Die Leserin erfährt: Es gibt noch mehr solcher armen, verführten Kreaturen, mit denen sie ihre kleine Ingroup bilden kann: »Das patriarchale Weltbild ist Teil unser aller Wesen geworden; es bestimmt unser Agieren und Reagieren, unsere Haltungen ... es durchzieht unser Denken und Fühlen, ... es bestimmt unsere Wahrnehmung.«[10] Woraus dann abgeleitet werden kann, dass Frauen diesen Gefühlen oder Wahrnehmungen nicht mehr trauen dürfen.

## Die weibliche Wahrheit

Abwerten von Gefühlen und Wahrnehmungen, das Wecken von Selbstzweifeln ist eine wichtige Methode in autoritären Texten, um die Leserschar auf die weiteren Inhalte einzustimmen. Letztere werden nun von Christa Mulack – gesperrt gedruckt als wichtig gekennzeichnet – das erste Mal benannt: »weil wir frei werden für jene Wahrheit, die unserer Wirklichkeit, unseren weiblichen Erfahrungen und Bedürfnissen entspricht«[11]. Adorno, der ja die Kriterien seines autoritären Charakters insbesondere an fundamental-christlichen Erweckungspredigern ausarbeitete, hätte bei Sätzen wie dem folgenden seine helle Freude an dieser studierten Theologin gehabt: »Dem Aufspüren unserer Wahrheit ist dieses Buch gewidmet.«[12]

Um es noch einmal zusammenzufassen: Männer machen Frauen heimatlos. Heimatlose bilden eine Wirgruppe. Wenn sie doch ein wenig Platz haben wollen, verlassen sie diese heimelige Notstandsgemeinschaft und werden als Teil der Männerwelt depressiv, süchtig und einsam und »verlieren« die Ingroup. Sie bilden eine neue Ingroup solchermaßen Verführter. Ihre Gefühle und Wahrnehmungen sind falsch, da männergeprägt, manipuliert. Durchschauen sie dies, finden sie zu ihrer eigenen Wahrheit zurück.

Da fragt sich nur: Was ist die »eigene Wahrheit«, »unsere Wirklichkeit«, unsere »weiblichen Erfahrungen und Bedürfnisse«? Schließlich sind »wir« Frauen »durch das patriarchale Weltbild, Wissens- und Lehrgebäude ... manipuliert und unser Denken irritiert«[13]. Es gibt also zwei Wahrheiten oder Wirklichkeiten, die »der Männer« und die von »uns Frauen der Gegenwart«[14]. Christa Mulack erklärt der Leserin nun, dass alle Wahrheit perspektivisch ist. In der feministischen Wissenschaftsdiskussion nannte man dies wenigstens noch »subjektiv«.

## Matriarchatsforschung und Frauensolidarität

Nach dem Katastrophenszenario der Heimatlosigkeit plus Schuldzuweisung an die Männer entfaltet Christa Mulack nun in ihrer einleitenden Ouvertüre die zweite Voraussetzung des Buches, abermals eng verknüpft mit emotionaler Polemik und Schuldzuweisungen.

Perpektivische Wahrheiten seien dennoch nicht gleichwertig nebeneinander zu stellen. Hier verfährt Christa Mulack genauso wie später in Bezug auf die Unterschiedlichkeit der Geschlechter: Sie wertet die beiden Perspektiven sehr unterschiedlich, eine wertet sie ab, die andere auf: Die Perspektive des Mannes »ignoriert«, die der Frauen »stellt auf ... dem Hintergrund weiblicher Erfahrungen die Erschaffung des Lebens völlig anders dar«[15]. In dieser Weise verfährt zum Beispiel auch Angelika Aliti einige Jahre später in ihrem Buch *Die wilde Frau*[16].

Oben wurden die eigenen Gefühle und Wahrnehmungen noch abgeurteilt, jetzt aber scheinen wir bei den genuinen, einzig wahren Erfahrungen jenseits des Patriarchats angelangt zu sein: Die daraus resultierenden matriarchalen Mythen sind Fakten, denn dem Mann ist »der Zugang zu den wesentlichen Bereichen dieses Phänomens [der Erschaffung neuen Lebens; M.S.] versagt«[17]. Wie sollen sie es also beurteilen können? Die Leserin weiß nun auch, an welchem Kriterium der Wahrheitsgehalt der Matriarchatstheorien gemessen werden kann: an der Gebärfähigkeit. In zwei Sätzen entfaltet Christa Mulack sodann zwei Grundthesen aus der Matriarchatsforschung plus drei Mythenthemen, wobei sie Thesen und Mythen miteinander vermischt:

1. Mythos: »Ausgehend von der Schöpfung als Werk der Urgöttin ...«
1. These: »... die in Mythen des frühen Matriarchats als alleinige Urheberin allen Lebens wie auch des Kosmos angesehen wird ...«
2. Mythos: »... tritt im späten Matriarchat ein männlicher Begleiter an ihre Seite und steuert seinen Begattungsbeitrag zur Schöpfung bei.«
2. These: »Mit zunehmender Patriarchalisierung ...«
3. Mythos: »... wird er dann jedoch zum alleinigen Urheber der Schöpfung.«

Ein Mythos ist dem anderen Mythos nicht gleichwertig, denn: »Der männliche Mythos wird ... hochstilisiert und auf diese Weise männlicher Größenwahn an den Himmel projiziert.«[18]

Aber: Es gab einst eine »Zeit der Frauensolidarität, die wir aus den Matriarchaten kennen«[19]. Der Mythos der Frauensolidarität aufgewogen gegen den des Größenwahns. So verschieden kann die Perspektive auf Mythen sein. Vom Standpunkt polytheistisch-polyglotten Atheismus ist beides gleich: Sowohl Männer als auch Frauen projizieren ihr eigenes Überideal ans Firmament: mal als »Schöpfergott«, mal als »Urgöttin«, deren Werk »die Schöpfung« ist.

Bei Mulacks Darlegung ihrer Matriarchatstheorie konnte ich keine Literaturangaben finden. Anscheinend will sie den Eindruck erwecken, es handele sich bei dem von ihr Dargestellten um Tatsachen: Was Wahrheit ist, muss nicht zitiert werden. Nachdem Thesen und Mythen aus dem Umfeld der Matriarchatsforschung nun solchermaßen zu Fakten gemacht wurden, ergibt sich daraus nun Mulacks nächste Voraussetzung: »die Verdrängung der Geschlechterdifferenz«[20].

## Geschlechterdifferenz als Welterfahrung

Geschlechterdifferenz bedeutet bei Christa Mulack »die Tatsache nämlich, dass es eine weibliche Art der Welterfahrung gibt und eine männliche«[21]. Geschlechterdifferenz als Welterfahrung, nicht als biologisch-kulturelle Zuschreibung.

Auf diese Weise vollführt ihre Argumentation einen Zirkelschluss: Wie bereits gesagt, sind die »Erfahrungen« der Frauen »wahrer« als die der Männer, wobei hinter »wahr« der Mythos eines Matriarchates steht, den die nicht gebärenden Männer gar nicht nachvollziehen können. »Wahre« und »falsche« Erfahrung werden nun an das Geschlecht gebunden. Woran eine Frau allerdings erkennt, ob sie nun die »wahren« Erfahrungen produziert oder jene falschen, die sie – so sie von den Männern einen Platz jenseits der Heimatlosigkeit zugewiesen bekommen hat – noch bei sich trägt, verrät Christa Mulack leider nicht.

Diese beiden Erfahrungswelten will sie in den Mittelpunkt ihres Buches und damit richtig stellen, da »die Männer« sie bisher für ihre »eigenen Machtansprüche schamlos ausschlachteten«[22]. Die zweite Feindgruppe, die »linken Feministinnen« sind für Mulack in diesem Zusammenhang auch nicht besser als die Männer: Reagierten sie doch »auf diesen Missbrauch mit einer radikalen Leugnung der Geschlechterdifferenz«[23]. »Die Folge dieser ideologischen Verbohrtheit ist ein tiefer Graben, der die feministische Bewegung heute durchzieht ...«[24] So wird diese Outgroup nun auch noch als Zerstörerin der zwar heimatlosen, aber sicher »kuscheligen« Ingroup dargestellt.

## Die Überlegenheit der Eizelle

Vorsichtshalber verlässt sich Mulack aber nicht darauf, ihre Vorstellung einer Geschlechterdifferenz aus solch abstrakten Dingen wie einer postulierten, unterschiedlich wahren Welterfahrung herzuleiten. Das Lieblingskind aller Autorinnen und Autoren, die die Überlegenheit einer eigenen Ingroup beweisen wollen, ist nach wie vor die Biologie. Innerhalb der biologistischen Argumentationsweise ist es, in Bezug auf die vermutete Höherrangigkeit des weiblichen Geschlechtes, das Y-Chromosom, an dessen geringerer Größe sich seit seiner Entdeckung vieles aufhängen lässt.

Christa Mulack hält das weibliche X-Chromosom aufgrund seiner Größe für überlegen[25], genauso wie sie die weibliche Eizelle als etwas dem männlichen Sperma Überlegenes wertet: »Neben die Priorität der weiblichen Eizelle vor dem männlichen Sperma, des weiblichen X- vor dem männlichen Y-Chromosom tritt auch noch die Priorität der weiblichen Dimension in der embryonalen Entwicklung. Nicht nur, dass beide Geschlechter ihr Leben in der uterinen Symbiose mit der Mutter beginnen und Teil des weiblichen Körpers sind, sie selbst zeichnen sich durch eine primäre Weiblichkeit aus. Erst in der sechsten Woche vollzieht sich die Entwicklung zum männlichen Geschlecht.«

## Hassen lernen

»Hass« wird von Christa Mulack positiv, in Anlehnung an die Thesen von Christina Thürmer-Rohr, als »Erweiterung unserer Gefühlsskala«[26] gesehen. Hass werde, wie Gewalt, durch die strukturelle Gewalt, mal die Brutalität des Patriarchats, mal Katastrophen wie Tschernobyl, legitimiert. »Das Patriarchat in der uns bekannten Form setzte sich nicht durch, weil es die besseren Antworten auf das Leben hatte, sondern weil es in seiner Brutalität nicht zu überbieten war.«[27] Den Philosophen Günther Anders zitierend schreibt Mulack weiter: »Theater [der Friedensbewegung; M.S.]) und Gewaltlosigkeit sind eng verwandt. Für ihn sind diese Aktionen keine *angemessene* Reaktion auf das Maß an Gewalt, mit dem wir durch Rüstungswahn und Umweltzerstörung selbst bedroht werden, da sie in bezug auf die Abschaffung dieser Problemfelder ineffektiv sind.«[28] Sie beeilt sich allerdings, Anders' Bemerkung in Hinsicht auf ihre eigene Einstellung zu entschärfen: »Daß ich das philosophische Fazit eines Günther Anders hier eingeschoben habe, bedeutet nicht, daß ich ihm zustimme...«[29] – wie man dann weiter lesen kann, allerdings nicht aus einer grundsätzlichen Ablehnung von Gewalt heraus, sondern weil sich die Anstrengung gewissermaßen nicht lohnen würde, man müsste zu viel Gewalt anwenden. Und letztlich wäre die entsprechende Gegengewalt genau so groß.[30]

Mulacks Plädoyer für die »Wiedergewinnung der Fähigkeit des Hassens«[31] lebt von der methodischen Vermischung verschiedener Bedeutungen und Aussagen. Ein »eindeutiges Nein«[32] ist mitnichten Hass. Es ist eine klare Ablehnung und Distanzierung von einem als negativ empfundenen Vorgehen eines anderen, also ein rationaler Akt. Daran ändert auch Thürmer-Rohrs Absetzung von angeblich »produktivem Hass« gegen den »blinden Hass« nichts. Weiterhin verbindet Mulack die »Radikalität« mit Hass und Gewalt, ohne die »wir uns alle der Mittäterschaft schuldig«[33] machen.

Der Gebrauch des Begriffes »Hass« ist sowohl bei Christa Mulack als auch bei Christina Thürmer-Rohr und Günther Anders zu hinterfragen. Hass ist eine negative, sehr starke Emotion, die sich vor allen Dingen auf ehemals positiv besetzte, geliebte Objekte bezieht. Oft geht dem ein radikaler Gefühlsumschwung voraus, häufig eine als negativ empfundene Handlung des geliebten Objektes. Man kann Menschen jedoch auch zu Hass aufstacheln. Medium einer solchen demagogischen Aufstachelung ist die Vereinnahmung. Der Demagoge oder autoritäre Redner/Schreiber benutzt das Mittel der Vereinnahmung, um Vorbedingungen für Hassgefühle zu schaffen. Auch Christa Mulack weiß das Medium der ersten Person Plural immer wieder geschickt an den richtigen Stellen einzusetzen.

Mulacks Argumentation leitet sich aus einer linken Tradition her. Ganz wohl scheint ihr dabei jedoch nicht zu sein, denn sie entblättert ihren Hassbegriff wie eine russische Puppe aus der Puppe: Mulack referiert, was Christina Thürmer-Rohr sagt, was Günther Anders schreibt. Im Telegrammstil könnte man ihre Argumentation zusammenfassend so interpretieren: Männer sind schlecht und unterlegen, Frauen überlegen und besser. Männer zerstören die Welt. Männer erkennen nicht die Überlegenheit der Frauen an. Ich bin eine Frau. Ich bin besser. Ich hasse die Männer.

Einer gesellschaftsverändernden Strategie kommt man auf diese Weise allerdings keinen Millimeter näher. Außerdem wird das Hassen in diesem Fall aus dem eigenen Überlegenheitsgefühl der Ingroup und der Aburteilung der Outgroup gespeist. Ohne das »Wir« der guten, überlegenen Frauen und das »Die da!« der bösen, unterlegenen Männer fehlte dem Hass die Basis.

Die »Tschernobyl-Begründung« ist so nur die äußere Tünche. Das Gefühl des Nicht-Geachtet-Werdens setzt bei Christa Mulack eine eigentliche, weibliche Überlegenheit voraus. Sie ist die Vorbedingung für das hassende Verhalten. Nimmt man eine individuelle Betroffenheit als Voraussetzung für das Hassen an, bedeutet dies: Mulacks Hass rekrutiert sich aus der Abwertung ihrer Person als Frau. Die Diskrepanz der beiden Gefühle – hier der übermäßige Hass und dort die Abwertungserfahrung – jedoch wird erst durch die eigene Überbewertung hergestellt. Sie ist letztendlich die Voraussetzung des Hasses.

Die Bereitschaft, die eigenen Positionen zu reflektieren, ist weder eine »linke« noch eine »rechte« Eigenschaft, weder »feministisch« noch »matriarchal« oder »weiblich« oder »männlich«. Reflexionsbereitschaft ist eine individuelle Fähigkeit, die jedes menschliche Individuum entwickeln kann, so es dazu bereit ist. Genau mit dieser Reflexionsbereitschaft, mit den Begriffen von Abgrenzung und kritischer Ablehnung vermischt Mulack aber ihren Hassbegriff. Und genau über solche begrifflichen Unschärfen schleichen sich Gewaltlegitimationen in den Sprachgebrauch ein, werden Hemmschwellen gesenkt, steigt die Bereitschaft zu öffentlichem oder auch privatem gewalttätigem Verhalten.

## Der Mythos von der friedfertigen Frau

Gerade die Vermischung polemischer Schuldzuweisungen und Abwertungen mit teilweise empirisch abgesicherten Beobachtungen zur gesellschaftlichen Stellung von Männern und Frauen, dieses letztlich ungegliederte Dickicht aus Wertungen und sozialkritischen Erkenntnissen bei Christa Mulack erfordert eine beinahe zeilenweise Asueinandersetzung mit ihrem Text.

Wie dunkle Perlen blitzen in diesem Wirrwarr die sachlich widerlegbaren Behauptungen Mulacks hervor, das Licht mangelnder Vorinformation schimmert durch das graue Einerlei ihres zerschlissenen Textgewandes und wirft interessante Schatten auf die mangelnde Beschäftigung der Autorin mit Tatsachen, die eventuell ihr Weltbild ins Wanken bringen könnten. Wie kommt sie beispielsweise zu der folgenden Aussage: »Frauen verfügen über ein aktiveres und widerstandsfähigeres Immunsystem, was auch eine Erklärung für die wesentlich höhere Anzahl männlicher Aids-Erkrankungen ist.«[34]

Nach Christa Mulack neigen Frauen auf Grund ihrer ganzheitlicheren Wahrnehmung »weniger als Männer zu aggressiven Weltanschauungen«[35]. »So entwickeln sie beispielsweise auch weniger nationalistische Gefühle.«[36] Woher nimmt Mulack einen Beleg für diese Behauptungen? »Wie Untersuchungen zeigen, spielen Frauen im rechtsextremistischen Terrorismus keine Rolle, im linksextremistischen aber sehr wohl. Sein idealistischer Hintergrund entspricht weiblichem Denken weitaus eher als der nationalistische.«[37] Christa Mulack misst an dieser Stelle mit zweierlei Maß: einem für »linken« und einem für »rechten« Idealismus und bleibt der Leserin auch den Beleg für ihre Behauptung schuldig. Wobei diverse Arbeiten zum Thema Frauen und Radikalismus eine andere Geschichte erzählen.[38] Sind nicht Hass und Gewalt immer abzulehnen? Ist nicht die Integrität des menschlichen Körpers ein Wert, der weder mit nationalchauvinistischen Legitimationen noch in antikapitalistisch-linksautonomem »Bullenklatschen« in seinem grundsätzlichen Wert negiert werden darf?

Geschlechterdifferenz bedeutet bei Christa Mulack nicht einen Unterschied zwischen Männern und Frauen, sondern einen unterschiedlichen *Wert* beider. Der nicht zu bezweifelnden Abwertung von Frauen im Patriarchat stellt sie eine Überbewertung der Frauen entgegen, die sie mal biologisch, mal sozial mit deren Verhalten legitimiert.

Wie andere Autorinnen auch schreibt Christa Mulack Texte zum Thema Hass und tut dabei so, als seien Frauen – per Biologie – friedliche Geschöpfe. Es ist Augenwischerei, Frauen die netten »matriarchalen« Eigenschaften wie »Empathie und Intuition, Anpassungsbereitschaft ... Erfindungsreichtum«[39] zuzuschreiben, oder ihnen gar zu unterstellen, dass sie »im großen und ganzen anders mit Macht umgehen, sie nicht um ihrer selbst willen anstreben und lebensfreundlichere Ziele verfolgen«[40]. Mulack scheint noch nie dem heftigen Statusaushandeln in einer Frauengruppe oder bei einem größeren Frauentreffen mit all seinem Geschrei, seinen Tränen und Strategien des Niedermachens beigewohnt zu haben.

»*Männliche* Gewalt gefährdet das Leben auf dem Globus, egal ob nun alle oder *nur einige* Männer gewalttätig sind. Auf keinen Fall sind es gewalttätige Frauen, auch wenn sie hier und da Anteil an der männlichen Gewalt haben oder sie eben durch Mittäterschaft ermöglichen.«[41]

Große Teile der Frauenbewegung vertraten lange eine ähnliche Position, die in dem Satz kumulierte: »Jeder Mann ist ein Vergewaltiger!«, der mal durch das Adjektiv »potenzieller«, mal aber auch nicht eingeschränkt wurde. Die Blickrichtung hat sich inzwischen jedoch entscheidend verändert. Selbst die Tatsache, dass die Angehörigen einer Gruppe statistisch gesehen häufiger Gewalt ausüben als die einer anderen, rechtfertigt solche Zuschreibungen nicht.

Eine weitere Merkwürdigkeit des obigen Zitates ist die darin verborgene Aburteilung von Frauen. Von sich aus sind sie anscheinend, nach Mulack, nicht in der Lage, gewalttätig zu sein, sie haben höchstens »Anteil« an Gewalt oder agieren innerhalb der »Mittäterschaft«. Wenn eine Autorin schreibt, »auf keinen Fall sind es gewalttätige Frauen ...«, weist sie auch für sich selbst jegliche Gewaltbereitschaft weit von sich. Doch lauert diese hinter ihrem Text nicht in besonderer Weise?

## Man ersetze das Wort »Mann« durch das Wort »Ausländer«

Christa Mulacks polemische Abhandlung gehört ohne Zweifel in eine Reihe mit anderen »männerhassenden« Pamphleten. Abgesehen von der polemischen Rhetorik und den Feindbildern zeichnet sich *Natürlich weiblich* durch die Vermischung von Bewertung und Beschreibung, insbesondere beim Thema Unterschiedlichkeit der Geschlechter, als tragendem Element des Buches aus. Ersetzte man in ihm das Wort »Mann« einmal durch Bezeichnungen wie »Jude«, »Ausländer« oder »Mohammedaner«, würde er die Kriterien eines rechtslastigen, rassistischen Textes erfüllen.

Dass eine Autorin oder ein Autor fanatisch, menschenverachtend, kurz: autoritär schreibt, demagogisch denkt und polemisch spricht, hat also nichts mit dem Thema zu tun, sondern mit seiner/ihrer eigenen Einstellung. Nicht das Thema Biologie ist rechtslastig, sondern Menschen, die sich biologistischer Argumentationen bedienen. Nicht der Feminismus als politische Bewegung ist männerfeindlich, sondern Autorinnen, die sich der berechtigten Anliegen der Frauenbefreiung bemächtigten, um eigene, unverarbeitete Ambivalenzen[42] auszuagieren.

Auch nicht die hier so oft »beschimpfte« Matriarchatsforschungs-Literatur ist per se reaktionär oder autoritär. Es sind Autorinnen mit reaktionären, autoritären Grundeinstellungen, die sich des Themas bedienen. Als rückwärts gewandte Utopie eignet es sich auch gut dazu, die eigenen bewussten oder unbewussten Machtfantasien, den eigenen Größenwahn auszuleben.

»Daher wäre es am gerechtesten, wenn beide Geschlechter ihrem Bevölkerungsanteil gemäß über politische Mandate verfügten. Selbstverständlich sind hier auch die Interessen der Kinder mit zu berücksichtigen ... Solange Kinder aber noch nicht in der Lage sind, ihre Interessen selbst zu vertreten, sollten jene damit beauftragt werden, die sich auch sonst um die Kinder kümmern, was wohl zu rund neunzig Prozent die Frauen tun. Dadurch ergäbe sich für Frauen eine absolute Mehrheit, die keine Bevorrechtigung wäre, sondern Ausdruck dessen, dass *allen* die gleichen Rechte zugebilligt würden ... Der legitime Machtanteil der Männer läge demnach bei rund 30 Prozent.«[43] Woher nimmt Christa Mulack die Sicherheit, dass Frauen (zum Beispiel die kinderlose Managerin mit Zwölf-Stunden-Tag) Kinder und ihre Bedürfnisse besser vertreten können als »die Männer« (zum Beispiel der Sonderschullehrer mit drei eigenen und zwei adoptierten Kindern)?

## Das große Wolfsgeheul – Clarissa Pinkola Estés und andere Wölfinnen

*Die Wolfsfrau* von Clarissa Pinkola Estés ist als spirituelles Frauenbuch die populärste Version, die heute bekannteste »Eisbergspitze« der hier besprochenen Matriarchats- und spirituellen Frauenliteratur. Seit seinem Erscheinen in deutscher Sprache 1993 hat der 560 Seiten starke Wälzer mehr als zwanzig Auflagen erlebt. Die Mundpropaganda von Frau zu Frau für dieses Buch kann man nur mit jener nach Erscheinen des Romans *Die Nebel von Avalon* von Marion Zimmer Bradley vergleichen.

In *Die Wolfsfrau* geht die Entpolitisierung durch die Strömungen des New Age, wie Jutta Ditfurth und andere sie beklagen[1], eine ungute Mischung mit den Ausgrenzungstendenzen der bereits referierten Matriarchatsautorinnen ein. Seine Lektüre lässt klar werden, was viele kritische Geister als den postfeministischen, postsozialistischen oder postkritischen Prozess beklagen: diesen Rückzug in das eigene Ego, ein narzisstisches Einigeln, Gefühllosigkeit gegenüber Armut, Ausbeutung und Gewalt.

Am Ende ihres Buches erzählt Estés die Geschichte einer befreiten Wölfin, die ihrer Retterin eine Augenwimper schenkt. Mit der Wimper der Wölfin gewinnt die Frau den klaren Durchblick, durchschaut wahre und falsche Freunde, »alle Dinge, die wahr waren, und alle Dinge, die falsch waren«[2].

### Interpretation und Nabelschau

Das Grundprinzip von *Die Wolfsfrau* sieht so aus: Clarissa P. Estés erzählt eine Geschichte, die die Leserin bzw. den Leser zur Identifikation einlädt. Dann interpretiert sie diese Geschichte. Diesen Vorgang wiederholt sie insgesamt zwanzigmal in sechzehn Kapiteln. Jedes Kapitel verfährt nach der gleichen Methode: beeindruckende Identifikationsgeschichte und darauf folgend die eine, passende Interpretation. Sollten der Leserin aufgrund ihrer eigenen Fantasie oder durch ihre Vorkenntnisse andere Interpretationen zu einer Geschichte einfallen, steht sie allein damit da: Als einzig richtig präsentiert Estés nur ihre eigenen Auslegungen, auf deren Grundlage sie dann ihre weiteren Schlussfolgerungen, Ratschläge und Drohungen des jeweiligen Kapitels aufbaut.

Ein Beispiel für eine solche Interpretation ist jene der Geschichte »Die drei goldenen Haare«. Estés erzählt die Geschichte des Mannes, der mit verlöschender Lampe, müde und zu Boden gedrückt, durch einen dunklen Wald torkelt. Er kommt zu einer Waldhütte, wo eine alte Frau den zu Boden gesunkenen Greis in ihre Arme nimmt, sich in einen Schaukelstuhl setzt und ihn liebevoll in den Schlaf wiegt. Im Laufe der Nacht wird der Mann immer jünger, bis er als Knabe mit goldlockigem Haar aufwacht und die Hütte dankbar wieder verlässt, »um zur Morgensonne selbst zu werden«[3]. Eigentlich transportiert das Märchen seine Interpretation gleich in der letzten Zeile mit. Doch weit gefehlt: In einer Interpretation, die viermal so lang ist wie die eigentliche Geschichte, liefert die C.G.-Jung-Schülerin und promovierte Psychoanalytikerin Estés eine ausführliche Interpretation dessen, was diese auf den ersten Blick doch so einfache Geschichte bedeuten soll.

Hauptprinzip all ihrer Deutungen ist der Gedanke, dass alle Elemente einer Geschichte innerpsychische Moment sind und diese außerdem – gleich wie viele Personen, Tiere, Pflanzen und andere »handelnde« Elemente die Geschichte enthält – alle nur die Aspekte *einer* Psyche darstellen. An mehreren Stellen in ihrem Buch betont Estés dieses Grundaxiom ihrer Märcheninterpretationen: »Um den größten Nutzen aus dieser Geschichte zu ziehen, sollten wir davon ausgehen, daß alle erwähnten Komponenten den Charakter der Psyche einer einzigen Frau repräsentieren und bei dem Einweihungsprozeß einer Frau der Reihe nach auftauchen.«[4]

Ähnlich verfährt sie beispielsweise mit Christian Andersens Märchen vom hässlichen Entlein, das nach vielen Ablehnungssituationen zum Schwan wird. Anderson schrieb mit diesem Kunstmärchen eine Sozialkritik. Aber nicht doch: »... das Entlein ist ein Sinnbild für die Wildnatur, die selbst unter den ungünstigsten Umständen instinktiv für ihr Überleben sorgt ...«[5]

Wie autoritäre Redner baut Estés Teile mit einem gewissen »Wahrheitsgehalt« in ihren Text ein, Informationen, zu denen die Leserin nur nicken kann: Sicher steht das hässliche Entlein auch für »das Exil des unangepaßten Kindes«[6] und »werden Mädchen schon sehr früh in ein inneres Exil verbannt, das durch ignorantes Missverstehen oder absichtsvolle Grausamkeit der Umgebung im Lauf der Zeit allmählich immer mehr vertieft wird«[7] – »generell«[8]. Genau dieses letzte Wort zeigt jedoch, wie Estés ihre Aussagen meint. Sie generalisiert, ihre Texte sprechen in einer Art Uneindeutigkeit, die alles meinen kann, viele Ebenen an: Alltag, Mythos und Märchen zwischen Diesseits, Straßenverkehr und irgendeiner Archetypenwelt.

An anderer Stelle beschreibt sie das Dilemma, in dem viele Frauen bezüglich ihres Körpers stecken: Sie wollen ihn akzeptieren, ihn mögen, bekommen aber von der Umwelt ein »schlechtes« Selbstbild suggeriert. Da kann die Leserin nur nicken, dies hat sie schließlich meist am eigenen Leib erfahren. Außerdem gibt Estés ihr noch ein schöne Utopie mit: »Eine derart dynamische Eigenakzeptanz und Selbstwertschätzung führt mit der Zeit auch zu Veränderungen im kulturellen Milieu.«[9] Eine kindliche Allmachtsfantasie, die, für sich genommen, eine feine Spekulation ist, ja auch auf einer gewissen Lebenserfahrung beruhen kann: Wie ich in den Wald hineinrufe, so schallt es schließlich heraus. Vor dem Hintergrund von 560 Seiten Abwesenheit jeglicher Aufforderung, Idee, praktischen Anregung oder Strategie zur kritischen Rationalisierung und aktiven Veränderung der eigenen Umwelt wirkt diese Fantasie jedoch bedenklich. Wie kommen Frauen denn zu Eigenakzeptanz und Selbstwertschätzung? Nur durch eine narzisstische Nabelschau à la Estés?

## Prototypische Urfrau und feminine Wildnatur

Der theoretische Hintergrund für die Ausführungen von Estés ist die Archetypenlehre C.G. Jungs. Sie besagt, wie andernorts bereits erwähnt, dass alle Menschen überall die gleichen angeborenen Grundstrukturen oder Bilder, eben die Archetypen, in sich tragen. Die Zielsetzung ihres Buches beschreibt Estés folgendermaßen: »In seiner Essenz bemüht sich das Werk darum, die integrale Instinkt-Natur zu de-pathologisieren und ihre seelenvollen und essentiellen psychischen Verbindungen zur Natur-Welt aufzuzeigen. Die grundlegende Prämisse, die mein gesamtes Werk durchzieht, geht davon aus, daß alle Menschen mit Talenten zur Welt kommen.«[10]

Beinahe könnte man hier zustimmend nicken, schließlich geht es Estés um die Förderung von Talenten. Doch eine andere Erläuterung zu diesen angeborenen Archetypen oder Talenten macht die Begeisterung wieder zunichte: »Ganz gleich, welchem Land, welcher Religion, welcher Rasse und welchem Stamm sie angehören, alle Frauen haben eines gemeinsam: ihre Urinstinkte, ihre unbezähmbare Seelenstärke. Alle spüren den Aufruf der wilden Seele und folgen ihm irgendwie, irgendwann.«[11]

So wie hier die unterschiedlichsten Märchen über einen Kamm geschoren werden, so werden es auch die Frauen dieser Welt. Und wehe der, die nicht ihrer inneren Wolfsnatur folgt! Estés entwirft eine Reihe von innerpsychischen Katastrophenszenarien, die sie als Drohungen immer wieder in den Text einstreut.[12] »Verletzte und geschwächte Urinstinkte im Menschen haben eine gemeingefährliche Wirkung, und die Folgen sind weltweit sichtbar. Seit Jahrzehnten wird unseren Atomreaktoren, Industrien und Raffinerien erlaubt, ihren Giftmüll zu erzeugen und in die Luft zu jagen oder irgendwo abzulagern, woraufhin Tiere eingehen, Wälder sterben, Kinder erkranken und Eltern aller Nationen versuchen, sich an die paralysierende Serie von unregelmäßig auftretenden Umweltschocks zu gewöhnen.

Wenn Frauen nicht den Mund aufmachen und sich nicht lautstark genug für ihre Rechte einsetzen, verstummt die Wilde

Frau und mit ihr das Ursprüngliche auf dieser Welt. Dann sterben schließlich auch der letzte Wolf und der letzte Regenwald, denn es gibt immer genug einflußreiche Unternehmer, die ein persönliches finanzielles Interesse an der Vernichtung der Wildnatur in all ihren Ausdrucksformen haben.«[13] Was schlichtweg eine unbewiesene Unterstellung ist. Die »einflußreichen Unternehmer« dienen bei Clarissa P. Estés als Feindbild, ohne das einem autoritären Text anscheinend die Würze fehlt.

Bei Estés findet sich auch die Rückbesinnung auf ein »Ureines«, und die Vereinnahmung in dieses Eine, Ur- und Wirhafte lässt nicht lange auf sich warten: »Wir alle wissen, wie man zu sich selbst zurückfindet. Egal, wie weit wir uns von uns selbst entfernt haben, wir kennen den Rückweg. Die Heimat ist der Urgrund, der Platz, von dem alle Gedanken und Gefühle ausgehen und in den sie zurücksinken, indem sie sich auflösen, um von neuem zu entstehen. Der Urgrund ist der interne Ort, an dem eine Frau sich ganz fühlt, ganz und gar ungeteilt, von keinem Gedanken oder Gefühl zerrissen oder abgelenkt.«[14] »Die Heimat ist der Ort, an dem die Instinkte ungehindert wirken können, so mühelos und naturgewollt funktionieren wie gutgeölte Gelenke.«[15]

Unter Frauen und in der Frauenbewegung ist oft von Intuition die Rede, von einem Auf-die-Gefühle-Hören. Damit ist meist gemeint, dass Frauen – besonders im Hinblick auf Gefahrensituationen – dem, was ihre Sinne wahrnehmen, und den damit verbundenen Gefühlen trauen sollen. Dies ist umso wichtiger, weil viele Frauen von klein auf gelernt haben, ihre Gefühle und Intuitionen »weg-« zu interpretieren oder zu rationalisieren, ihrer Wahrnehmung nicht zu trauen und sich dadurch oft nicht schützen zu können.

Estés spricht im Zusammenhang mit dem Archetypus der Wilden Frau jedoch von einer Intuition, die nach innen, auf den Urgrund, die Archetypen gerichtet ist, nicht auf äußere Wahrnehmungen und reale Gefahren.[16] Ob sie irgendwo in ihrem Buch reale Gewalt oder gewalttätige Männer »mitmeint«, diese Frage bleibt unbeantwortet.[17] Es drängt sich eher der Eindruck auf, dass sie reale Bedrohungen, Gefahren und Gewalttätigkeit bewusst ausklammert.

Estés verlagert die Utopie vollständig in das Innere der individuellen Psyche. Es spielt keine Rolle, ob es sich bei einer Frau um eine vertriebene Osteuropäerin handelt, einen politischen Flüchtling, eine heimwehkranke »Gastarbeiterin« oder eine gettoisierte Ureinwohnerin in Australien. Lässt sich die Autorin doch einmal herab, einen nicht innerpsychischen Utopiezustand zu beschreiben, so rein im Bild des Wolfsrudels, in dem von der gemeinsamen Kinderaufzucht, der Arbeitsteilung bis hin zum Sex alles klappt: »Das ist der natürliche Lebensstil der femininen Wildnatur.«[18]

Für Clarissa P. Estés sind »Instinkte ein Teil der Wesensnatur des Menschen von Beginn an«. Sie stimmt C.G. Jungs Definition der Instinkte als Nahtstelle zwischen Biologie und Geist zu, dem psychoiden Unbewussten, und erweitert das ganze, »indem ich sage, dass speziell der schöpferische Instinkt eine lyrische Ausdrucksform des Selbst ist, ebenso wie die Symbole in unseren Träumen«[19].

Instinkte sind jedoch alles andere als »schöpferisch«. Ganz im Gegenteil sind sie starre Reiz-Reaktionsmuster, für die Tiere keine Alternativen besitzen. Doch dies sieht Estés anders: »Der Archetyp der Wilden Frau mit all seinen weitverzweigten Hintergründigkeiten fungiert als Leitbild für alle Künstler, Denker, Sucher und Finder, denn überall dort, wo etwas erfunden und neu geschaffen wird, ist der Naturinstinkt zu Hause. Ihre Eingebungen kommen aus dem Bauch wie alles Spontane, Künstlerische und Schöpferische, denn ›die Alte‹, und das wissen wir, residiert nicht im Kopf, sondern in unseren Eingeweiden.«[20] Und: »Frauen kommen mit intakten Instinkten zur Welt«[21].

Instinkt ist Estés' Lieblingswort: Gleich auf der ersten Seite der Einleitung gebraucht sie es fünfmal, unter anderem in der Verbindung: »instinktiver Archetypus«[22]. Methodisch sieht sie ihre therapeutische Aufgabe darin, »die verschollen geglaubten weiblichen Urinstinkte im Zuge von zielgerichteten Ausgrabungsarbeiten wieder frei« zu schaufeln.[23] Legt man diesen Zugang zur inneren Wilden Frau nicht frei, wird diese in »halbbewußter Resignation« dahindämmern, sich »in versponnene Wunschträume« flüchten.[24] Versäumt eine Therapeutin, dieses spirituelle Wesen im Zentrum einer Frauenpsyche zu kontaktieren, hat sie nicht nur an der individuellen Frau versagt, sondern auch gleich an allen ihren potenziellen weiblichen Nachkommen.[25] Dies entspricht dem Jungschen Konstrukt angeborener Urbilder.

Hinter solchen Drohungen verbirgt sich die Theorie, dass Verhaltensveränderungen vererbt werden können. Sie kursierte in den dreißiger Jahren in verschiedenen westlichen Ländern, in den Fünfzigern dann vor allem in den Staaten des so genannten Ostblocks. Die sozialistischen Psychologen und Verhaltensforscher suchten lange nach dem Nachweis der möglichen Vererbbarkeit einer sozialistischen Persönlichkeit, mussten dieses Unterfangen aber schlussendlich aufgeben. Diese Theorie war gewissermaßen das Gegenstück zum mythischen, unveränderbaren Wesenskern des Menschen, wie er bei Herbert Kühn, Joseph Campbell und Marie König in Erscheinung trat: »Man könnte sagen«, so Estés, »dass die Wilde Frau die prototypische Urfrau schlechthin ist ... unveränderbar, auch wenn die Zeiten, die Politik, die Kulturen sich ändern, sie bleibt immer gleich.«[26]

Das ist der alte Wein des 19. Jahrhunderts in Schläuchen des ausgehenden 20. Bei Bertha Eckstein-Diener klang dies in den zwanziger Jahren so: »Durch alle Schichten des organischen, so lange es noch ein solches gibt, aber wirkt schicksalhaft die primordiale Weibsubstanz hindurch ... In magischer Weltzeit als Mutter das Tiefenerlebnis des Mannes, ragend aus Urweltträumen bis hoch in die persönliche Schicht jedes Einzeldaseins hinein.«[27]

Bei Herbert Kühn hieß es 1950: »Die Wirtschaftsform hat sich hier nicht geändert, das Denken hat sich nicht gewandelt, der Mensch ist innerlich der gleiche geblieben, wenn auch Jahrtausende, ja vielleicht Jahrhunderttausende zwischen den Menschen von damals und heute liegen.«[28]

Marie König formulierte es 1973 etwas verklausulierter: »Der Wechsel der Wirtschaftsformen störte nicht die Überlieferung. Sowohl Jäger als auch Bauern suchten Hilfe durch die Anrufung des Unterirdischen ... Solche Ideen haben Ewigkeitswert. Diese Grundlegung der Weltordnung kann schon beim Neandertaler begonnen haben.«[29]

Diesem Ideenzusammenhang entsprechend gibt es hier auch keine Politik, werden Revolutionen nicht durch Kritik, Erkenntnis oder Widerstand ausgelöst. Diese Wilde Frau »ist der nährende Untergrundquell in allen Frauen. Wo auch immer Frauen unterdrückt werden, ist sie es, die in ihnen nach Freiheit strebt.«[30] Entfremdung, Unterdrückung oder Zustände wie Armut, Gewalt oder Krankheit haben keine benennbaren Ursachen und Voraussetzungen bei Clarissa P. Estés, sie bilden kein Tatsachengeflecht, das eventuell zu durchschauen und dann auszuräumen wäre.

Ähnlich wie es für Elizabeth Gould-Davis in den fünfziger Jahren und Christa Mulack in den neunziger Jahren nur einen Verursacher aller Übel, den »Mann«, gibt, so gibt es auch für Clarissa P. Estés in *Die Wolfsfrau* nur *eine* Ursache für alle Katastrophenphänomene: die Unterdrückung der Wilden Frau. »Diese Zerrissenheit ist nicht die Krankheit eines Zeitalters oder eines Jahrhunderts, sondern wird überall dort zur Epidemie, wo man Frauen gefangenhält, immer dann wenn die Wilde Natur in die Falle getappt ist.«[31]

## Der innere Zoo

Glücklicherweise kann die beinahe priesterliche Therapeutin (oder der Therapeut) die Abhilfe schaffen, indem sie »die Wildnatur mit Hilfe von gezielten Fragen« kontaktiert und »meistens auch irgendein Märchen oder einen Mythos« findet, »der maßgeschneiderte Instruktionen für die momentane Entwicklungsphase der Patienten enthält«[32]. Joseph Campbell würde sich im Grab umdrehen – er lehnte es vehement ab, individuelle Seelenzipperlein mit Hilfe seiner Mythen zu kurieren.

Rückidentifikationen mit allen möglichen wilden Tieren oder archaischen Gestalten legt nicht nur Clarissa P. Estés der Leserin nahe, dies scheint eine Empfehlung vieler Autorinnen in den neunziger Jahren zu sein. So empfiehlt zum Beispiel Angelika Aliti in ihrem flott heruntergeschriebenen Buch *Die wilde Frau*, »das Wilde Ungezähmte«[33] als fülliges Weib von Willendorf, also eher paläolithisch, herauszulassen, als Ziege oder in Form diverser Vogelarten. In ihrem Buch *Das Maß aller Dinge* bietet sie der Leserin einen ganzen Zoo zur Identifikation an.[34]

Angelika Aliti referiert in *Die wilde Frau* übrigens zahlreiche Matriarchatsforscherinnen, deren Namen ich bei ihr jedoch in keinem Literaturhinweis finden konnte. Da gibt es beispielsweise eine Replik auf Carola Meier-Seethalers *Ursprünge und Befreiungen*[35] oder das ungebrochene Rezipieren von Heide Göttner-Abendroths Thesen ohne Quellenangabe.[36]

Interessant ist auch Alitis Begründung der »blutigsten Rasereien der Menschheitsgeschichte«[37] unter den Nationalsozialisten: Bei ihnen handele es sich um eine Folge der emotionalen Offenheit »der von den Nazis Verseuchten«[38], die durch das Hakenkreuzsymbol gefördert worden sei. Letzteres sei eigentlich, als »Sonnenrad«, ein »positives Zeichen« und sende »positive Botschaften der Sonne in die unterbewussten Bereiche«. »Diese widerstanden daher nicht, als das Bewusstsein den Suggestionen von Gewalt und Sadismus erlag.«[39] Ist die politische Analyse des Nationalsozialismus spurlos an Angelika Aliti vorübergegangen?

Ist der einen »wilden Frau« also die Welt der Symbolik das unveränderlich Ewige, so einer anderen die falsch verstandene Welt der so genannten Soziobiologie. In Gertrud Höhlers Buch *Wölfin unter Wölfen* sind die Eigenarten, Stimmungen, Verhaltensweisen und Lebensorientierungen beider Geschlechter unveränderlich festgeschrieben, »die Forschung« habe es bewiesen, und nur Dümmlinge wie die Feministinnen oder engagierte Pädagogen glaubten noch an eine erzieherische Veränderung von Menschen.

Bei Gertrud Höhler heult die Wölfin nicht im archetypisch-mythischen Sinn wie bei Angelika Aliti, sondern als Stabilisatorin kapitalorientierter, höchst reaktionärer Vorstellungen zur Führung von Unternehmen und Firmen. Die Frau-Wölfin wird hier zum Öl, das das globale Getriebe schmieren soll.

Hinter beiden Sichtweisen – sowohl der eher feministisch-spirituellen Angelika Alitis als auch hinter der stabilisierend-globalkapitalistischen Gertrud Höhlers – steht das Gedankenkonzept von etwas sich niemals Veränderndem, ewig Gleichem: mal die Symbollehre, mal eine ausgesprochen verkürzte und dadurch verfremdete Soziobiologie.[40]

Doch zurück zu Clarissa P. Estés: Für die Autorin von *Die Wolfsfrau* gibt es keinen sozialpädagogischen Aspekt der Veränderung einer Gesellschaft und ihrer Individuen. Durch das Nichterwähnen sozialer Missstände oder gewalttätiger Verhältnisse lenkt Clarissa P. Estés den Blick rein auf eine narzisstische Innerlichkeit, die es zu befreien oder der es zu begegnen gilt, soll die Welt gerettet werden. Statt über Frauen zu sprechen, die berechtigterweise Angst vor männlicher Gewalt haben, mokiert sie sich über Männer, die angeblich Angst vor der inneren Wilden Frau haben, respektive über Frauen selbst, die eine solche fürchten. In dieser Weise zieht sich eine falsche Spur durch das ganze Buch: Gewalt, Vergewaltigungen, schließlich die Mittel, mit denen Frauen terrorisiert, »domestiziert« und unterdrückt werden, sind kein Thema für Clarissa P. Estés.

## Ethnische Mottenkisten und barmherzige Samariterinnen

Estés stellt sich als Tochter mexikanischer Eltern vor, die in einer ungarisch-stämmigen Pflegefamilie aufwuchs. Sie hat Psychologie nach C.G. Jung studiert sowie Ikonographie, Völkerkunde, Verhaltensforschung und »die Weltreligionen«. Außerdem sieht sie sich als Hüterin alter Geschichten, als Geschichtenerzählerin, was im Süden Amerikas mit dem Titel einer *cantadora* verbunden sei.[41] Estés hat ihr Buch in einer »Mischung aus der Gelehrtenstimme geschrieben, die von meiner Ausbildung als Psychoanalytikerin kommt, und, in gleichen Teilen, aus der Stimme der Traditionen des Heilens und der harten Arbeit, in denen sich meine ethnischen Wurzeln widerspiegeln«[42].

Man sollte sich folgenden Satz einer US-Amerikanerin in seiner allertiefsten Unbedeutung auf der Zunge zergehen lassen: »Alle meine Vorfahren waren Einwanderer.« Wie auch nicht in einem Land, das von Europa her kolonisiert wurde? Und sie gehörten, selbstverständlich, der Unterschicht an, und sie waren Katholiken, also auch religiös »Außenseiter«.[43]

Als Mitte der achtziger Jahre durch die verschiedenen politischen, sozialen und spirituellen Bewegungen das Interesse am spirituellen Gut indigener Völker von Asien bis Amerika wuchs, überschwemmte eine Flut von Büchern den Markt: Ihre Themen reichten von indianischen Erkenntnisweisen über schwarzafrikanische Wurzelsuche, indische Erleuchtungspraxis und chinesische Medizin bis hin zu schamanischen Tänzen. Kritiker äußerten Bedenken gegen diesen Boom und befürchteten, dass der (Nord-)Westen nun, nach der Ausbeutung der Arbeitskräfte und Bodenschätze daran ginge, sich auch der geistigen, spirituellen Ressourcen indigener Völker zu bemächtigen. Der Ausverkauf einheimischer Spiritualität von Australien bis Alaska war einer der schwergewichtigsten Kritikpunkte an dieser Art von »Castaneda-Literatur«, in die auch *Die Wolfsfrau* gehört.

Man vertrat die Ansicht, dass, wenn überhaupt, nur die »eingeborenen« Menschen selbst über ihre Spiritualität, ihre Sitten und Gebräuche berichten dürften, dass nur ihnen auch die Honorare daraus zustünden und die Einnahmen aus Workshops und Kultplatzbesuchen. Dies war ein edler Gedanke, der eine Karawane einheimischer Schamanen, Medizinmänner und schmalbrüstiger Gurus nach Europa und in Gebiete der USA zog, die in dieser Hinsicht »unterbesetzt« waren. Die »richtige« ethnische Zugehörigkeit wurde zur Eintrittskarte in diesen Markt.

Was aber sollten nun die »stinknormal« westlich-christlich aufgewachsenen Autoren tun? Hatten doch auch sie Wissen,

Fantasie und Lust auf Rituale und Honorare. Eine Möglichkeit bestand für sie darin, sich einen indigenen Lehrer, eine einheimische Lehrerin zuzulegen.

Auf diese Art entstand manch spannendes Buch, das im ersten Kapitel die Suche nach bzw. Begegnung mit der zumeist recht exzentrischen Lehrerfigur schilderte und im zweiten von der Spannung zwischen westlich-überzivilisiertem Lebensideal und schmuddelig-mystischer Erdverbundenheit lebte. Eine weitere Möglichkeit war es, sich durch indigene Freunde und Verwandte »legitimieren« zu lassen[44]. Dies ist der Weg, den Clarissa P. Estés so ausgiebig beschreitet, dass er schon wieder unglaubwürdig wirkt. So deckt ihre Herkunft gewissermaßen den gesamten amerikanischen Kontinent ab, außerdem Mittel- und Osteuropa.[45] Afrika wird durch »Freunde« vertreten oder, noch weit reichender, durch »afroamerikanische« Legitimationen abgedeckt.[46] Ureinwohner Amerikas, die Inuits, »legitimieren« sie auf Seite 162, Arabien wird Seite 249 erwähnt, Nordeuropa, was bisher als Teil Europas noch nicht eingeschlossen wurde, auf Seite 269. Dazu kommen, als Haupterzählquelle, Frauen generell. Auf diese Art hat Clarissa P. Estés – als Frau – eine erdumspannende Identifikationsethnie zur Verfügung. Dann gibt es noch einen Jungen aus Colorado, einen Mann aus Japan und einen Indianer.[47]

Jüdische Traditionen sind kaum vertreten: Die Geschichte von den Vier Rabbinern »illustriert« lediglich, sie wird weder durch Verwandte noch durch Freunde an die Autorin weitergegeben. Ansonsten taucht das jüdische Element unter den vielen Danksagungen nur insgesamt zweimal auf.[48] Dies als Vorwurf zu formulieren, mag auf den ersten Blick an den Haaren herbeigezogen erscheinen. Ist es aber nicht.

Denn wenn es eine wichtige spirituelle und zutiefst pädagogische Geschichtentradition gibt – deren Inhalte und Strukturen durch den Religionsphilosophen Martin Buber bearbeitet und zugänglich gemacht worden sind –, so ist es die chassidische Tradition der Legenden, Gleichnisse und Erzählungen weiser Rabbis aus verschiedenen Jahrhunderten. Diese chassidischen

Legenden werden von einem Ethos des Miteinanders, des »Umfassens«, wie Martin Buber es nennt, getragen, vom Dialog zwischen zwei Individuen. Bei Estés hätte, wenn sie ihr Unterfangen ernst meinte, ihr Wissen aus allen wichtigen Erzählkulturen zu speisen, eigentlich kein Weg an den chassidischen Traditionen vorbeigeführt. Sie finden sich nicht nur in Europa, sondern auch in den USA. Es stimmt nachdenklich, wenn in einem Buch mit Schwerpunkt auf dem »Geschichtenerzählen« genau diese Traditionen ein Schattendasein führen, gewissermaßen kurzatmig, gerade noch nebenbei genannt werden. Wenn eine Autorin mit derartigen Ansprüchen wie Clarissa P. Estés sich zwecks ihrer ethnologischen Identitätenbildung weder familiär noch freundschaftlich auf sie bezieht.

Clarissa P. Estés liefert mit ihrem ethnischen Flickenteppich die Utopie einer Art Großfamilie, gewissermaßen eines globalen Clans, in den sie durch verschiedene Bezüge eingebettet und somit geborgen ist. Gleichzeitig legitimiert sie damit den Zugriff auf sämtliche ethnischen Mottenkisten. Sie darf hineingreifen, weil sie »dazugehört«.

Clarissa P. Estés' Geschlechtervorstellungen muten wie eine Zeitreise ins 19. Jahrhundert an: »Die meisten Frauen geben ihren lebensspendenden Impulsen ohne Schwierigkeiten nach; sie sind hilfsbereit und von Natur aus ›barmherzige Samariter‹ ...«[49] »Durch ihren Körper sind Frauen von Natur aus schon sehr eng mit der zyklischen Wesensnatur verbunden.«[50] Weitere Beispiele der »wahren Wesensnatur der Frau«[51] ziehen sich durch das gesamte Buch.[52]

## Weiße Flecken und allein gelassene Frauen

Eines der Kriterien für einen autoritären Text ist sein Umgang mit dem Thema Gewalt und deren Legitimation. Das Übersehen, das Nicht-sehen-Wollen dieses gerade für Frauen so bestimmenden gesellschaftlichen Themas wirft ein merkwürdiges Licht auf das Buch *Die Wolfsfrau*. Immerhin impliziert der Titel das Bild eines eher aggressiven, jagenden Wildtieres.

Estés' Nichtbeachtung der Gewaltthematik ist nicht nur eine einfache »Auslassung«, ein »weißer Fleck«, sie hat auch fatale Folgen: So spricht sie über »Geheimnisse als Mörder der Seele«[53]. Bei dieser Kapitelüberschrift könnte man – noch dazu in einem dezidiert für Frauen geschriebenen Buch – im ersten Moment an die Geheimnisse denken, die Kindern in sexuellen Missbrauchssituationen vom Täter aufgezwungen werden. Doch weit gefehlt, bei Estés handelt es sich um die Verfehlungen der Frauen selbst, die sie als schmorende Geheimnisse in ihren Seelen verbergen: »Manche Frauen gestehen unter Tränen, dass sie anderen irgendwann einmal absichtlich Schaden zugefügt haben und seither Gewissensbisse haben, aber bei den meisten Frauengeheimnissen dreht es sich bezeichnenderweise um die Schande, gegen einen gesellschaftlichen oder religiösen Moralkodex verstoßen zu haben, der Frauen Restriktionen auferlegt, über die ein Mann sich ohne große Probleme hinwegsetzt.«[54]

Geradezu sträflich mutet Clarissa P. Estés' Modell der Vergebung an.[55] Keine Rede davon, Täter zur Rechenschaft zu ziehen, sie mit den Folgen ihrer Tat zu konfrontieren, sie im Sinne einer demokratischen Rechtsprechung zu bestrafen und somit den Opfern eine Art Genugtuung zu verschaffen. Ganz im Gegenteil, man fragt sich beim Lesen dieser Seiten unwillkürlich, wie weit man es denn auf dem Wege dieser Vergebung schon geschafft hat.

Estés kennt, wenn überhaupt, nur individuelle, individualistische und verinnerlichte Lösungsstrategien. Selbst das so dezidiert sozialkritische Märchen von dem Mädchen mit den Schwefelhölzern wird in ihren Händen zu einer Art Egotrip des erfrierenden Kindes und seiner Kältehalluzinationen.[56] Dass keiner ihm hilft, dass gewissermaßen der soziale Konsens versagt, ist für die Autorin kein Thema, weil sie diesen sozialen Konsens nicht im Blick hat. Bei ihr gibt es nur den individuellen Narzismus einer in sich selbst verliebten »Wilden Frau«.

Das Buch *Die Wolfsfrau* ist für die Frauen der Jahrtausendwende eine Art Ersatzbefriedigung. Ermüdet von den vielen Kämpfen, frustriert im Berufsalltag, zurückgestaucht im politischen Engagement, bietet es die Flucht in eine angeblich heile und uralte psychische Innenwelt an. Diese ist so rein wie die Natur selbst, aber auch so gefährdet und immer auf der Seite der Guten, der Opfer männlicher Macht.

Indem eine Frau sich auf sie zurückbesinnt, unterliegt sie gleichzeitig der Illusion, sich selbst, alle anderen Frauen dazu und die Natur zu retten. Diese altbekannte Gleichsetzung von Frau und Natur führt direkt in eine verinnerlichte Entpolitisierung hinein.

In *Die Wolfsfrau* sucht man vergebens eine Anleitung, die wölfische Urfrau in sich zu finden. Estés verrät keine Strategie, um aus den erzählten und einseitig interpretierten Mythen, Märchen und Erzählungen den eigenen Erlösungsweg herauszufiltern. So bleibt die Leserin am Schluss – und vermutlich mit dem nur halb gelesenen Buch in der Hand – allein zurück, die Wolfsfrau und die Ursachen für ihre individuellen und die Probleme dieser Welt in sich selbst suchend.

# Was bleibt?

Der zentrale Begriff bei der Überprüfung der spirituellen Frauenliteratur auf ihre Hintergründe und Ziele ist die Empathie: In der Achtung vor und im Mitfühlen mit anderen Menschen, auch jenen der angeblich matriarchalen Zeiten, liegt die Fähigkeit begründet, das Menschen- und Gesellschaftsbild dieser Bücher zu hinterfragen.

Nur wenn Frauen die Anstrengung unternehmen, in Frage zu stellen, was Autorinnen wie Clarissa P. Estés, Heide Göttner-Abendroth, Carola Meier-Seethaler oder Christa Mulack als »gegeben« setzen – ob bestimmte weibliche Instinkte oder »das« Matriarchat –, kann die weitere Aufnahme autoritärer Bilder und Gedanken in die spirituelle Frauenbewegung verhindert werden. Denn wenn Frauen sich heute, bewusst oder unbewusst, auf ein biologistisches Frauenbild »zurückschreiben« lassen, ist die Frauenbewegung spurlos an der Frauenbewegung vorübergegangen. Schließlich lag im Hinterfragen der gesellschaftlich behaupteten Natur der Frau eines ihrer Hauptanliegen.

Das Aufdecken von autoritären Strukturen in Texten und Praktiken von Teilen der Frauenbewegung ist ein demokratischer Prozess. Er ist nötig, um dem Nein von Frauen im spirituellen Zusammenhang genauso viel Raum zu geben wie im explizit politischen, dem Nein bei der Überschreitung ihrer psychischen oder physischen Grenzen. Nur mit einem solchen können Sektenstrukturen und Gurutum auch in der Frauenbewegung aufgelöst bzw. kann ihnen vorgebeugt werden. Selbstsicherheit, Selbstvertrauen, die Fähigkeit zur Selbstkritik und auch ein wenig Humor sind die besten Mittel gegen Verführbarkeit.

Es bringt die Frauen auch nicht weiter, die Welt in Gruppen mit festgeschriebenen Eigenschaften aufzuteilen, die so nicht existieren. Es gibt nicht »die Männer« und »die Frauen«, genauso wenig wie es »die Asylanten« oder »die Juden« gibt. Täter und Täterinnen haben immer einen Namen und eine Identität. Nicht »Männer« vergewaltigen, sondern Herr Maier, die besoffene Bande, die siegenden Soldaten. Nur mit klaren Benennungen lassen sich auch die Ursachen und Bedingungen für autoritäres Handeln – und Schreiben – analysieren und lässt sich ein Gegenkonzept entwickeln.

Um selbstkritisch sein zu können, benötigt der Mensch nicht nur sich selbst, sondern auch andere Menschen. Gemeinschaft ist notwendig – nicht die Illusion der heilen Kuschelecke. Wie jeder Mensch hat auch sie Fehler und Schwächen, entspricht sie niemals dem Ideal. Doch sie sollte immer eine Gemeinschaft gleich starker Individuen sein, die zuhören, Fragen stellen und sich auseinander setzen können.

Jede Person, die behauptet, sie könne Wissen über die Vergangenheit rein intuitiv, ohne rationale, wissenschaftliche Verfahren, ohne die Kontrolle durch die Ergebnisse von Kolleginnen und Kollegen herstellen, macht sich und anderen etwas vor. Wissenschaft hat nicht die Wahrheit gepachtet. Aber sie schafft Wissen – und das hat nicht nur etwas mit Arbeit, sondern auch mit der Bereitschaft zu tun, die eigenen Erkenntnisse zu hinterfragen.

## Danksagung

Allen voran danke ich meinen beiden Freundinnen Sigrid Kroczek linksrheinisch und Ulrike Kinzler rechtsrheinisch. Sie boten mir während der Jahre meiner Recherchen, in deren Zusammenhang auch dieses Buch entstand, immer wieder ein großherziges Dach über dem studierenden Haupt.

Frau Lammel aus Bad Münstereifel von der Buchhandlung für Kunst und Literatur zum Judentum war eine der wichtigsten Gesprächspartnerinnen bei meinen Recherchen zum Nationalsozialismus und Rechtsradikalismus. Bei jeder Frage und jeder neu aufkommenden Problematik unterstützte sie mich bei der Literaturrecherche. Darüber hinaus verdanke ich ihren Empfehlungen ein paar schöne Romane, Kalender und Musik-CDs aus der jüdischen Kultur.

Ich danke der mutigen Autorin Brigitte Röder und ihren Kolleginnen, die mit als erste vom archäologischen Standpunkt aus die Matriarchatsforschung kritisch »gegen den Strich« bürsteten – und von vielen Seiten dafür angegriffen wurden. Das Buch *Göttinnendämmerung*, das sie zusammen mit Juliane Hummel und Brigitte Kunz verfasste, hat einige Anregungen für die vorliegende Arbeit geliefert.

Die Politologin Gabriele Mirhoff überzeugte mich von der Notwendigkeit, diese Studie aus der Form des Zettelkastens in ein geschlossenes Manuskript zu verwandeln, und gab mir wertvolle Hinweise und literarische Tipps.

Alexa Lindner Margadant aus St. Gallen, die fortlaufend die fertig gestellten Kapitel las, trieb mich in ihrer Begeisterung weiter an.

Ich bedanke mich bei den Teamfrauen des Frauenbildungsprojektes »Franzenhof« in der Nähe von Berlin, in dessen Mauern und auf dessen Wiesen der erwähnte Lesekurs »Kritische Matriarchatsforschung« mehrmals stattgefunden hat. Was die Kurse gerade im »Franzenhof« so interessant machte, war die Tatsache, dass die teilnehmenden Frauen überwiegend in der ehemaligen DDR aufgewachsen waren. Von ihnen erhielt der

Workshop zur kritischen Rezeption der Matriarchatsforschungs-Texte viele Anregungen und Ideen.

Im Sommer 1999 fragte mich eine Kursteilnehmerin auf der sonnigen Wiese des »Franzenhofes«, ob eine Autorin, die mit autoritärem Gestus schreibt, auch in dieser Weise handeln müsse. Im Laufe dieses Gesprächs wagte ich es zum ersten Mal, über die in manchen spirituellen Frauenprojekten vorhandenen autoritären Strukturen zu sprechen, die mir seit einiger Zeit bewusst waren. Deshalb gilt mein ganz besonderer Dank dieser Fragestellerin.

Ich könnte solch brisante Themen nicht behandeln ohne die Liebe in meinem Rücken und die Sicherheit, die mir das Leben mit Regina Kühne gibt.

# Anmerkungen

## Einleitung
### Wolfsfrauen im Mainstream ihrer Zeit, S. 9–17

[1] Die amerikanische Originalausgabe, *Women Who Run With the Wolves*, war 1992 erschienen.
[2] Estés, S. 27
[3] Aliti 1994, Francia 1993 und 1992
[4] Francia 2000
[5] Estés, S. 24f., 227
[6] Ebd., S. 406f.
[7] Ebd., S. 28
[8] Ebd.

### Frauenbewegung und Selbstkritik, S. 18–23

[1] Hauser-Schäublin 1987, S. 149
[2] Meier-Seethaler 1998, S. 130
[3] Dass man sehr wohl auch anders über grausame Rituale aus der Frühzeit berichten kann, demonstriert z.B. Hyam Maccoby in *Der Heilige Henker. Die Menschenopfer und das Vermächtnis der Schuld*, Stuttgart: Thorbecke 1999.

## Lesen lernen
### Texte beim Wort nehmen, S. 26–28

[1] Röder u.a. 1996
[2] Distler 1989, Laugsch 1995
[3] Kohn-Levi 1994, siehe hierzu auch: Gerda Weiler 1984 und 1989.
[4] Campbell 1990, S. 230
[5] Janssen-Jurreit 1976, S. 111

### Das Matriarchat als rückwärts gewandte Utopie, S. 31–33

[1] Weitere Literatur dazu u.a.: Martina Schäfer 1999

### Ein Mord ist ein Mord ist ein Mord – das Werkzeug, S. 34–40

[1] Singer 1997, S. 18

## Gespenster der Vergangenheit
### Die Wissenschaft von der Rasse, S. 41–50

[1] Die Theorien von Joseph Arthur Comte de Gobineau gelten in einigen Arbeiten zur Genese des europäischen Rassismus und Nationalsozialismus als Vorläufertexte zu rassistischem Denken. Ich schließe mich jedoch in meiner Einschätzung Gobineaus eher den Autoren George L. Mosse und Detlev Claussen an. Sie wiesen darauf hin, dass Gobineau übertrie-

benen Nationalismus als bürgerlich ablehnte. Er verstand sich als Erbe französischer Adelsgeschlechter und meinte, seinen Stammbaum sogar bis auf einen Wikingerpiraten zurückführen zu können. Mosse 1990, Claussen 1994
2 Claussen 1994, S. 28ff.
3 Ebd., S. 30
4 Ebd.
5 Ebd., S. 31
6 Ebd., S. 34
7 Ebd., S. 35
8 Ebd., S. 26
9 Ebd., S. 36f.
10 Claussen 1994, S. 67ff.
11 Claussen 1994, S. 95
12 Houston Stewart Chamberlain: *Die Grundlagen des 19. Jahrhunderts*, zitiert nach Claussen 1994, S. 67
13 Ebd., S. 70
14 Ebd., S. 73
15 Ebd., S. 70f.
16 Ebd., S. 75f.
17 Ebd., S. 74
18 Claussen 1994, S. 95
19 Ebd., S. 75
20 Ebd., S. 79
21 Ebd., Fußnote S. 79f.
22 Ebd., S. 81

**Das Mutterrecht und die Indogermanen – nationalsozialistische Vorgeschichtsideologien, S. 51–63**
1 Zitiert nach Eggers 1986, S. 211
2 Röder u.a. 1996, S. 132
3 Ebd.
4 Ebd., S. 130
5 Wilke 1929
6 Eine kurze, wenn auch etwas polemische Zusammenfassung dieser Positionen findet sich bei Röder u.a. 1996, S. 121ff.
7 Wolff 1930, S. 340
8 Ebd.
9 Ebd., S. 341
10 Ebd.
11 Ebd., S. 341f., Hervorhebungen Karl F. Wolff
12 Ebd., S. 342
13 Kühn 1932/2

[14] Ebd., S. 2f.
[15] Ebd., S. 9
[16] Kühn 1935, S. 9
[17] Wilke 1929, S. 26
[18] Ebd., S. 29
[19] Ebd., S. 32
[20] Ebd.
[21] Ebd., S. 49
[22] Ebd., S. 50
[23] Ebd., S. 51
[24] Wolf 1929, S. 319
[25] Ebd.
[26] Ebd.
[27] Kühn 1932/1, S. 8
[28] Ebd., S. 12
[29] Ebd., S. 10
[30] Ebd., S. 12
[31] Wirth 1938, S. 222
[32] Ebd.
[33] Ebd., S. 224
[34] Ebd.
[35] Ebd., S. 225
[36] Ebd.
[37] Ebd., S. 227
[38] Ebd., S. 225
[39] Ebd., S. 244
[40] Ebd., S. 245
[41] Ebd.
[42] Ebd.

**Mütter, Mond und Kontinuität, S. 64–70**
[1] Buttler 1930
[2] Wahle 1939 und 1952
[3] Wahle 1952, S.140
[4] Ebd., S. 143
[5] Ebd., S. 145
[6] Ebd., S. 4
[7] Ebd.
[8] Ebd., S. 6
[9] Kühn 1950
[10] Wolff 1930, S. 343
[11] Kühn 1950, S. 4
[12] Ebd., S. 4

[13] Ebd., S. 5
[14] Ebd., S. 10
[15] Ebd., S. 6
[16] Ebd.
[17] Ebd., S. 10

**Der Größenwahn der Mystagogen**
**Heros und die Matriarchatsforschung – Joseph Campbell, S. 71–84**

[1] Bei manchen Autorinnen ist der Nachweis, dass sie sich auf diese oder auch andere Autoren beziehen, bisweilen schwer zu führen. Gerade die Texte aus den siebziger und achtziger Jahren zeichnen sich durch unvollständige oder unsachgemäß geführte Bibliografien aus.
[2] Campbell 1978, S. 9
[3] Ebd., S. 9f.
[4] Ebd., S. 10
[5] Ebd., S. 249
[6] Ebd.
[7] Ebd., S. 10
[8] Ebd., S. 250
[9] Ebd., S. 13
[10] Ebd., S. 14
[11] Ebd., S. 136
[12] Ebd., S. 20
[13] Ebd., S. 21
[14] Ebd., S. 26
[15] Ebd., S. 132
[16] Ebd., S. 26
[17] Ebd., S. 27
[18] Ebd., S. 66, 115
[19] Ebd., S. 121
[20] Ebd., S. 132
[21] Ebd.
[22] Ebd., S. 136
[23] Ebd., S. 152
[24] Ebd., S. 141ff.
[25] Ebd., S. 141
[26] Ebd., S. 66
[27] Ebd.
[28] Ebd., S. 115
[29] Ebd., S. 121
[30] Ebd., S. 141ff.
[31] Ebd., S. 143
[32] Ebd., S. 29

[33] Ebd., S. 388
[34] Ebd., S. 74f.
[35] Ebd., S. 75
[36] Ebd.
[37] Ebd., S. 388
[38] Adolf Hitlers Rundfunkrede vom 21. Juli 1944 zitiert nach: Michalka, S. 329
[39] Campbell 1978, S. 75
[40] Adolf Hitler in: Wolfgang Michalka, S. 330
[41] Campbell 1978, S. 388
[42] Ebd., S. 25f.
[43] Ebd., S. 138
[44] Ebd.
[45] Ebd., S. 401, Hervorhebungen M.S.
[46] Campbell 1990, S. 149ff.
[47] Campbell 1978, S. 138
[48] Ebd., S. 19

## Die Fehler der Mütter
## Der Mythos von der jungfräulichen Amöbe –
## Bertha Eckstein-Diener (Sir Galahad), S. 85–94

[1] Laugsch 1995, S. 87
[2] Eine ausgezeichnete Biografie dieser vielschichtigen Persönlichkeit stammt von Sibylle Mulot-Déri: Sir Galahad, Frankfurt 1987.
[3] Eckstein-Diener 1981, S. 41
[4] Göttner-Abendroth 1988, S. 9ff.
[5] Eckstein-Diener 1981, S. 11
[6] Ebd.
[7] Ebd., Hervorhebungen Bertha Eckstein-Diener
[8] Ebd.
[9] Ebd., S. 16
[10] Ebd., S. 34
[11] Ebd., S. 30
[12] Ebd., S. 31
[13] Ebd., S. 29
[14] Ebd., S. 28
[15] Ebd., S. 31
[16] Ebd., S. 30
[17] Ebd., S. 62
[18] Ebd., S. 63
[19] Ebd., S. 62
[20] Ebd., S. 34
[21] Ebd., S. 47

[22] Ebd., S. 30
[23] Ebd., S. 75
[24] Ebd., S. 8
[25] Ebd., S. 155
[26] Ebd., S. 64
[27] Göttner-Abendroth 1982, S. 63ff.
[28] Eckstein-Diener 1981, S. 65
[29] Ebd., S. 68
[30] Göttner-Abendroth 1982, S. 63
[31] Eckstein-Diener 1981, S. 69, Hervorhebung Bertha Eckstein-Diener
[32] Ebd., S. 315
[33] Ebd., S. 316
[34] Ebd.
[35] Ebd., S. 319
[36] Ebd., S. 317
[37] Ebd.
[38] Ebd., S. 319
[39] Ebd., S. 320, Hervorhebungen Bertha Eckstein-Diener

## Frauen als höhere Rasse – Josefine Schreier, S. 95–100

[1] Schreier 1982, S. 8
[2] Ebd., S. 18
[3] Ebd.
[4] Ebd., S. 26
[5] Ebd., S. 27
[6] Ebd.
[7] Ebd.
[8] Ebd., S. 27f.
[9] Die heutige Interpretation dieser Befunde von Quafzeh, Keebara und Shanidar sieht dies, aufgrund späterer Grabungen in den sechziger und achtziger Jahren, differenzierter: siehe Bar-Yosef, Vandermeersch 1995
[10] Schreier 1982, S. 28
[11] Ebd., S. 32
[12] Ebd., S. 28
[13] Ebd., S. 35
[14] Ebd., S. 32

## Mutation Mann – Elizabeth Gould-Davis, 101–108

[1] Gould Davis 1983, S. 15, 68
[2] Ebd., S. 19
[3] Ebd., S. 39
[4] Ebd., S. 347
[5] Ebd., S. 350

[6] Ebd., S. 347
[7] Ebd.
[8] Ebd.
[9] Ebd., S. 7
[10] Ebd., S. 12
[11] Abgesehen davon, dass der Fundort falsch ist, ist das Wildmannlisloch in der Schweiz eine mousterienzeitliche Grabung, also aus der Zeit der Neandertaler.
[12] Gould-Davis 1983, S. 84
[13] Ebd., S. 349
[14] Siehe hierzu z.B. das von ihr das angegebene Buch von Glyn Daniel: *Alte Kulturen und Völker*.
[15] Siehe hierzu ihre Rezeption der Ausgrabungsberichte zu Çatal Hüyük, Gould Davis 1983, S. 75ff.
[16] Ebd., S. 7
[17] Ebd., S. 10
[18] Ebd., S. 21f.
[19] Ebd., S. 13
[20] Vaerting 1973
[21] Gould Davis 1983, S. 27
[22] Ebd., S. 13
[23] Ebd., S. 15
[24] Ebd.
[25] Siehe hierzu auch: Wirth 1928
[26] Gould Davis 1983, S. 27
[27] Ebd.

## Die Traditionen der Väter
## Die frauenbestimmte Altsteinzeit – Marie König, S. 107–119

[1] Meixner 1997, S. 154
[2] Meixner 1999
[3] Meixner 1997, S. 158
[4] König 1973, S. 11ff.
[5] König 1973, S. 19
[6] Ebd.
[7] Camille Arambourg zitiert nach König 1973, S. 21
[8] Ebd., S. 23
[9] König 1973, S. 25
[10] Diese Zusammenstellung erfolgte insbesondere aus: König 1973, 1979, 1980.
[11] Ernst Wahle zitiert nach König 1973, S. 19
[12] König 1973, S. 25f.
[13] Meixner 1997, S. 144ff.

[14] von Stokar, Zotz 1938
[15] Ebd., S. 17
[16] Meixner 1973, S. 145
[17] König 1973, S. 35
[18] Meixner 1997, S. 147
[19] Ebd.
[20] Ebd., S. 147
[21] Zur neueren Datierung der Höhlen siehe auch: Vierzig 2001, S. 24.
[22] König 1973, S. 40
[23] Kühn 1950, S. 10
[24] König 1973, S. 44
[25] Ebd., S. 350
[26] Meixner 1997, S. 146
[27] König 1973, S. 36
[28] König 1973, S. 350
[29] König 1973, S. 353, Anmerkungen 22, 66
[30] Meixner 1997, S. 155
[31] Ebd.

**A Star was born – Marija Gimbutas, S. 119–139**

[1] Göttner-Abendroth 1988, Voss 1988
[2] Gimbutas 1946
[3] Gimbutas 1956, 1965
[4] Gimbutas 1956
[5] Gimbutas 1965, S. 21; Übersetzungen, auch im Folgenden, M.S.
[6] Ebd., S. 23
[7] Gimbutas 1974, S. 14. Übersetzungen M.S.
[8] Ebd., S. 13
[9] Ebd., S. 17
[10] Ebd., S. 12
[11] Ebd., S. 238
[12] Ebd., S. 18
[13] Gimbutas 1974, S. 238
[14] Ebd., S. 237
[15] Ebd., S. 238
[16] Gimbutas 1989/95, S. 319
[17] Eggert 1998
[18] Gimbutas 1974, S. 237
[19] Joseph Campbell zitiert nach: Gimbutas 1995, S. XIII
[20] Gimbutas 1995, S. VVIIff.
[21] Gimbutas 1995, S. XVI
[22] Kühn 1932/1, S. 4

[23] Gimbutas 1995, S. 316
[24] Eckstein-Diener 1981, S. 317
[25] Gimbutas 1995, S. XIX
[26] Eggert 1998
[27] Gimbutas 1946, S. 89
[28] Ebd., S. 91
[29] Ebd.
[30] Gimbutas 1995, S. XVII
[31] Ebd.
[32] Ebd., S. XV
[33] Ebd.
[34] Gimbutas 1946, S. 89
[35] Vosteen 1996
[36] Sherrat 1981
[37] Gimbutas 1995, S. 321
[38] Ebd.
[39] Schäfer 1999, S. 299
[40] Gimbutas 1995, S. 321

**Die Sünden der Töchter**
**Vom Matriarchat zum Frauenprojekt –**
**Heide Göttner-Abendroth, S. 141–181**

[1] Göttner-Abendroth 1980
[2] Brigitte Röder 1998, S. 299
[3] Die Politologin Gabriele Mirhoff in einem Interview 2001.
[4] Ditfurth, S. 101ff.
[5] Haid 1992
[6] Mirhoff 2001
[7] Ebd.
[8] Distler 1989, S. 218
[9] Göttner-Abendroth 1980, S. 20
[10] Röder u.a. 1996, S. 97
[11] Thomas S. Kuhn nach Göttner-Abendroth 1978, S. 20ff.
[12] Göttner-Abendroth 1988, S.8ff.
[13] Göttner-Abendroth 1978, S. 23 und 1988, S. 9
[14] Göttner-Abendroth 1988, S. 9
[15] Göttner-Abendroth 1978, S. 21 und 1988, S. 9f.
[16] Göttner-Abendroth 1988, S. 10
[17] Göttner-Abendroth 1978, S. 9
[18] Göttner-Abendroth 1988, S. 9
[19] Ebd., S. 10
[20] Ebd., S. 10f.

[21] Göttner-Abendroth 1978, S. 21
[22] Göttner-Abendroth 1988, S. 11
[23] Ebd.
[24] Ebd., S. 165
[25] Röder u.a. 1996, S. 97
[26] Kohn-Levy u.a. 1994
[27] Göttner-Abendroth 1988, S. 11
[28] Röder u.a. 1996, S. 89
[29] Göttner-Abendroth 1980, S. 6, 20
[30] Ebd., S. 11
[31] Ebd., S. 12
[32] Ebd., S. 11
[33] Göttner-Abendroth 1988, S. 39
[34] Ebd., S. 49
[35] Göttner-Abendroth 1978, S. 21
[36] Göttner-Abendroth 1980, S. 11
[37] Göttner-Abendroth 1988, S. 82
[38] Ebd., S. 107, 110
[39] Ebd., S. 76
[40] Chauvet u.a. 1995
[41] Bosinski 1987 und 1992
[42] Röder u.a. 1996, S. 351f.
[43] Röder u.a. 1996, S. 349
[44] Göttner-Abendroth 1988, S. 138
[45] Zum Beispiel ebd., S. 157
[46] Göttner-Abendroth 1980, S. 15
[47] Ebd., S. 22; Hervorhebungen M.S.
[48] Ebd., S. 15f.
[49] Göttner-Abendroth 1999, S. 269
[50] Ebd.
[51] Göttner-Abendroth 1980, S. 16
[52] Ebd.
[53] Ebd.
[54] Ebd.
[55] Ebd., S. 17
[56] Thaler Singer u.a. 1997
[57] Göttner-Abendroth 1982, S. 63ff.
[58] Ebd., S. 63
[59] Ebd., S. 63ff.
[60] Göttner-Abendroth. 1982, S. 249, 257, Anmerkung 82
[61] Röder u.a. nach Rentmeister, S. 104
[62] Göttner-Abendroth 1982, S. 70
[63] Ebd.

[64] Göttner-Abendroth 1988 (a), S. 198, siehe z.B. auch Akademieprogramme 1990 bis 1999, meist S. 5. Ab 2000 tritt dieser allumfassende Rettungsanspruch nicht mehr auf.
[65] Singer 1996, S. 157ff.
[66] Kramer/Alstad 1995, Booth 1999, Singer u.a. 1995, Nordhausen/von Billerbeck 1999, Eimuth 1997
[67] Kramer/Alstad 1995, Singer 1996
[68] Göttner-Abendroth 1988 (a), 1990
[69] Göttner-Abendroth 1990, S. 58
[70] Göttner-Abendroth 1988 (a), S. 195
[71] Ebd.
[72] Ebd., S. 196
[73] Ebd.
[74] Ebd.
[75] Ebd., S. 196
[76] Ebd., S. 197
[77] Ebd.
[78] Ebd., S. 198
[79] Ebd.
[80] Ebd., S. 199
[81] Ebd.
[82] Ebd., S. 200
[83] Ebd.
[84] Ebd., S. 201
[85] Ebd.
[86] Ebd., S. 202
[87] Ebd.
[88] Ebd., S. 205
[89] Göttner-Abendroth 1978, S. 21
[90] Göttner-Abendroth 1988 (a), S. 206
[91] Göttner-Abendroth 1988, S. 7
[92] Göttner-Abendroth 1988 (a), S. 206
[93] Ebd.
[94] Ebd., S. 207
[95] Ebd., S. 203
[96] Ebd.
[97] Göttner-Abendroth 1990, S. 46
[98] Ebd.
[99] Ebd., S. 47
[100] Ebd., S. 49
[101] Ebd.
[102] Ebd., S. 50
[103] Ebd., S. 51

[104] Ebd.
[105] Ebd., S. 52
[106] Ebd., S. 56
[107] Ebd., S. 54
[108] Ebd.
[109] Ebd., S. 55
[110] Ebd.
[111] Ebd., S. 56
[112] Ebd., S. 57
[113] Ebd.
[114] Ebd., S. 58
[115] Akademieprogramm 1993, S. 6
[116] Akademieprogramm 1999, S. 6
[117] Eine frühere Insiderin in einem Interview 1999.
[118] Akademieprogramm 2000/2001, S. 3
[119] Akademieprogramm 2000/2001, S. 15
[120] Zur Problematik von Kindern und Jugendlichen, die in sektenartigen Zusammenhängen aufwachsen, siehe auch Singer 1997, S. 118, 282ff., sowie Eimuth 1997
[121] Akademieprogramm 2000/2001, S. 4

## Folter, Beschneidung und das Matriarchat – Carola Meier-Seethaler, S. 182–191

[1] Meier-Seethaler 1988, S. 130
[2] Ebd.
[3] Ebd., S. 131
[4] Ebd., Hervorhebung Carola Meier-Seethaler
[5] Ebd.
[6] Robert Briffault zitiert nach Meier-Seethaler 1988, S. 131
[7] Ebd.
[8] Ebd.
[9] Ebd.
[10] Ebd., S. 525
[11] Ebd., S. 131
[12] Also etwa zehn Jahre vor der Veröffentlichung von Meier-Seethalers *Ursprünge und Befreiungen*.
[13] Meier-Seethaler 1988, S. 131
[14] Ebd.
[15] Ebd., S. 238
[16] Ebd., 87
[17] Ebd., Hervorhebungen Carola Meier-Seethaler
[18] Ebd., S. 246
[19] Ebd.

[20] Ebd.
[21] Ebd.
[22] Ebd., S. 89
[23] Ebd.
[24] Ebd., S. 90, Hervorhebungen Carola Meier-Seethaler
[25] Ebd., S. 91
[26] Ebd., Hervorhebungen Carola Meier-Seethaler
[27] Theweleit 1980
[28] Meier-Seethaler 1988, S. 247
[29] Ebd.
[30] Ebd.
[31] Ebd.
[32] Ebd.
[33] Ebd., S. 236
[34] Ebd., S. 238
[35] Janssen-Jurreit 1978, S. 148
[36] Meier-Seethaler 1988, S. 236
[37] Ebd., S. 242
[38] Ebd.
[39] Ebd.

**Der Größenwahn der Enkelinnen**
**Von der Überlegenheit der Frau – Christa Mulack, S. 193–205**

[1] Mulack 1990, S. 58
[2] Ebd., S. 8
[3] Ebd., S. 169
[4] Ebd.
[5] Ebd.
[6] Ebd.
[7] Mulack 1990, S. 9
[8] Ebd.
[9] Ebd., S. 10
[10] Ebd.
[11] Ebd.
[12] Ebd., S. 11
[13] Ebd.
[14] Ebd.
[15] Ebd., S. 12
[16] Aliti 1994
[17] Mulack 1990, S. 12
[18] Ebd.
[19] Ebd., S. 74
[20] Ebd., S. 12

[21] Ebd.
[22] Ebd.
[23] Ebd., S. 12f.
[24] Ebd., S. 13
[25] Ebd., S. 91
[26] Ebd., S. 163ff., hier: S. 164
[27] Ebd., S. 160
[28] Ebd., S. 164
[29] Ebd.
[30] Ebd.
[31] Ebd.
[32] Ebd., S. 163
[33] Ebd., S. 165
[34] Ebd., S. 64
[35] Ebd., S. 50
[36] Ebd.
[37] Ebd.
[38] Siehe Literaturangaben in: Mansfeld 1998
[39] Mulack 1990, S. 248
[40] Ebd., S. 114
[41] Ebd., S. 144
[42] Mansfeld 1998
[43] Mulack 1990, S. 29f.

**Das große Wolfsgeheul – Clarissa Pinkola Estés und andere Wölfinnen, S. 206–220**

[1] Ditfurth 1997
[2] Estés, S. 517
[3] Ebd., S. 397
[4] Ebd., S. 102 oder auch S. 58, 472
[5] Ebd., S. 204
[6] Ebd.
[7] Ebd., S. 205
[8] Ebd.
[9] Ebd., S. 247
[10] Ebd., S. 533
[11] Ebd., S. 227
[12] Beispielsweise ebd., S. 25, 266
[13] Ebd., S. 298
[14] Ebd., S. 344
[15] Ebd., S. 345
[16] Ebd., S. 113
[17] Beispielsweise in dem Kapitel zu »Blaubart«, Estés S. 53ff.
[18] Estés, S. 341

[19] Ebd., S. 281
[20] Ebd., S. 28
[21] Ebd., S. 282
[22] Ebd., S. 15
[23] Ebd.
[24] Ebd., S. 24
[25] Ebd., S. 25
[26] Ebd., S. 24
[27] Eckstein-Diener 1981, S. 317
[28] Kühn 1950, S. 10
[29] König 1973, S. 40
[30] Estés, S. 25
[31] Ebd., S. 27
[32] Ebd., S. 30
[33] Aliti 1994, S. 280
[34] Aliti 2000
[35] Aliti 1994, S. 238f.
[36] Ebd., S. 212
[37] Ebd., S. 222
[38] Ebd.
[39] Ebd.
[40] In ihrer Darstellung des »Vereins zur Förderung der Psychologischen Menschenkenntnis« (VPM), den man als »sektenartig« bezeichnen kann, rechnen die Journalisten Frank Nordhausen und Liane von Billerbeck Gertrud Höhler zu den Sympathisanten dieses Vereins. Ihr Name stand auf einer Liste von 42 Unterstützern, die Journalisten und Sektenbeauftragten übergeben wurde. Nordhausen/von Billerbeck 1999, S. 295
[41] Estés, S. 23f.
[42] Ebd., S. 534
[43] Ebd.
[44] Ebd., S. 520
[45] Ebd., S. 32, 53, 199, 261, 333, 354f., 385, 454, 465
[46] Ebd., S. 140
[47] Ebd., S. 365, 418, 410
[48] Ebd., S. 541
[49] Ebd., S. 436
[50] Ebd., S. 190
[51] Ebd., S. 140
[52] Ebd., S. 375f., 377, besonders: S. 378
[53] Ebd., S. 451ff.
[54] Ebd.
[55] Ebd., S. 443ff.
[56] Ebd., S. 387ff.

# Literatur

Adorno, Theodor W.: *Studien zum autoritären Charakter*, Frankfurt am Main: Suhrkamp 1973
Aliti, Angelika: *Die wilde Frau. Rückkehr zu den Quellen weiblicher Macht und Energie*, München: Droemer Knaur 1994
Aliti, Angelika: *Das Maß aller Dinge. Die dreizehn Aspekte weiblichen Seins*, München: Frauenoffensive 2000
Angier, Natalie: *Frau. Eine intime Geographie des weiblichen Körpers*, München: Bertelsmann 2000
Bachofen, Johann J.: Das Mutterecht. *Eine Untersuchung über die Gynaikokratie der alten Welt nach ihrer religiösen und rechtlichen Natur.* Eine Auswahl hrsg. von Hans-Jürgen Heinrichs, Frankfurt am Main: Suhrkamp 1978
Bar-Yosef, Ofer/Vandermeersch, Bernard: »Koexistenz von Neandertaler und modernem Homo sapiens«, in: Bruno Streit (Hg.): *Evolution des Menschen*, Heidelberg: Beltz 1995, S. 110ff.
Bennholdt-Thomsen, Veronika (Hg.): *Juchitán – Stadt der Frauen. Vom Leben im Matriarchat*, Reinbek: Rowohlt 1994
Bernbeck, Reinhard: *Theorien in der Archäologie*, Tübingen: UTB 1997
Bloch, Ernst, *Das Prinzip Hoffnung*, 3 Bde., Frankfurt am Main: Suhrkamp 1956
Bollmus, Reinhard: *Das Amt Rosenberg und seine Gegner. Studien zum Machtkampf im nationalsozialistischen Herrschaftssystem*, Stuttgart 1970
Bollmus, Reinhard: Zur Wissenschaftspolitik unter nationalsozialistischer Herrschaft: Zur Rolle des »Amtes Rosenberg« und des »Ahnenerbes« 1933–1945. Vortrag auf der Tagung »Die mittel- und osteuropäische Ur- und Frühgeschichtsforschung in den Jahren 1933–1945« in Berlin, 19.–23. November 1998
Booth, Leo: *Wenn Gott zur Droge wird. Missbrauch und Abhängigkeit in der Religion. Schritte zur Befreiung*, München: Kösel 1999
Bosinski, Gerhard: »Die große Zeit der Eiszeitjäger«, in: *Jahrbuch des Römisch-Germanischen Zentralmuseums*, Nr. 34, Bonn 1987, S. 3ff.
Bosinski, Gerhard: »Die ersten Menschen in Eurasien«, in: *Jahrbuch des Römisch-Germanischen-Zentralmuseums*, Bonn, Nr. 39/1992, S. 131ff.
Briffault, Robert / Rattray Taylor, Gordon (Hg.): *The Mothers. The Matriarchal Theory of Social Origins*, New York: Fertig 1993
Buttler, Werner: *Die Bandkeramik in ihrem nordwestlichsten Verbreitungsgebiet*, Inaugural-Dissertation, Marburg 1930
Buttler, Werner: *Merkheft zum Schutz der Bodenaltertümer*, hrsg. v. Reichs- u. Preußischen Ministerium f. Wissenschaft, Erziehung und Volksbildung. Berlin o.J. (nach 1937)

Campbell, Joseph: *Der Heros in tausend Gestalten*, Frankfurt am Main: Insel 1999 [*Volksbildung*, Berlin o.J. (nach 1937)]
Campbell, Joseph: *Der Flug der Wildgans. Mythologische Streifzüge*, Basel: Sphinx 1990
Cavalli-Sforza, Luca und Francesco: *Verschieden und doch gleich. Ein Genetiker entzieht dem Rassismus die Grundlage*, München: Droemer Knaur 1994
Chamberlain, Houston S.: »Die Grundlagen des XIX. Jahrhunderts«, in: Claussen, *Was heißt Rassismus?*, S. 67ff.
Chauvet, Jean-Marie / Brunel-Deschamps, Eliette/Hillaire, Christian: *Grotte Chauvet – Altsteinzeitliche Höhlenkunst im Tal der Ardèche*, Ostfildern: Thorbecke 1995
Claussen, Detlev: *Was heißt Rassismus?* Darmstadt: Wissenschaftliche Buchgesellschaft 1994
Cramon-Daiber, Birgit u.a.: *Schwesternstreit. Von den heimlichen und unheimlichen Auseinandersetzungen zwischen Frauen*, Reinbek: Rowohlt 1983
Daly, Mary: *Gyn/Ökologie. Die Metaethik des radikalen Feminismus*, München: Frauenoffensive 1981
Devereux, George: *Angst und Methode in den Verhaltenswissenschaften*, Frankfurt am Main: Suhrkamp 1984
Distler, Sonja: *Mütter, Amazonen und dreifältige Göttinnen. Eine psychologische Analyse des feministischen Matriarchatsmythos*, Wien: Picus 1989
Ditfurth, Jutta: *Entspannt in die Barbarei. Esoterik, (Öko-)Faschismus und Biozentrismus*, Hamburg: Konkret 1997
Eckstein-Diener, Bertha (Sir Galahad): *Mütter und Amazonen*, Berlin: Ullstein 1981
Eggers, Hans-Jürgen: *Einführung in die Vorgeschichte*, München: Piper 1986
Eggert, Manfred K.H./Veit, Ulrich (Hg.): *Theorie in der Archäologie. Zur englischsprachigen Diskussion*, Münster: Waxmann 1998
Eimuth, Kurt-Helmut: *Sekten-Ratgeber. Informationen und Ratschläge für Betroffene,* Freiburg: Herder 1997
Estés, Clarissa Pinkola: *Die Wolfsfrau. Die Kraft der weiblichen Urinstinkte*, München: Heyne 1999
Fansa, Mamoun (Hg.): *Feier des Lebens. Gravierte Höhlen im Pariser Becken. Kult und Religion in der Steinzeit*, Oldenburg: Isensee 2001
Francia, Luisa: *Kalypso. Eine Initiationsreise*, München: Frauenoffensive 1984
Francia, Luisa: *SteinReich*, München: Frauenoffensive 1993
Francia, Luisa: *Warten auf blaue Wunder*, Löhrbach: Pieper 1992
Francia, Luisa: *Der wilde Blick*, München: Frauenoffensive 2000
Frazer, James G.: *Der goldene Zweig. Das Geheimnis von Glauben und Sitten der Völker*, Köln: Kiepenheuer & Witsch 1968

Freund, René: *Braune Magie? Okkultismus, New Age und Nationalsozialismus*, Wien: Picus 1995
Fromm, Erich: *Anatomie der menschlichen Destruktivität*, Reinbek: Rowohlt 1977
Gimbutas, Marija (Alseikaité-Gimbutiené, M.): *Die Bestattung in Litauen in der vorgeschichtlichen Zeit*, Dissertation, Tübingen 1946
Gimbutas, Marija: *The Prehistory of Eastern Europe, Part 1: Mesolithic, Neolithic an Copper Age Cultures in Russia and the Baltic Areas*, Cambridge 1956
Gimbutas, Marija: *The Prehistory of Eastern Europe, Part 2: Bronze Age Cultures in Central and Eastern Europe*, London 1965
Gimbutas, Marija: *The Gods and Goddesses of Old Europe*, London 1974
Gimbutas, Marija: *The Language of the Goddess*, New York 1989
Gimbutas, Marija: *Die Sprache der Göttin. Das verschüttete Symbolsystem der westlichen Zivilisation*, Frankfurt am Main: Zweitausendeins 1995
Gimbutas, Marija: *The Civilisation of the Goddess*, San Francisco 1991
Gimbutas, Marija: *Die Zivilisation der Göttin. Die Welt des Alten Europa*, Frankfurt am Main: Zweitausendeins 1996
Gobineau, Joseph Arthur Comte de: L'Essai sur l'Inégalité des Races Humaines, in: Claussen, *Was heißt Rassismus?*, S. 27ff.
Göttner-Abendroth, Heide/Jacobs, Joachim: *Der logische Bau von Literaturtheorien*, München: Wilhelm Fink 1978
Göttner-Abendroth, Heide: *Die tanzende Göttin. Prinzipien einer matriarchalen Ästhetik*, München: Frauenoffensive 1982
Göttner-Abendroth, Heide: *Die Göttin und ihr Heros*, München: Frauenoffensive 1980
Göttner-Abendroth, Heide: *Das Matriarchat*, Bd.1, Stuttgart: Kohlhammer 1988
Göttner-Abendroth, Heide: *Für die Musen*, Frankfurt am Main: Zweitausendeins 1988 (a)
Göttner-Abendroth, Heide: »Die Macht von Frauen«, in: Karen Nölle-Fischer/Lydia Willkop (Hg.): *Eigenmächtig*, S. 38ff.
Göttner-Abendroth, Heide / Derungs, Kurt: *Mythologische Landschaft Deutschland*, Bern: edition amalia 1999
Gould Davis, Elizabeth: *Am Anfang war die Frau. Die neue Zivilisationsgeschichte aus weiblicher Sicht*, München: Frauenoffensive 1983
Grünert, H.: Gustav Kossinna – ein Wegbereiter der nationalsozialistischen Ideologie, Vortrag auf der Tagung »Die mittel- und osteuropäische Ur- und Frühgeschichtsforschung in den Jahren 1933–1945, Berlin 19.–23. November 1998
Gugenberger, Eduard/Schweidlenka, Roman: *Mutter Erde, Magie und Politik. Zwischen Faschismus und Neuer Gesellschaft*, Wien: Verlag für Gesellschaftskritik 1987

Gugenberger, Eduard u.a. (Hg.): *Missbrauchte Sehnsüchte. Esoterische Wege zum Heil. Kritik und Alternativen*, Wien: Verlag für Gesellschaftskritik 1992

Hacker, Friedrich: *Das Faschismus-Syndrom. Psychoanalyse eines aktuellen Phänomens*, Düsseldorf/Wien/New York: Econ 1990

Hauser-Schäublin, Brigitta: »Mutterrechts- und Frauenbewegung«, in: Historisches Museum Basel (Hg.): *Johann J. Bachofen*, S. 137ff.

Historisches Museum Basel (Hg.): *Johann J. Bachofen. Eine Begleitpublikation zur Ausstellung im Historischen Museum*, Basel 1987

Höhler, Gertrud: *Wölfin unter Wölfen. Warum Männer ohne Frauen Fehler machen*, München: Econ 2000

Hoika, Jürgen: »Archäologie, Vorgeschichte, Urgeschichte, Frühgeschichte, Geschichte. Ein Beitrag zu Begriffsgeschichte und Zeitgeist«, in: Archäologische Informationen 21/1, 1998, S. 51

Horkheimer, Max/Adorno, Theodor W.: *Dialektik der Aufklärung. Philosophische Fragmente*, Frankfurt am Main: Fischer 1980

Hrdy Blaffer, Sarah: *Mutter Natur. Die weibliche Seite der Evolution*, Berlin: Berlin 2000

Janssen-Jurreit, Marielouise: *Sexismus. Über die Abtreibung der Frauenfrage*, Frankfurt am Main: Fischer 1976

Karlisch, Sigrun u.a. (Hg.): *Vom Knochenmann zur Menschenfrau. Feministische Theorie und archäologische Praxis. Bericht über die 4. Tagung des Netzwerkes archäologisch arbeitender Frauen in Stralsund*, Münster: agenda Münster 1997

Kater, Michael H.: *Das »Ahnenerbe« der SS 1935–1945. Ein Beitrag zur Kulturpolitik des Dritten Reiches*, München: Oldenbourg 1997

Keim, Wolfgang: *Erziehung unter der Nazi-Diktatur*, 2. Bd., Darmstadt: Wissenschaftliche Buchgesellschaft 1997

Klotz, Johannes/Wiegel, Gerd (Hg.): *Geistige Brandstiftung. Die neue Sprache der Berliner Republik*, Berlin: Aufbau 2001

König, Hans Dieter u.a.: *Kultur-Analysen*, Frankfurt am Main: Fischer Taschenbuch 1988

König, Marie E.P.: »Die Frau im Kult der Eiszeit«, in: Fester, Richard u.a. (Hg.): *Weib und Macht. Fünf Millionen Jahre. Urgeschichte der Frau*, Frankfurt am Main: Fischer 1979

König, Marie E.P.: *Unsere Vergangenheit ist älter*, Frankfurt am Main: Wolfgang Krüger 1980

König, Marie E.P.: *Am Anfang der Kultur. Die Zeichensprache des frühen Menschen*, Frankfurt am Main: Zweitausendeins 1994

Kohn-Ley, Charlotte u.a.: *Der feministische »Sündenfall«? Antisemitische Vorurteile in der Frauenbewegung*, Wien: Picus 1994

Kotthoff, Helga (Hg.): *Das Gelächter der Geschlechter. Humor und Macht in Gesprächen von Frauen und Männern*, Frankfurt am Main: Fischer 1988

Kramer, Joel/Alstad, Diana: *Die Gurupapers. Masken der Macht*, Frankfurt am Main: Zweitausendeins 1995 (Neuauflage 2000 unter dem Titel *Masken der Macht*)

Krosigk, Hildegard Gräfin Schwerin: *Gustaf Kossinna. Der Nachlaß. Versuch einer Analyse*, Neumünster: Wachholtz 1982

Kühn, Herbert: *Kunst und Kultur der Vorzeit Europas. Das Paläolithikum*, o.O. 1929

Kühn, Herbert: Nachwort zu: Carl Hentze: *Mythes et Symboles Lunaires*, Antwerpen 1932 (1)

Kühn, Herbert: Herkunft und Heimat der Indogermanen. Proceedings of the first international Congress of Prehistoric and Protohistoric Sciences, London, 1.–6. August 1932 (2)

Kühn, Herbert: »Das Problem des Urmonotheismus«, in: Akademie der Wissenschaften und der Literatur, Abhandlungen der geistes- und sozialwissenschaftlichen Klasse, Jahrgang 1950, Nr. 22

Kuhn, Anette (Hg.): *Die Chronik der Frauen*, Chronik Verlag Dortmund o.O. 1992

Kuhn, Thomas S.: *Die Struktur wissenschaftlicher Revolutionen*, Frankfurt am Main: Suhrkamp 1995

Laugsch, Helga: *Der Matriarchats-Diskurs (in) der Zweiten Deutschen Frauenbewegung – die (Wider)Rede von der »anderen« Gesellschaft und vom »anderen« Geschlecht*, München: Utz 1995

Leroi-Gourhan, André: *Die Religionen der Vorgeschichte*, Frankfurt am Main: Suhrkamp 1981

Lorenz, Sönke u.a. (Hg.): *Himmlers Hexenkartothek. Das Interesse des Nationalsozialismus an der Hexenverfolgung*, Bielefeld: Verlag für Regionalgeschichte 2000

Maccoby, Hyam: *Der Heilige Henker. Die Menschenopfer und das Vermächtnis der Schuld*, Stuttgart: Thorbecke 1999

Mansfeld, Cornelia: *Fremdenfeindlichkeit und Fremdenfreundlichkeit bei Frauen. Eine Studie zur Widersprüchlichkeit weiblicher Biographien*, Frankfurt am Main: Brandes & Apsel 1998

Meier-Seethaler, Carola: *Gefühl und Urteilskraft. Ein Plädoyer für die emotionale Vernunft*, München: Beck 2001

Meier-Seethaler, Carola: *Ursprünge und Befreiungen. Die sexistischen Wurzeln der Kultur*, Zürich: Arche 1988

Meier-Seethaler, Carola: *Von der göttlichen Löwin zum Wahrzeichen männlicher Macht. Ursprung und Wandel großer Symbole*, Zürich: Arche 1993

Meixner, Gabriele: *Frauenpaare in kulturgeschichtlichen Zeugnissen*, München: Frauenoffensive 1995

Meixner, Gabriele: Marie E.P. König – ihre Konzepte und ihre Bedeutung für die feministische Forschung. in: Karlisch, S. u.a. (Hg.): *Vom Knochenmann zur Menschenfrau*, Münster: agenda Münster 1997, S. 140ff.

Menschik, Jutta: *Feminismus. Geschichte – Theorie – Praxis*, Köln: Pahl-Rugenstein 1977

Meyer, Enno: *Grundzüge der Geschichte Polens*, Darmstadt: Wissenschaftliche Buchgesellschaft 1990

Mies, Maria/Shiva, V.: *Ökofeminismus. Beiträge zur Praxis und Theorie*, Zürich: Rotpunktverlag 1995

Mies, Maria/Bennholdt-Thomsen, Veronika: *Eine Kuh für Hillary. Die Subsistenzperspektive*, München: Frauenoffensive 1997

Mosse, George L.: *Die Geschichte des Rassismus in Europa*, Frankfurt am Main: Fischer 1990

Mulack, Christa: *Die Weiblichkeit Gottes. Matriarchale Voraussetzungen des Gottesbildes*. Stuttgart: Kreuz 1983

Mulack, Christa: *Jesus – der Gesalbte der Frauen. Weiblichkeit als Grundlage christlicher Ethik*, Stuttgart: Kreuz 1987

Mulack, Christa: *Natürlich weiblich. Die Heimatlosigkeit der Frau im Patriarchat*, Stuttgart: Kreuz 1990

Mulack, Christa: *... und wieder fühle ich mich schuldig. Ursache und Lösung eines weiblichen Problems*, Stuttgart: Kreuz ⁴1999

Mulot-Déri, Sibylle: *Sir Galahad. Porträt einer Verschollenen*, Frankfurt am Main: Fischer 1987

Nölle-Fischer, Karen/Willkop, Lydia (Hg.): *Eigenmächtig. Entwürfe gegen den Zeitgeist*, München: Frauenoffensive 1990

Nordhausen, Frank/von Billerbeck, Liane: *Psycho-Sekten. Die Praktiken der Seelenfänger*, Frankfurt am Main: Fischer 1999

Nositschka, Gudrun/Weiler, Gerda: *Bleibe unerschrocken – Briefwechsel. Annäherung an Gerda Weilers Werk*, Bad Münstereifel: edition nebenan 1996

Pape, W.: Die Entwicklung des Faches Ur- und Frühgeschichte in Deutschland bis 1945. Vortrag auf der Tagung »Die mittel- und osteuropäische Ur- und Frühgeschichtsforschung in den Jahren 1933–1945« in Berlin, 19.–23. November 1998

Poliakov, Leon: *Geschichte des Antisemitismus*, 5 Bde., Worms: Georg Heintz 1979

Probst, Ernst: *Deutschland in der Steinzeit. Jäger, Fischer und Bauern zwischen Nordseeküste und Alpenraum*, München: Bertelsmann 1991

Probst, Ernst: *Deutschland in der Bronzezeit. Bauern, Bronzegießer und Burgherren zwischen Nordsee und Alpen*, München: Bertelsmann 1996

Pusch, Luise F.: *Feminismus – Inspektion der Herrenkultur. Ein Handbuch*, Frankfurt am Main: Suhrkamp 1983

Pusch, Luise F.: *Das Deutsche als Männersprache. Aufsätze und Glossen zur feministischen Linguistik*, Frankfurt am Main: Suhrkamp 1984

Ranke-Graves, Robert von: *Die weiße Göttin. Sprache des Mythos*, Berlin: Medusa 1981

Röder, Brigitte/Hummel, Juliane/Kunz, Brigitta: *Göttinnendämmerung. Das Matriarchat aus archäologischer Sicht*, München 1996
Röder, Brigitte: »›Illusionäre Vergangenheitsaneignung‹ kontra ›patriarchale Verblendung‹«, in: Archäologische Informationen 21/2, 1998, S. 299ff.
Schäfer, Martina: *Feministische Fiktionen und literarische Traditionen eines autonomen, feministischen Verlages*, Diss., Bremen 1986
Schäfer, Martina: »Wissenschaft – Wissensvermarktung – Frauenbedürfnisse«, in: Karlisch, S. u.a. (Hg.): *Vom Knochenmann zur Menschenfrau*, S. 124ff.
Schäfer, Martina: »Bemerkungen zu Brigitte Röder: ›Illusionäre Vergangenheitsaneignung‹ kontra ›patriarchale Verblendung‹: Matriarchatsforschung und Archäologie in Deutschland«, in: Archäologische Informationen 22/2, 1999, S. 299ff.
Schäfer, Martina: *Die magischen Stätten der Frauen. Reiseführer durch Europa*, München: Hugendubel/Sphinx 2000
Schöbel, G.: Unteruhldingen: Hans Reinerth – Forscher – nationalsozialistischer Funktionär – Museumsleiter. Leben und Werdegang. Was blieb? Vortrag auf der Tagung: Die mittel- und osteuropäische Ur- und Frühgeschichtsforschung in den Jahren 1933–1945 in Berlin, 19.–23. November 1998
Schreier, Josefine: *Göttinnen. Ihr Einfluss von der Urzeit bis zur Gegenwart*, München: Frauenoffensive 1982
Schwagerl, Hans-Joachim: *Rechtsextremes Denken. Merkmale und Methoden*, Frankfurt am Main: Fischer 1993
Sherrat, Andrew: »Plough and Pastoralism: Aspects of the Secondary Products Revolution«, in: Hodder, I. (Hg.): *Pattern of the Past*, Cambridge 1981, S. 261ff.
Singer, Margaret T./Lalich, Janja: *Sekten. Wie Menschen ihre Freiheit verlieren und wiedergewinnen können*, Heidelberg: Auer-Systeme 1997
Stokar, Walter/v. Zotz, Lothar F.: »Die Beziehungen der Vorgeschichtskunde zur Naturwissenschaft«, in: Wiener Prähistorische Zeitschrift XXV/1938, S. 4ff.
Theweleit, Klaus: *Männerfantasien*, 2 Bde., Reinbek: Rowohlt 1980
Thieme, Johannes G.: *Der ideologische Wahn. Über die Ursünde des Menschen*, Frankfurt am Main: Fischer 1991
Trigger, B.: *A history of archaeological thought*, Cambridge 1989
Trömel-Plötz, Senta: *Frauensprache. Sprache der Veränderung*, Frankfurt am Main: Fischer 1982
Trömel-Plötz, Senta (Hg.): *Gewalt durch Sprache*, Frankfurt am Main: Fischer 1984
Vaerting, Mathilde/Koedt, Anne: *Frauenstaat – Männerstaat. Der Mythos vom vaginalen Orgasmus*, Raubdruck, Berlin 1973
Vierzig, Angelika: »Das Massiv von Fontainebleau und seine Höhle«, in: Fansa (Hg.): *Feier des Lebens*, S. 31ff.

Vierzig, Siegfried: »Die Symbolsprache der Steinzeit«, in: Fansa (Hg.): *Feier des Lebens*, S. 25ff.

Vosteen, Markus: *Unter die Räder gekommen. Untersuchungen zu Sherrats »SPR«*, Bonn: Holos 1996

Voss, Jutta: *Das Schwarzmond-Tabu. Die kulturelle Bedeutung des weiblichen Zyklus*, Zürich 1988

Wagner-Hasel, Beate: »Der Faden der Ariadne und die Waffen der Amazonen«, in: Historisches Museum Basel (Hg.): *Johann J. Bachofen*, S. 123ff.

Wahle, Ernst: Zur ethnischen Deutung frühgeschichtlicher Kulturprovinzen, Sitzungsbericht der Heidelberger Akademie der Wissenschaften, Heidelberg ²1952

Weiler, Gerda: *Ich verwerfe im Lande die Kriege. Das verborgene Matriarchat im Alten Testament*, München: Frauenoffensive 1984

Weiler, Gerda: *Das Matriarchat im Alten Israel*, Stuttgart: Kohlhammer 1989

Weiler, Gerda: *Der enteignete Mythos. Eine feministische Revision der Archetypenlehre C. G. Jungs und Erich Neumanns*, München: Frauenoffensive 1985

Weiler, Gerda: *Ich brauche die Göttin. Zur Kulturgeschichte eines Symbols*, Basel: Mondbuch 1990

Weiler, Gerda: *Eros ist stärker als Gewalt. Eine feministische Anthropologie*, Bd. 1, Frankfurt am Main: Ulrike Helmer 1993

Weiler, Gerda: *Der aufrechte Gang der Menschenfrau. Eine feministische Anthropologie*, Bd. 2, Frankfurt am Main: Ulrike Helmer 1994

Weiß, Hermann (Hg.): *Biographisches Lexikon zum Dritten Reich*, Frankfurt am Main: Fischer 1998

Werlhof, Claudia von: *Mutter-Los. Frauen im Patriarchat zwischen Angleichung und Dissidenz*, München: Frauenoffensive 1996

Wilber, Ken: *Naturwissenschaft und Religion. Die Versöhnung von Wissen und Weisheit*, Frankfurt am Main: Krüger 1999

Wilke, Georg: »Mutter und Kind. Ein Beitrag zur Frage des Mutterrechts«, in: Mannus. Zeitschrift für Vorgeschichte, Bd. 21, Leipzig 1992

Wirth, Hermann F.: *Der Aufgang der Menschheit*, Jena 1928

Wirth, Hermann F.: »Der nordische Charakter des Griechentums«, in: Mannus. Zeitschrift für Vorgeschichte, Bd. 28, Leipzig 1938

Wiwjorra, I.: Ex oriente lux – ex septentione lux. Ein Kampf zweier Ideologien? Vortrag auf der Tagung »Die mittel- und osteuropäische Ur- und Frühgeschichtsforschung in den Jahren 1933–1945 in Berlin, 19.–23. Nov. 1998

Wolff, Kurt F.: »Zum Problem des Mutterrechts. Randbemerkungen von K.F. Wolff«, in: Mannus. Zeitschrift für Vorgeschichte, Bd. 21, Leipzig 1929, S. 319ff.

Wolff, Kurt F.: »Die Frage nach der Urheimat der Indogermanen«, in: Mannus. Zeitschrift für Vorgeschichte, Bd. 22, Leipzig 1930

Den Ergebnissen dieses Buches liegen ebenfalls zahlreiche Briefwechsel, Interviews und andere Gespräche zum Thema aus den Jahren 1990, 1999 und 2000 zugrunde, die von der Autorin archiviert wurden.

# Glossar

**Altpaläolithikum:** Das Altpaläolithikum umfasst die erste Zeitstufe, in der Menschen als Wildbeuter lebten, also von etwa 3 Mio. Jahren bis 1 Mio. Jahre v.u.Z.

**Archäologie, theoretische:** Interpretation archäologischer Befunde nach sozialhistorischen und anderen, eher geisteswissenschaftlichen Methoden.

**Artefakt:** Von Menschen hergestellter Gegenstand, z.B. Steinbeile, Töpfe, Schwerter, aber auch Abschläge von Steinkernen.

**C-14-Methode:** Organische Materialien enthalten das radioaktive Isotop C14. Es zerfällt beim Tod der Pflanze oder des Tieres. An der Menge des bereits zerfallenen C14 kann man den Zeitpunkt des Zerfallbeginns messen.

**Chalkolithikum:** Kupfersteinzeit

**Chronologie:** Zeitabfolge

**Chronologie, absolute:** Das Alter eines Fundstückes wird durch naturwissenschaftliche Verfahren wie beispielsweise die C14-Methode genau (absolut) festgelegt – im Unterschied zur relativen Chronologie, die das Alter eines Fundstückes in Bezug auf andere Fundstücke (in Relation) feststellt.

**Chronologie, relative:** Aufgrund der stratigraphischen Lage sowie typologischer Eigenschaften kann das Alter eines Fundes festgestellt werden, in Relation zu älteren oder jüngeren Funden, die bereits datiert sind. (s.a. Absolute Chronologie, absolutchronologisch)

**Chronologietabelle:** Tabelle, in der Funde, zeitliche Einordnung, Fundort usw. aufeinander bezogen aufgeführt werden.

**Coven:** Gemeinschaft, Hausgemeinschaft, auch Kloster

**Dekonstruktivismus:** Bei der »Dekonstruktion« bestimmter gesellschaftlicher Bilder und Übereinkünfte geht man davon aus, dass unsere Vorstellung dessen, was die Geschlechter ausmacht, »konstruiert« ist. Daher könne man diese Geschlechtsrollenvorstellungen auch dekonstruieren – kritisch auseinander nehmen – und ihre gesellschaftlichen Funktionen offen legen.

**Dendrochronologie:** Bäume entwickeln ein bestimmtes Muster ihrer Jahresringe. Je nachdem, ob das Klima zu einer bestimmten Zeit warm oder kalt, feucht oder trocken war, nimmt ihr Dickenwachstum schnell oder langsam zu. Das führt zu breiten oder schmalen Jahresringen. Die Abfolgen dieser Jahresringe unterscheiden sich wie Fingerabdrücke voneinander. Zusammen mit der C14-Methode ist dies die sicherste naturwissenschaftliche Methode, die Chronologie festzustellen.

**Diffusionstheorie:** Theorie, die jeweils den Ausgangspunkt einer prähistorischen Entwicklung in einer Region vermutet, beispielsweise die Herkunft des Ackerbaus aus dem Vorderen Orient, von dem aus er sich dann ausgebreitet habe.

**Empirie:** Erfahrungswissenschaft, basiert auf standardisierten Beobachtungen und Experimenten.

**Ethnologische Deutung:** Ausgehend von den Thesen Gustav Kossinnas vom Beginn des 20. Jahrhunderts nahm man an, man könne archäologische Funde realen Volksstämmen (Ethien) zuordnen. Die ethnologische Deutung ging »rückwärts« von einem Zeitraum, in dem schriftliche Quellen existieren, aus, um daraufhin auch Funde aus nicht schriftlichen Epochen solchen Stämmen zuordnen zu können.

**Guru (männlich)/Gurvi (weiblich):** Bedeutet im ursprünglichen Zusammenhang der indischen Spiritualität Lehrer/Lehrerin, geistige Führergestalt. Wird heute meist negativ gebraucht, als Bezeichnung für eine Person, die ihre Führungsfunktion in Gruppen/Sekten missbraucht.

**Hortfund:** In Mooren, Höhlen oder anderen Plätzen deponierter »Schatz« aus Metall oder Steinartefakten.

**Idol:** Figuren aus Stein, Horn und anderem, leicht schnitzbarem Material. Im Paläolithikum meist weibliche Figuren, im Neolithikum meistens Tier-Menschfiguren aus Ton.

**Ikonographie:** Interpretation von Kunstwerken, insbesondere sakralen, frühgeschichtlichen und mittelalterlichen in Bezug auf die Bedeutung der Symbole, Beifügungen usw.

**Indogermanen:** Altphilologen entdeckten im 19. Jahrhundert die Verwandtschaft so weit auseinander liegender Sprachen wie dem Sanskrit und den europäischen Sprachen. So bedeuten die Wörter *pjat*, *pan*, *five*, fünf und *quince* die Zahl Fünf und sind untereinander nach lautgesetzmäßigen Kriterien verwandt. Bis zum Ende des Zweiten Weltkrieges sprach man von den indogermanischen Sprachen, später von den indoeuropäischen. Außerdem suchten Prähistoriker, Altphilologen, Germanisten und andere Wissenschaftler nach der möglichen Herkunft dieser hypothetischen Indogermanen oder Indoeuropäer.

**Instinkt:** Ein Instinkt ist ein angeborenes Verhaltensprogramm, wie der Körperbau auch. Zu solchen oft sehr differenzierten und ausgefeilten Verhaltensrepertoires gehören zum Beispiel der Netzbau von Spinnen, der Schwänzeltanz der Bienen, die jahreszeitlichen Vogelzüge oder Laichschwärme der Fische. Ausgelöst wird ein Instinkt durch einen Schlüsselreiz oder eine Kombination mehrerer Reize. Der Geruch von Buttersäure veranlasst zum Beispiel eine Zecke dazu, sich auf den vorbeistreifenden Warmblütler zu »stürzen«. Damit eine Reaktion durch den Reiz ausgelöst werden kann, bedarf es eines angeborenen auslösenden Mechanismus. So zum Beispiel das Kindchenschema im Gesicht junger Säugetiere. Solche auslösenden Mechanismen können auch in einer bestimmten Lebensphase geprägt werden.

Weiterhin gehört zur Auslösung eines Instinktverhaltens die Appetenz, die Bereitschaft dazu, die Stimmung. Bei Tieren, die in Gefangenschaft, also unter reizarmen Bedingungen gehalten werden, führt die uneingelöste Appetenz zu so genannten Übersprungshandlungen: Der Instinkt läuft gewissermaßen im Leerlauf ab, der gefangene Star fängt Fliegen, die ihn gar nicht umschwirren, ein Hund dreht sich auch im Körbchen mehrmals um sich selbst, obwohl er nicht mehr – wie der Wolf – hohes Gras niedertrampeln muss.

Das menschliche Handeln dagegen wird durch Einsichten, Reflexionen und Entscheidungen gesteuert. Das Repertoire dazu hat er gelernt. Im Gegensatz zu Tieren, die ja auch lernfähig sind, wird das Verhalten von Menschen nur noch rudimentär durch Instinkte bestimmt.

**Interpretation:** Die Deutung archäologischer Funde und der daraus gezogenen Daten.

**Jungpaläolithikum:** Jüngere Altsteinzeit, etwa ab 40 000 v.u.Z.

**Katastrophentheorie:** Analog zur Schöpfungsgeschichte sowie zum Sintflutmythos der Bibel ging man davon aus, dass jeweils Katastrophen die gesamte Flora und Fauna vernichteten, worauf die Natur sich immer wieder von neuem entwickeln musste. Seit sich der Gedanke der Evolution durchgesetzt hatte, trat diese Theorie mehr und mehr in den Hintergrund. Der Begriff stammt ursprünglich aus der Geologie und erkannte, in Analogie zum Sintflutbericht der Bibel, in den eiszeitlichen (diluvialen) Ablagerungen Spuren verschiedener Katastrophen, die den gesamten Faunen- und Florenbestand in mehreren Sintfluten (später Eiszeiten) jeweils komplett vernichtet hätten. Wie auch andernorts in den völkischen und dem Nationalsozialismus nahe stehenden Theorien finden sich auch in der Vorgeschichtsforschung der NS-Zeit starke Anklänge und Rückgriffe auf eher mythologische Welterklärungskonzepte.

**Kumulativ:** Ein kumulativer Wissensprozess bedeutet, dass sich das Gelernte aufgrund neuer Kombinationsmöglichkeiten vermehrt, vertieft, dass neue Querverbindungen möglich werden usw.

**Linearbandkeramik:** Frühneolithische Kultur von etwa 5500 bis 4500 v.u.Z.

**Magdalénien:** Letzte Phase des Jungpaläolithikums, etwa 18 000 bis 8000 v.u.Z.

**Matriarchat:** »Mutterherrschaft«; Gesellschafts-/»Staats«form, in der die Frau die politische, ökonomische und soziale Macht ausübt. Die Erbfolge vollzieht sich über die weibliche Linie.

**Matrilinear:** Abstammung über die Mutterlinie; in der Erbfolge der mütterlichen Linie folgend.

**Matrizentrisch:** Die Machtpositionen der Frau/Mutter im spirituellen, rechtlichen und anderen gesellschaftlichen Bereichen in den Mittelpunkt stellend.

**Mediävistik:** Mittelalterkunde

**Megalithkultur:** Neolithische Kultur der Großsteingrabbauten, insbesondere in Norddeutschland, Polen, auf den Britischen Inseln, in der Bretagne, in Spanien, Portugal und auf Malta

## 252  Glossar

**Menhir:** Aufgestellter Stein der Megalithkultur
**Mesolithikum:** Mittelsteinzeit, Zeitphase zwischen 8000 und, je nach Region, 5000 bis 3000 v.u.Z.
**Metallzeiten:** Sie beginnen gegen 2500 v.u.Z. mit der so genannten Bronzezeit, die um 800 v.u.Z. durch die Eisenzeit abgelöst wird. Das so genannte Dreiperiodensystem – Stein-, Bronze- und Eisenzeit – geht auf Christian Thomsen, einen dänischen Museumsleiter, zurück.
**Montanwissenschaften:** Wissenschaften, die sich mit dem prähistorischen, dem historischen und dem gegenwärtigen Bergbau beschäftigen.
**Mutterrecht:** Siehe Prinzip des »Matriarchats«. Von J.J. Bachofen geprägter Begriff. Die Nationalsozialisten zogen den deutschen Begriff »Mutterrecht« dem lateinisch-griechischen Begriff »Matriarchat« vor.
**Mythos:** Überlieferung in Form von Märchen und Sagen
**Neolithikum:** Zeit der sesshaften Ackerbaukulturen, in Mitteleuropa ab etwa 6000 bis 2800 v.u.Z.
**Paläolithikum:** Das Paläolithikum gliedert sich in die Stufen des Alt-, Mittel und Jungpaläolithikums, die nacheinander von etwa 3 bis 1 Mio. Jahre, 1 Mio. bis etwa 45 000 Jahre und von dieser Zeit bis etwa 8000 v.u.Z. reichen. Im Altpaläolithikum kam der Mensch zum aufrechten Gang und begann Werkzeuge herzustellen. Das Mittlere Paläolithikum ist die Zeit der Neandertaler und das Jungpaläolithikum die Zeit des Homo sapiens sapiens.
**Paläonthologie:** Erforschung versteinerter Lebewesen aus früheren, geologischen Epochen der Erde
**Parthenogenese:** »Jungfernzeugung«. In klimatischen Notzeiten oder auch unter anderen Stressbedingungen, entwickeln bestimmte Tierweibchen die Fähigkeit, sich auch ohne Besamung durch ein Männchen fortzupflanzen. Das Junge ist dann eine genetische »Kopie« seiner Mutter. Im Laborversuch können chemische oder elektrische Reize diesen Effekt ebenfalls auslösen. Genetisches Material geht bei dieser Fortpflanzungsweise verloren, seine Funktion ist das Überleben der Art unter extremen Bedingungen und ohne unnötige »Fresser«. Außer bei niederen Tieren findet sich diese Eigenart bei bestimmten Wüstennagern und Eidechsen.
**Pfostenloch:** Die ehemaligen Pfosten prähistorischer Holzbauten finden sich heute als schwarze, runde Flecken im Boden wieder. Carl Schuchardt, der »Erfinder des Pfostenloches«, lenkte zu Beginn des 20. Jahrhunderts das erste Mal die Aufmerksamkeit der Ausgräber auf diesen siedlungsarchäologischen Fund.
**Primatologie:** Die Erforschung der Affen und Menschen (Primaten)
**Rasse:** »Rasse« ist ein Begriff aus der Landwirtschaft und der Haustierzucht. Das heißt, »Rassen« (wie Bernhardiner-Hunde, Araber-Pferde oder Allgäuer Kühe) entstehen geplant und unter der Bedingung der Domestikati-

on. In der freien Wildbahn jedoch gibt es keine »Rassen«, sondern Arten (Spezies) und Unterarten, die durch Zufall und Auslese entstehen, was ein höchst komplexer Vorgang ist. Die Verwechslung der Begriffe entstand durch Charles Darwins Buchtitel *Über die Entstehung der Arten durch natürliche Zuchtwahl*. Da Menschen sich nicht unter den Bedingungen der Domestikation vermehren, kann man den Begriff »Rasse« auf Menschen nicht anwenden. Die heute lebenden Menschen gehören der Spezies Homo sapiens sapiens an.

**Rezent:** Aus der Gegenwart oder der jüngsten Geschichte stammend, noch lebend.

**Rezeption:** Aufnahme von Literatur, Musik sowie anderer Kunst oder Wissenschaft durch eine Allgemeinheit.

**Schnurkeramik:** Endneolithische Kultur von etwa 2500 bis 2800 v.u.Z.

**Siedlungsarchäologie:** Das Teilgebiet der Ur- und Frühgeschichtsforschung, das sich mit Lagern, Dörfern, Siedlungen, Städten und anderen Plätzen menschlichen Wohnens und menschlicher Aufenthalte sowie ihren naturräumlichen und ökologischen Gegebenheiten beschäftigt.

**Stratigraphie:** Das Teilgebiet der Geologie, das sich mit der Aufeinanderfolge geologischer Schichten und ihrer Datierung beschäftigt.

**Strukturalismus:** Philosophische Richtung, die sich in den siebziger Jahren innerhalb der Soziologie, der Literaturwissenschaften, Geschichtswissenschaften, der Ethnologie und verwandter Wissenschaften ausbreitete. Sie fragt nach zugrunde liegenden gemeinsamen Strukturen scheinbar oft weit auseinander liegender gesellschaftlicher Phänomene.

**Trichterbecherkultur:** Jungsteinzeitliche Kultur im nördlichen Europa, Erbauer von Megalithanlagen

**Typologie:** Lehre von den verschiedenen Eigenschaften, Verzierungen, Formen usw. der Fundstücke. Analog zu naturwissenschaftlichen Ordnungen erstellte man für Gruppen von Fundstücken Typologien und konnte so auch ihr zeitliches Aufeinanderfolgen rekonstruieren (s.a. Chronologie, relative).

**V.u.Z./n.u.Z.:** »Vor unserer Zeitrechnung« (vor Christus); »nach unserer Zeitrechnung« (nach Christus).

# Register

Adorno, Theodor W. 34ff.
Aliti, Angelika 11ff., 15, 74, 103, 122, 197, 214f.
Anders, Günther 200f.
Andersen, Hans Christian 208
Arambourg, Camille 110

Bachofen, Johann J. 27, 53, 85ff., 97, 118, 149, 152f., 191
Bahro, Rudolf 143
Bennholdt-Thomsen, Veronika 142
Bloch, Ernst 173
Bolen, Jean Shinoda 12, 72
Briffault, Robert 71, 90, 153, 184f., 191
Buber, Martin 217f.
Budapest, Zsuzsanna E. 13

Campbell, Joseph 16f., 22, 26, 49, 71ff., 95, 128, 144, 149f., 160f., 187, 214f.
Castaneda, Carlos 216
Chamberlain, Houston Stewart 46ff.
Claussen, Detlev 49, 225
Cunow, Heinrich 149, 152

Däniken, Erich von 81, 101
Darré, Richard Walther 52
Distler, Sonja 101, 143f.
Ditfurth, Jutta 142, 206

Eckstein-Diener, Bertha (Sir Galahad) 85ff., 97, 105, 212

Estés, Clarissa Pinkola 9ff., 25, 43, 71f., 120, 149, 206ff.,
Evans, Arthur 87, 124, 153

Francia, Luisa 11f.
Frazer, James G. 68, 71, 97, 149f., 152, 155, 161, 184
Freud, Sigmund 99

Gimbutas, Marija 22, 69f., 117, 119ff., 132, 149f., 153, 156
Gobineau, Joseph Artur Comte de 41ff., 63, 100
Göttner-Abendroth, Heide 14, 22, 25f., 48f., 68f., 72, 76, 81, 85, 90f., 101, 117ff., 141ff., 188, 214
Gould Davis, Elizabeth 14, 16f., 43, 68, 81, 86, 92, 101ff., 213

Hacker, Friedrich 38
Haid, Hans 142
Harrison, James 97
Hentze, Carl 118
Himmler, Heinrich 52
Höhler, Gertrud 214f.
Hummel, Juliane 52, 145

Jacobs, Joachim 146, 148
Jung, Carl Gustav 16, 72f., 75, 110, 129, 144, 160f., 209, 211

Kennedy, Margret 142
König, Marie Emilie Paula 22, 44, 69, 89f., 107ff., 120, 132, 141, 156f., 159, 171, 212f.,

# Register

Kossinna, Gustav 51, 53, 64, 128
Kühn, Herbert 55, 59ff., 65ff., 88, 90, 112ff., 118, 129, 145ff., 173, 190, 214
Kunz, Brigitta 52, 145

Leroi-Gourhan, André 109

Maccoby, Hyam 84
Marler, Joan 136ff.
Meier-Seethaler, Carola 22, 75, 92, 117, 149f., 182ff., 214
Meixner, Gabriele 107, 111ff., 115ff., 120
Mellaart, James 158
Menghin, Oswald 44, 54, 122, 124

Mies, Maria 142
Montelius, Oswald 108
Morgan, Lewis Henry 149, 152, 191
Mulack, Christa 14, 17, 25, 28, 69, 101, 103, 106, 120, 149, 193ff, 213

Neumann, Erich 124, 129
Nositschka, Gudrun 68

Pittioni, Richard 110

Ranke-Graves, Robert von 71, 95, 150, 152
Reinerth, Hans 51
Reinicke, Paul 109
Renfrew, Colin 130
Röder, Brigitte 52, 101, 118, 138, 141, 145, 157f., 167
Rosenberg, Alfred 51f., 64

Schliemann, Heinrich 87, 95
Schreier, Josefine 17, 21, 68f., 92, 95ff., 105, 149, 161
Schmidt, Wilhelm 54, 97, 149, 156
Schuchardt, Carl 64, 68, 109, 251
Schwabedissen, Hermann 108
Sherrat, Andrew 134f.
Singer, Margaret T. 9, 40, 166
Sir Galahad s. Eckstein-Diener, Bertha
Spengler, Oswald 79f.
Stokar, Walter von 112

Theweleit, Klaus 188
Thomsen, Christian 108, 250
Thürmer-Rohr, Christina 200f.

Vaerting, Mathias 105
Vaerting, Mathilde 105
Virchow, Rudolf 47
Voss, Jutta 69, 119
Vosteen, Markus 134

Wahle, Ernst 64f., 69, 89, 109, 111f.
Weiler, Gerda 2668ff., 101, 119, 148
Werlhof, Claudia von 143
Wilke, Georg 51, 53, 57f., 162
Wirth, Hermann F. 51f., 61ff., 66, 70, 81, 105
Wolff, Karl F. 51, 54, 58f., 66, 69, 100

Zotz, Lothar F. 112f.

Suha Bechara
### Zehn Jahre meines Lebens für die Freiheit meines Landes
Eine Libanesin im Widerstand

*208 Seiten, Festeinband mit Schutzumschlag
ISBN 3-7205-2239-3*

Mit 21 Jahren greift die Libanesin Suha Bechara zur Waffe.
Sie will Widerstand leisten gegen die israelische Besatzungsmacht in ihrem Land.
Bei ihrem Attentat auf den Chef der südlibanesischen Armee, einen Handlanger der Israelis, verletzt sie diesen schwer.
Sie büßt dafür mit zehn Jahren Folterlager und Isolationshaft.
Allein ihr unbändiger Wille und ihre innere Stärke lassen sie die »Hölle von Khiam« überleben.

»Ihr Charakter ist genauso stark wie ihre Überzeugungen.«
ELLE